Tom Kelley & David Kelley

Creative Confidence

Unleashing The Creative Potential Within Us All

トム・ケリー＆デイヴィッド・ケリー
千葉敏生 訳

クリエイティブ マインドセット

想像力・好奇心・勇気が目覚める驚異の思考法

日経BP社

クリエイティブなアイデアを表現する自由と、
アイデアを実行に移す自信を与えてくれた、
母と父に捧ぐ。

日本のみなさんへ

私のデビュー作『発想する会社！』が日本で出版されてからはや10年以上。その間、世界は大きく様変わりしてきました。ですが、日本でも世界全体でも、クリエイティブな解決策がこれほど求められている時代はありません。『発想する会社！』が主に研究開発チームの中でイノベーションを生み出す方法について書いたものだとすれば、本書『クリエイティブ・マインドセット』はもっと広い見地に立ち、私たちの直面するどんな課題にも、個人や組織が創造性を発揮できるようになるためのコツを紹介しています。

私はビジネスや家族の用事でもう25回以上は日本を訪れています。そして、日本を大好きになり、尊敬するようになりました。ですから、日本の企業や日本のみなさんが、本書に書かれたアイデアをヒントに、最高の創造力を発揮できるようになることを願ってやみません。創造力に対する自信《クリエイティブ・コンフィデンス》には、欠かせない要素がふたつあります。斬新なアイデアを思いつく人間の生来の能力と、アイデアを行動に変える自信です。私のこれまでの経験からいっても、日本人は本当に本当にクリエイティブです。その創造性に「自信」さえプラスすれば、きっと創造力を解き放てるはずです。

たとえば、世界5カ国の5000人を対象とした最近の調査によると、日本以外の国の回答者たちは、日本が世界でいちばんクリエイティブな国だと答えました。ところが、日本がもっともクリエイティブだと回答した人の割合は、なんと日本人がいちばん低かったのです。本書を通じて、日本の人々が創造性と自信の両方を養い、日本がイノベーションでさらなる成功を遂げられるよう、願っています。

トム・ケリー

まえがき

読者のみなさん、ようこそ！　仲良し兄弟のデイヴィッドとトムがおくる本の世界へ。

思えば、私たちはいつも一緒だった。オハイオ州の小さな町で過ごした少年時代。毎年、夏になれば同じリトルリーグのチームで野球をプレイし、冬になれば一緒に雪のお城を作って遊んだ。14年間、自宅の地下の同じ寝室で寝起きをし、その部屋の木の壁にはイケテる自動車のポスターをぺたぺたと貼りまくった。同じ小学校に通い、同じボーイ・スカウトのボーイ隊に属し、休みには家族みんなでエリー湖に出かけたものだ。そうそう、いちどなんて、「カリフォルニアまで往復キャンプしようぜ！」なんて言って、両親とふたりの姉妹を連れ回したこともあった。色んなものを分解するのも好きだった。組み立て直すのはあんまり好きじゃなかったけれど。

でも、どれだけ私たちが仲良しで、人生に共通点が多いといっても、ふたりの歩んだ道がまったく同じだったわけではなかった。

兄のデイヴィッドは昔からはちゃめちゃなタイプだった。高校時代にハマっていた科目は美術。友人と「サーベルズ」というバンドも組んでいたし、大学好例の春の学園祭では、合板で巨大なジュークボックスや振り子時計を作ったりもした。それから、夏も友だちと何か作りつづけたくて、「銀河間破壊会社」とかいう会社まで作る始末だ。

あるときは冗談半分で、両親の自宅の裏側の壁に、ペンキで3本のストライプ模様を入れたこともある。どうなったかって？　40年がたった今でも、ちゃんと健在だ！　そうそう、世界にひとつしかない贈り物を作るのも好きだった。いちどなんて、ガールフレンドのために、どのボタンを押してもデイヴィッドの番号につながる電話をこしらえたことだってある。

一方、弟のトムの方といえば、デイヴィッドと比べると正統派の道をたどった。大学でリベラル・アーツを学ぶと、法科大学院への進学を検討した。しばらく会計事務所で働いたあと、ゼネラル・エレクトリック社に入社して、ＩＴ関連の職をゲットした。ＭＢＡを取得してからは、経営コンサルタントになった。トムの就《つ》いた仕事は、日常業務という意味でも、キャリアという意味でも、ほとんどレールの上を進むようなものばかりだった。だがあるとき、トムはデザインの世界に飛び込んだ。枠をはみだして色を塗るような人生の方が楽しいと気づいたってわけだ。

私たちは1万２０００キロ以上も離れて暮らしていたけれど、ずっと心はひとつだった。そして、毎週のように連絡を取り合った。デイヴィッドがＩＤＥＯ《アイディオ》の前身となる会社を設立すると、トムはビジネス・スクールに通うかたわら、ちょくちょく手を貸した。そうして、１９８７年にはフルタイムの社員になった。それ以来、私たちはずっと一緒に働き、会社を大きくしてきた。デイヴィッドは当時のＣＥＯ兼会長として、トムはマーケティング、事業開発、広報の面で、リーダーシップを発揮した。

さて、この本の物語は、２００７年4月に始まる。ある日、兄のデイヴィッドのもとにかかりつけの医師から1本の電話がかかってきた。電話に出ると、医師は医学用語の中でももっとも恐ろしい単語のひとつを述べた。ずばり、がんだ。電話がかかってきたとき、デイヴィッドは4年生の娘が通うクラスで、「リュックサックのデザインを見直そう！」という授業を行なっている真っ最中だった。それから1時間、デイヴィッドは必死で授業をやり通すと、ようやく我が身に降りかかった問題と向き合った。デイヴィッドの告げられた診断は咽頭《いんとう》がんだった。生存率はたった40パーセント。

ちょうどそのとき、弟のトムはブラジルのサンパウロで、２０００人の経営者を相手にプレゼンを終えたところだった。舞台裏でふうっと息をつき、携帯電話の電源をオンにしたとたん、電話が鳴った。頭をトンカチで殴られたような衝撃だった。彼はデイヴィッドの診断を聞くと、南米の残りの予定をキャンセルして、その足で空港に直行した。駆けつけてもあまり力にはなれないとわかっていたけれど、どうしてもアメリカに戻ってデイヴィッドの顔を見ずにはいられなかったんだ。

私たちはずっと仲良しだった。でも、デイヴィッドの病魔は、私たちの絆をもっともっと強くした。それから半年間におよぶ治療や手術のあいだ、私たちは毎日のように会い、時にはとめどなくおしゃべりをし、時にはほとんど無言で時間を過ごした。病院で出会ったほかの患者たちは、次々とがんとの闘いに敗れていった。このままだとデイヴィッドももうすぐ……。そんな考えがよぎったこともあった。本当のところはね。

この恐ろしい病気にも、ひとつだけ良い面がある。それは、人生の目的や意味について深く考えさせられるところだ。私たちの知るかぎり、がんとの闘いを生き抜いた人はみんな、病気の前とあとで、人生観が変わったと話している。年末が近づき、デイヴィッドが手術から回復しはじめると、がんと永久におさらばできるという希望が見えてきた。それは願ってもないチャンスだった。

そこで、私たちは、「もしデイヴィッドががんに勝ったら、医者とも病院とも関係のないふたつのことを一緒にしよう」と誓った。ひとつ目は、兄弟水《みず》入《い》らずで、世界のどこかを楽しく旅すること。大人になってこのかた、そんな機会がいちどもなかったものだから。そしてふたつ目は、ふたりで肩を並べ、お互いや世界とアイデアを共有できるようなプロジェクトに取り組むこと。

東京と京都への旅は、忘れられない1週間になった。私たちは現代と古代の最高の日本文化を十分に満喫《まんきつ》した。そして、もうひとつの共同プロジェクトというのが、そう、今まさにみなさんの目の前にある、この本だ！

この本のテーマは、創造力に対する自信《クリエイティブ・コンフィデンス》だ。どうしてそんな本を書こうと思ったのかって？　私たちは30年間におよぶＩＤＥＯでの経験から、イノベーションは楽しくてやりがいのあるものだと痛感してきたからだ。

長い人生。その人生を終えてもなお残る遺産は？　そう考えたとき、「みんなに創造力を発揮するチャンスを与えられたら、どれだけ価値があるだろう」と思い至ったってわけだ。２００７年、デイヴィッドががんと闘っているあいだ、「自分はいったい何をするためにこの世に生まれてきたんだろう？」という疑問が何度も頭をよぎった。そのひとつの答えが、この本なんだ。

できるだけ多くの人にメッセージを届け、未来のイノベーターに情熱を追求するチャンスを与えること。個人や組織が潜在能力をフルに発揮し、創造力に対する自信《クリエイティブ・コンフィデンス》を手に入れる手助けを行なうこと。

それが私たちの生きる意味なのだ。

デイヴィッド・ケリー、トム・ケリー

目次

日本のみなさんへ …… 1

まえがき …… 3

序章 人間はみんなクリエイティブだ! …… 16

創造性こそビジネス最大の武器 …… 18

生き方が変わる …… 23

世界をより良くする旅に出よう …… 27

第1章 デザイン思考で生まれ変わる …… 30

column デザイン主導のイノベーション …… 41

デザイン思考は組織をクリエイティブにする …… 45

column 人々を宙返りさせるために——dスクール誕生秘話 …… 47

クリエイティブに考えられる人材を育てる …… 50

しなやかマインドセット 53
宇宙に衝撃を与えよ 55

第2章 恐怖を克服する 62

失敗のパラドクス 66
勇気のデザイン 70
column 顧客インタビューの恐怖を乗り越える 74
ゲームなら失敗しても怖くない 76
失敗しても許される環境を作る 80
自分の失敗を認める 82
粘土の馬の悲劇 85
人と比べるのをやめる 90
ペンをつかんで立ち上がろう 92
column 人間のスケッチを描く 94
子どもが初めてすべり台をすべるとき 98

第3章 創造性の火花を散らせ！

創造性の火花を散らせ！……102
クリエイティブな力を伸ばす……111
クリエイティブになると決意する……113
旅行者のように考える……116
column 共同黒板を設ける……119
「リラックスした注意」を払う……123
column 「リラックスした注意」を実践するコツ……125
エンド・ユーザーに共感する……126
column ビッグ・データの世界における共感……131
現場で観察する……133
「なぜ」で始まる質問をする……139
column インタビュー・テクニック……142
問題の枠組みをとらえ直す……146
column 問題の枠組みをとらえ直すテクニック……149
心を許せる仲間のネットワークを築く……151
創造のセレンディピティを育《はぐく》む……154

第4章

計画するより行動しよう

計画するより行動しよう …… 158
「何かやってみる」という考え方 …… 166
column 「バグ・リスト」を書き留める …… 170
計画はやめて行動を起こす …… 171
column 行動するための刺激 …… 179
制約があるからクリエイティブになる …… 181
学ぶために試してみる …… 185
1時間でプロトタイプ …… 189
column 簡単動画を撮影するためのヒント …… 191
共有体験をプロトタイプにする …… 194
column サービスをストーリーボードで表現する …… 196
実験するために行動する …… 199
リリースしてから学ぶ …… 201
行動を伝染させていく …… 204
「実験」と呼べば成功の確率が高まる …… 206
自分でニュースを作ろう …… 207

第5章 義務なんか忘れてしまえ……210
「良くは見えるけど、良いと感じられない」のワナ……213
ボーイング《ボーリング》はうんざり……216
労働？ キャリア？ それとも天職？……217
情熱を求めて転身する……221
スイート・スポットを見つける……225
column 1日に点数を付ける……228
本業以外の活動を試してみる……230
勇気を出してジャンプする……234
絶対にできないと思うものは、もうない……236
第6章 みんなでクリエイティブになる……242
職場にカラオケ・コンフィデンスを築く……252
column dスクールの過激なコラボレーション……257
column イノベーション・チームを育てるには……262

場所の持つ力……264
言葉が思考を作る……273
イノベーションを起こす増幅型リーダー……276
column チームの影響力を増幅させるには……278
巨大組織の文化を変える……280
みんなが秘めている創造力を活かす……286

第7章 チャレンジ

第7章 チャレンジ……290
① 意識的に思考の幅を広げ、クリエイティブに考える……292
② 創造力のアウトプットを増やす……298
③ アイデア創造セッションをジャンプ・スタート！……301
④ 人間の行動を観察して学ぶ……305
⑤ 建設的なフィードバックを促し、受け入れる……309
⑥ グループの雰囲気を盛り上げる……313
⑦ 上下関係をなくして、アイデアの流れを活発化する……316

⑧顧客、従業員、エンド・ユーザーに共感する 319
⑨取り組む問題を定義する 324
⑩グループにイノベーション思考を理解してもらう 328

第8章 その先へ 334

謝辞 350
訳者あとがき 355
注釈 363

序章

人間はみんなクリエイティブだ!

「創造性《クリエイティビティ》」という言葉を聞いて、何を思い浮かべるだろう?彫刻、絵画、音楽、ダンス――多くの人はこうした芸術的な活動を真っ先に思い浮かべる。「クリエイティブ」と「芸術的」を同義語のように思っているかもしれない。建築家やデザイナーはクリエイティブなアイデアを出すことで報酬を受け取るが、CEO、弁護士、医師は違うと思っているかもしれない。

または、「クリエイティブである」というのは「茶色い目をしている」と同じで、一生変わらない性質だと思っているかもしれない。クリエイティブな遺伝子を持って生まれたか、そうでないかのどちらかなのだ、と。

私たち兄弟は、30年間にわたり、イノベーションの最前線で一緒に働いてきた。そして、このような誤解を「創造性のウソ」と考えるようになった。このウソを信じている人は、あまりにも多い。だがそれは大きな間違いだ。

私たちの考えの根底には、「人間はみんなクリエイティブだ」という信念がある。実際、人間は誰でも、開花するのを待っている無限の創造性を秘めているのだ。

私たちの会社であるIDEOは、アップルの初代コンピューター・マウスをデザインし、メドトロニック社の次世代手術器具や、ザ・ノース・フェイスの中国での斬新なブランド戦略といった画期的なアイデアを、数千社の企業が市場に出す手助けを行なってきた。

そして、私たちの手法によって、人々がまったく新しいクリエイティブな考え方《マインドセット》を身に付けるのも、何度となく目撃してきた。それは、医療、法律、ビジネス、教育、科学など、どの分野で働く人々にも当てはまることなのだ。

この30年間、私たちのサポートによって無数の人々が自身の創造性を育《はぐく》み、価値ある目的に活かしてきた。

紛争地帯から戻ってきた男女の軍人のニーズにあった住宅を築いた人。会社の廊下で臨時のイノベーション・チームを作ったところ、活気があまりにもすごかったので、会社から専用のプロジェクト・スペースを与えられた人。途上国の年配の村民のために、補聴器のスクリーニングとフィッティングを行なう低価格なシステムを開発し、日常生活に支障をきたすほどの難聴に苦しむ世界3億6000万人の一部を救った人（注1）。

私たちのサポートした人々は、経歴こそさまざまだったが、ひとつだけ共通点があった――みな創造力に対する自信《クリエイティブ・コンフィデンス》を獲得したのだ。

基本的に、創造力に対する自信《クリエイティブ・コンフィデンス》とは、「自分には周囲の世界を変える力がある」という信念を指している。別の言い方をすれば、自分のしようと思っていることを実現できるという確信だ。そして、**自分の創造力を信じることこそ、イノベーションの「核心」をなすものなのだ。**

こうした自信は筋肉のようなものだ。努力や経験次第で、強くしたり鍛えたりできる。本書の目的は、みなさんの心の中に創造力に対する自信《クリエイティブ・コンフィデンス》を築くお手伝いをすることだ。

みなさんが自分を〝クリエイティブ系〟だと思っているかどうかにかかわらず、本書を読めば、誰もが持っている潜在的な創造力を引き出し、今まで以上に活かせるようになるはずだ。

創造性こそビジネスにおける最大の武器

創造性は、みなさんが一般的に思っている〝芸術的〟な分野よりも、もっと幅広く普遍的な分野で活かすことができる。私たち筆者の考える創造性とは、想像力を使って、今までの世界にないモノを生み出すことだ。つまり創造性は、新しいアイデア、解決策、アプローチを生み出すために発揮できる。そして、誰もがその力を使えるようになるべきなのだ。

20世紀のほとんどの期間、デザイナー、アート・ディレクター、コピー・ライターといったいわゆる〝クリエイティブ系〟の人々は、真剣な議論とは縁のない〝お子様用〟のテーブルに追いやられていた。一方、ビジネス関連の重要な議論は、廊下の先の奥にある役員室や会議室に集まった〝大人〟たちのあいだで行なわれていた。

しかし、10年前なら非現実的だとかお遊びにすぎないとみなされていた創造的活動が、今では立派な主流になっている。教育に関する思想のリーダーであるケン・ロビンソン卿《きょう》は、創造性は「教育において文学と同じくらい重要であり、文学と同等に扱われるべきだ」と語っている。実際、「学校教育は創造性を殺しているか?」と問いかけた彼の2006年の伝説的なTEDトークは、史上もっとも人気を集めた(注2)。

ビジネスの世界では、創造性はイノベーションという形で現われる。グーグル、フェイスブック、ツイッターなどの花形テクノロジー企業は、従業員の創造性を開花させ、数十億人の生活を変えてきた。今日では、カスタマー・サービスから財務まで、どんな部門の人々でも、新しい解決策を考えなければならない。企業は組織じゅうから従業員のアイデアを必死に求めている。ひとりの経営幹部やひとつの部門だけがこうした役目を独占することなんてないのだ。

あなたがシリコンバレー、上海、ミュンヘン、ムンバイなど、どこに住んでいるのであれ、市場の革命的な変化の影響をすでに感じ取っているはずだ。今日の企業の大半は、成長のカギ、もっといえば生き残りのカギは、イノベーションにあると気づいている。1500人以上のCEOを対象とした最近のIBMの調査によれば、現代の複雑なビジネスのグローバル化に直面した企業にとって、創造性は唯一最大のリーダーシップ能力なのだという（注3）。3大陸の5000人を対象としたアドビシステムズの調査によれば、潜在的な創造性を開花させることが経済成長のカギであると考える人は80パーセントにものぼるという（注4）。にもかかわらず、自分の生活やキャリアの中で創造性を発揮できていると感じる人は、たった25パーセントしかいない。これは才能の大いなる無駄なのだ。

　どうすればこの状況を変えられるだろう？　どうすれば残りの75パーセントの人々に創造性を解き放ってもらえるだろうか？

　2005年、デイヴィッドはスタンフォード大学の大学院に通う未来の起業家たちに、デザイン思考を教える「dスクール」（正式名称「スタンフォード大学ハッソ・プラットナー・デザイン研究所」）を設立した。

　デザイン思考とは、イノベーションを日常的に行なうための方法論のひとつだ。私たち*は最初、自分を〝分析家タイプ〟だと思う学生たちに創造性を教えるのが最大の難問だと考えていた。ところがすぐ、dスクールにやってきた人々はすでに紛れもない創造性を持っているとわかった。だから、新しいスキルや考え方を教え、人々の創造性を引き出すだけでよかったのだ。

　私たちは、ちょっとした練習や励ましだけで、人々の想像力、好奇心、勇気がいとも簡単に目覚めることに驚いた。

　創造性のフタを外すのは、ずっとブレーキを踏んだまま車を運転してみるようなものだ。そして、ブレーキを離して自由に運転できるようになったらどんな気分なのかを、人々は突然体験する。ワークショップに参加した経営幹部や、私たちと肩を並べて一緒に仕事をするクライアントが、そんな体験をするのをよく見かける。彼らはそれまで何度もイノベーション・セミナーを受け、自分の創造性――いや、創造性のなさ――がどの程度なのかわかっていると思い込んでいた。だから、即興で演習を行なうというような、あいまいで想定外の状況に出くわすと、急にスマートフォンを取り出し、「〝緊急〟の電話をかけないといけないので」と言って出口に向かってしまう。

なぜか？　その状況で能力を発揮できる自信がないからだ。だから本能的に、「私はクリエイティブ系じゃないので」という言い訳に頼ろうとするわけだ。

私たちの経験からいえば、誰もがクリエイティブ系だ。一定期間、私たちの方法論に従ってもらえれば、誰でも最終的には驚くような成果を挙げられる。画期的なアイデアや提案を思いついたり、仲間とクリエイティブに協力し、本当に画期的なモノを生み出したりできるのだ。そして、自分自身、思っていたよりもずっとクリエイティブだったことに気づき、びっくりする。この最初の成功によって、自己イメージが変わり、もっと何かをやってみたくなるのだ。

私たちが気づいたのは、創造性を一から生み出す必要はない、という点だ。人々がすでに持っているもの――世界にふたつとないアイデアを想像したり発展させたりする能力――を再発見する手助けをする

＊「私たち」という言葉について。本書には筆者がふたりいるので、「私たち」という言葉を頻繁に使っている。どちらかひとりについて話すときは、「デイヴィッド」または「トム」と言うことにする。ただし、文脈によっては、「私たち」という言葉で、ふたりが働いているIDEOのチームや、デイヴィッドが出入りするdスクールの教職員やスタッフを指すこともあるので注意。

だけでいいのだ。しかし、アイデアを実行に移す勇気を奮い起こさないかぎり、創造性の真の価値は発揮されない。つまり、新しいアイデアを思いつく能力と、アイデアを実行に移す勇気――このふたつの組み合わせこそが、創造力に対する自信《クリエイティブ・コンフィデンス》の特徴といえるのだ。

最近、20年以上にわたってダライ・ラマの主な英語通訳者を務めているゲシェー・トゥプテン・ジンパから、創造力についてこんな話を聞いた。ジンパによれば、チベット語には、「創造性」や「クリエイティブ」に相当する言葉はないのだそうだ（注5）。翻訳するとすれば、いちばん近いのは「自然」なのだという。つまり、もっとクリエイティブになりたければ、もっと自然であるだけでいいのだ。

忘れられがちな事実だが、幼稚園のころは誰もがクリエイティブだった。恐怖や恥ずかしさなんて感じずに、遊びや、おかしなことを試していた。そんなことをしちゃいけないという分別などなかった。何かやらかせば社会的に拒絶されるという恐怖は、歳を取るにつれて身に付けたものだ。だからこそ、数十年がたってからでも、創造力を一気に、しかも劇的に取り戻すことは可能なのだ。

創造性は、一握りの幸運な人々だけが持っているまれな才能などではない。人間の思考や行動の自然な一部なのだ。創造性にフタをしてしまっている人はあまりにも多い。でも、そのフタを外すことはできる。そして、いったん創造力を解き放てば、あなた自身、あなたの組織やコミュニティに、大きな影響を及ぼせるかもしれない。

私たちは、創造のエネルギーこそ、人間のもっとも貴重な資源のひとつだと思っている。

創造力さえあれば、この世でもっとも困難な問題を革新的な方法で解決することもできるのだ。

生き方が変わる

創造力に対する自信《クリエイティブ・コンフィデンス》があれば、新しいアプローチや解決策を生み出す世界を体験することができる。私たちの経験からいうと、誰でも、こうした自信を手に入れられる。実際、実にさまざまな経歴やキャリアを持つ人々が自信を獲得するのを目撃してきた。研究所の科学者から、フォーチュン500の大企業の上級マネジャーまで、誰もが新しい見方と強力なツールを手に入れることができ、生き方を変えられるのだ。そうした人々の例を、いくつかご紹介しよう（注6）。

●ある元オリンピック選手は、航空業界に入ると、自社の危機管理の問題に、自信を持って真っ向から取り組んだ。彼女は、操縦士、運航管理者、乗務員スケジュール管理者などからなる有志の特別部隊を組み、天候などの原因で運航に混乱が生じたあとの回復手順を新たに考え出した。その結果、回復時間を40パーセントも短縮できた。

●イラクとアフガニスタンで従軍したある陸軍大尉《たいい》は、シリコンバレーのパロアルトのユニバーシティ通りで歩行者天国を実施する嘆願を行なうため、1700人以上の署名を集めた。彼は、将軍にまで出世しなくても十分に影響力を及ぼせることを証明した。

- ある法科大学院の学生は、模擬裁判に挑むにあたって、訴訟の事実だけを淡々と提示するのではなく、人間中心（Human-centered）のアプローチを取り入れた。彼女は陪審員たちに事件の現場にいるところを思い描いてもらい、どう感じるかを想像してもらった。共感をうまく利用することで、彼女は裁判に勝利した。その模擬裁判で陪審員が被害者側の主張を支持したのは、初めてことだった。
- ある元政府高官は、ワシントンDCで草の根のイノベーション運動を始め、1000人を超えるメンバーを集めた。彼女はワークショップや交流会を通じて、組織の変革に対する新しい見方を、ほかのリーダーや起業志望者たちに広めている。
- 40年間の経験を持つある小学校の教師は、自身のカリキュラムを作り直した。それぞれの教科で、扱うテーマは同じでも、生徒が机を離れて物事をもっと批評的《クリティカル》に考えられるカリキュラムを考えを出した。その結果、テストの成績も上がったが、もっと重要なことに、親たちは子どもの関心や探求心が向上したことにも気づいた。

考え方を変えるのに、転職する必要も、シリコンバレーに引っ越す必要もない。デザイン・コンサルタントになる必要も、今の仕事を辞《や》める必要もない。世界はよりクリエイティブな政策立案者、マネジャー、不動産業者を求めている。職業が何であれ、創造性を持って仕事に取り組めば、より斬新で効果的な解決策を思いつき、いっそう成功することができるだろう。創造力に対する自信《クリエイティブ・コンフィデンス》は、現在あなたがしているどんな仕事にも、インスピレーションを与える力を持っている。今までの手法をいっさい捨てることなく、今使っている問題解決手法を向上させる新しい道具が手に入るからだ。

これまで、私たちは色々な人々と話をしてきた。表面的な症状を見るだけでなく、患者に共感し、より効果的な治療を行なう新しい方法を発見した医師。優秀な人材とその人材をもっとも必要としている企業とを新しい方法で結びつけている管理職専門のヘッドハンター（注7）。人間中心のアプローチを用いて、複雑な申請用紙を地域の人々にとってわかりやすいものにするソーシャル・ワーカー（注8）。

創造力に対する自信《クリエイティブ・コンフィデンス》を手に入れた人々は、周囲の世界により大きな影響を与えられるようになる。子どもの通う学校に積極的に関与したり、倉庫を活気あるイノベーション・スペースに変えたり、ソーシャル・メディアを利用して骨髄バンクのドナーを募《つの》ったりできるようになるのだ。

伝説的な心理学者でスタンフォード大学教授のアルバート・バンデューラによると、われわれの信念体系は、行動、目標、認知に影響を及ぼす。つまり、「自分は周囲の世界を変えられる」と信じている人の方が、目標を実現できる可能性が高いわけだ。バンデューラはこのような確信を「自己効力感」と呼んでいる（注9）。自己効力感を持つ人々は、そうでない人と比べて、目標が高く、懸命に努力をし、忍耐力が強く、失敗しても立ち直りが早いという。

私たちはイノベーションの世界で豊富な実践経験を積んできたが、その経験からいっても、彼の主張はまさしくそのとおりだ。創造性の妨げになっている恐怖さえ乗り越えれば、ありとあらゆる新たな可能性が生まれてくる。失敗に対する不安で身動きが取れなくなるのではなく、あらゆる体験を学習のチャンスととらえるようになるのだ。何もかも自分の思いどおりにしたいと思うあまり、プロジェクトの計画段階で動けなくなっている人もいる。しかし、創造力に対する自信《クリエイティブ・コンフィデンス》があれば、不確実な状況を受け入れ、すぐさま行動に移すことができる。仕方なく現状を受け入れたり、他人の言いなりになったりするのではなく、自由に本音を語り、既存のやり方に疑問を投げかけられるようになる。そして、今までよりも勇気を持って行動し、粘り強く障害に対処できるようになるのだ。

本書は、みなさんの創造性の妨げになっている精神的な障害物を乗り越えるきっかけになると思う。本書では章ごとに、自信を持って新しいアイデアを追求するための道具を紹介していく。本書で紹介する物語や手法は、数十年間、世界じゅうのクリエイティブな思想家たちとコラボレーションする中で生まれたものばかりだ。きっと、みなさんの助けになると信じている。

世界をより良くする旅に出よう

この本の目標は、なるべく多くの人に、自分の潜在的な創造力を再発見してもらうことにある。

自分の創造性を再発見した人の中には、「実は母親がダンサーだったんですよ」とか、「父親が建築家をしていましてね」と打ち明けてくる人もいる。そうやって自分の創造力が開花した理由を説明しようとするのだ。しかし、彼らの気づいていない点がある。創造力はずっと彼らの中に眠っていたのだ。家系や遺伝的素質の影響ではない。創造力は、人間が誰でも生まれつき持っている能力なのだ。

創造力に対する自信《クリエイティブ・コンフィデンス》とは、不安や疑念に目を曇《くも》らされることなく、自分の潜在能力をよりはっきりと見据えるための手段といえる。

ぜひ、みなさんも私たちと一緒に、創造力に対する自信《クリエイティブ・コンフィデンス》を人生に取り入れる旅に出かけませんか？

力を合わせ、世界をより住みよい場所へと変えるために。

第1章 デザイン思考で生まれ変わる

ダグ・ディーツは、誠実で、物腰の柔らかい、アメリカ中西部の男性だ。愛くるしい苦笑いと、感情的になるとすぐに涙で一杯になる目が、彼のトレードマークだ。

ダグは、電気機器、医療、電力、航空などの分野で製品を製造する世界的企業、ゼネラル・エレクトリック（ＧＥ）に24年間勤めるベテラン社員であり、ＧＥヘルスケアでハイテク医療用画像診断システムの設計と開発の部隊を率いている。ＧＥヘルスケアといえば、ゼネラル・エレクトリックの中でも、売上高１８０億ドルを誇る医療機器の一大部門である（注1）。彼の開発した数百万ドルのＭＲＩ（磁気共鳴画像診断）装置は、まったく痛みなしで、人体の奥深くをのぞき込むことができる。この技術は、ほんの数十年前でも魔法のように見えただろう。

数年前のことだ。２年半がかりで取り組んできたＭＲＩ装置の開発プロジェクトを終えたダグは、ＭＲＩを病院の検査室に設置するところを見学するかと聞かれ、そのチャンスに飛びついた(注2)。自分の開発した新装置の横に立ちながら、その日の操作を担当する技師に向って、MRIスキャナーが「デザイン界のアカデミー賞」といわれるインターナショナル・デザイン・エクセレンス賞に出品されたことを打ち明け、新機能についての感想を求めた。「今思うと、最悪な感想のたずね方でしたね」とダグは恥ずかしそうに話す。

彼は、自画自賛の気分に浸りながら、もう少しで病院を出るところだった。ところがちょうどそのとき、「スキャンの必要な患者がいるので、少し廊下に出て待っていていただけますか」と技師に言われた。廊下に出てみると、華奢《きゃしゃ》な幼い女の子が、両親の手をぎゅっと握り締めながら、こちらの方へ歩いてくるのが見えた。両親は不安げな表情を浮かべていた。そして、幼い娘は、この先に待ち受けるものを想像して、明らかに怯えていた。そう、ダグのMRIスキャナーだ。女の子はすすり泣きを始めた。そしてダグも、そこまで話すと、同じく声を詰まらせた。家族が横を通り過ぎるとき、ひそひそ声の会話が聞こえてきた。「今日のことはちゃんと話をしただろう?　勇気を出しなさい」と父親がせかした。そう言う父親自身の声からも、緊張していることが伝わってきた。

ダグが見ていると、女の子の涙が頬を伝った。すると驚いたことに、技師は電話を取り、麻酔専門医を呼んだ。ダグはそのとき初めて、病院がスキャンの際に子どもの患者を麻酔で鎮静させていると知った。あまりにも怯えが激しいと、そう長くじっとしていられないからだ。子どもの患者の実に80パーセントは、鎮静が必要だという。そして、麻酔専門医がいない場合、スキャンは延期され、家族はまた不安に怯えるはめになる。

ダグは、自分の開発した装置が、よりにもよってもっとも無力な患者に不安と恐怖を与えているのを目の当たりにし、個人的に危機感を抱いた。そしてこの体験が、彼の見方を一変させた。名誉や称賛に値するエレガントで洗練されたテクノロジー。そのMRIが、幼い子どもの目から見れば、いやいや入らされる巨大で恐ろしい機械に見えていたわけだ。

自分が抱いていた誇りは、挫折感へと変わった。本来自分が助けようとしていた患者を、むしろ怖がらせていたのだ。ダグは、そのまま仕事を辞《や》めることも、その状況を仕方がないものと受け入れて前に進むこともできただろう。しかし、彼はそのどちらも選ばなかった。自宅に帰ると、この状況を変えてみせる、と妻に宣言した。

そこで、ダグはこの個人的な、そして職業上の難題について、友人や同僚にアドバイスを求めた。彼のGEの上司は、かつてP&Gに勤務していた時代に出合ったスタンフォード大学のdスクールを思い出し、dスクールのエグゼクティブ教育クラスを体験してみてはどうかと提案した。ダグは斬新な考え方や今までとは違う仕事の仕方を求め、1週間のワークショップを体験するためにカリフォルニアに飛んだ。何が待ち受けているのかはよくわからなかったものの、幼い子どもを怯えさせないMRIの開発に役立つなら、どんな方法論でも喜んで受け入れるつもりだった。

ワークショップを通じて、ダグは自身の創造力《クリエイティブ・コンフィデンス》に対する自信に火を点《つ》ける新しい道具を手に入れた。人間中心のデザインとイノベーションのアプローチを学んだのだ。

ワークショップでは、既存の製品やサービスの利用者を観察し、話を聞くことで、消費者のニーズを今までより深く理解した。そして、ほかの企業や業界のマネジャーたちと協力し、消費者のニーズを満たすデザインのラフなプロトタイプ（試作品）を作っていった。ほかの参加者たちから新しい見方を学び、他者のアイデアを土台にしながら、自分のアイデアに関する実験や改良を重ねていった。

このアイデアの他家受粉《たか》のおかげで、1週間のワークショップを終えるころには、家を出たときよりも創造性や希望がぐっと増したように感じた。経営から、人事、財務まで、さまざまな分野のさまざまな役職の人々と一緒に人間中心のデザイン・プロセスを学んだことで、心が揺さぶられた。「ここで学んだ道具を会社に持ち帰り、職場の枠を超えたチームを作って連携させれば、どれだけ大きな影響が及ぼせるだろう、と想像しはじめました」

人間中心のデザイン手法を自分自身の仕事に活かせば、もっと子どもに合った解決策を生み出せるはずだとダグは確信した。その決意を胸にウィスコンシン州ミルウォーキーへ帰った。やるべきことは明白だった。会社に本格的な人員、予算、サポートを期待するのは難しい。とすれば、ＭＲＩを一から設計し直す大規模なＲ＆Ｄ（研究開発）プロジェクトを立ち上げるのは不可能だ。そこで、彼はＭＲＩの体験を設計し直すことに目を向けた。

まず、彼は託児所の幼い子どもを観察し、共感するところから始めた。チャイルド・ライフ・スペシャリスト（訳注：入院生活を送る子どもやその家族に精神的なサポートを提供する専門家）と話をし、小児患者の経験を理解した。また、ＧＥの少人数の有志チーム、地元の子ども博物館の専門家、ふたつの病院の医師やスタッフなど、周囲の人々にもサポートを求めた。次に、彼はのちに「アドベンチャー・シリーズ」と名づけられるスキャナーの最初のプロトタイプを作り、ピッツバーグ大学医療センターの小児病院で、実験的に設置してもらうことに成功した。

子どもがMRIをどう体験し、利用するかを総合的に考えることで、ダグはMRIの装置一式を子どもの冒険物語へと変えた。もちろん、主役は患者だ。ダグの特別チームは、スキャナー内部の複雑な技術にはいっさい手を加えず、MRIスキャナーの外側にカラフルなイラストを施した。それから、床、天井、壁、機器など、部屋のあらゆる面にも。また、幼い患者を冒険に案内できるように、MRIの操作担当者向けの台本も用意した。

あるプロトタイプは、遊園地の乗り物にしてもおかしくないような海賊船のデザインをしている。スキャナーの丸い穴を囲むように、木製の巨大な舵輪《だりん》まで描かれている。船旅を想像させるこのような細部の工夫も、スキャナーの狭い空間に怯えさせない効果を生み出しているのだ。操作担当者は、「海賊船に乗って海を旅するから、船の中でじっとしていないとダメだぞ」と子どもに伝える。〝船旅〟が終わると、子どもは部屋の反対側にある海賊の宝箱から、ちょっとした財宝を取り出す。

また、こんな冒険もある。MRIは筒型の宇宙船のデザインになっていて、患者を宇宙探検へといざなう。装置の「ブーン」「バン」という騒音が大きくなる直前、担当者は子どもに「これから宇宙船が超音速に入るぞ。よ〜く聞いてごらん」と言う。こう言い換え

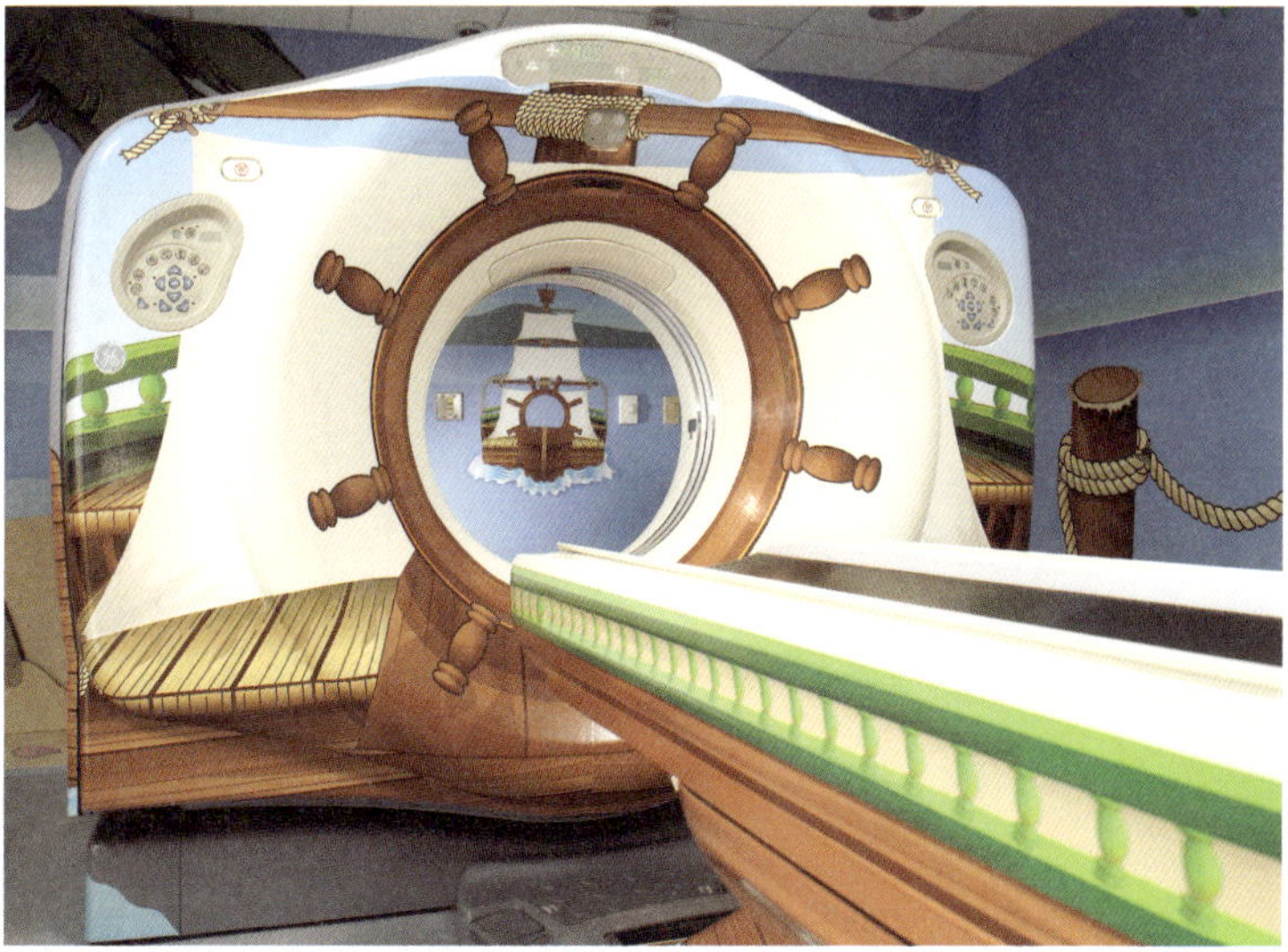
子どもの患者のために、海賊の冒険へと生まれ変わった医療用スキャナー。

るだけで、普段は恐ろしく聞こえる「ブーン、ブーン、ブーン」という音が、冒険のひとつの要素にすぎなくなるわけだ。今では、海賊や宇宙船を含めて、9種類の〝冒険〟が用意されている。

ダグが子ども向けにMRIをデザインし直したおかげで、鎮静の必要な小児患者の数は劇的に減った。病院やGEにとっても、かかわる麻酔専門医が少なくてすむし、1日にスキャンできる患者の数が増えたので、大満足だ。一方、患者の満足度は90パーセントも上がった。

しかし、ダグが何より満足しているのは、数値の改善でもなければ、GEヘルスケアの利益増でもない（もちろん、社内の支持を得るうえでは重要だったが）。最高のご褒美は、〝海賊船〟ＭＲＩでスキャンを受けたばかりの６歳の女の子が母親と話しているときにもたらされた。その幼い女の子が、母親のスカートを引っ張りながら、「ねえ、お母さん。明日もこれに乗れるの？」と聞いたのだ。そのたったひとつの言葉で、彼はすべての苦労が報われた気がした。

創造力に対する自信《クリエイティブ・コンフィデンス》を獲得したダグは、突然のひらめきから1年もせずに、ＧＥで新しい考え方を広めるリーダーの役割を手に入れた。ダグは少しだけ世界を変えたのだ。大げさすぎるって？　幼い患者やその両親に聞いてみてほしい。きっと答えが返ってくるはずだ。

クリエイティブな考え方は、現状のその先を見通す強力な道具になりうる。本書で紹介しているクリエイティブな手法を用いる人々は、想像力をよりうまく活かして未来像を描くことができる。仕事であれ私生活であれ、既存のアイデアを改良し、周囲の世界に良い影響を及ぼせると信じているからだ。その自信がなければ、ダグは目標に向けた第一歩を踏み出すことはできなかっただろう。創造力に対する自信《クリエイティブ・コンフィデンス》とは、何が実現可能なのかを、本質的に楽観的な方法でとらえる手段といえよう。

ダグの物語は、人間中心のデザインがいかにして画期的なイノベーションに結びつくかを示している。ターゲットが子どもであれ同僚であれ、クライアントであれ消費者であれ、相手に共感し、クリエイティブな問題解決のプロセスを取り入れれば、新しいイノベーションのチャンスが開かれる。競合他社が技術的な仕様（スキャンの速度や解像度など）

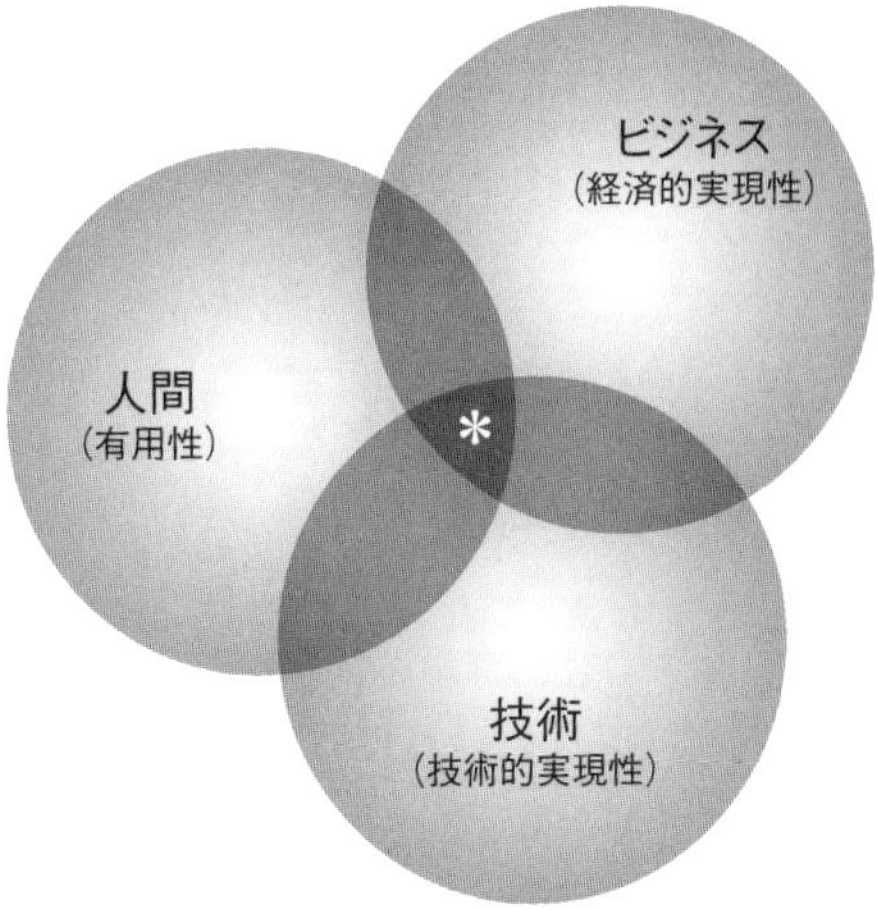

技術、ビジネス、人間という3つの要因の交わる点を見つけることが重要。

をめぐって果てしない闘いを続けているあいだに、ダグは患者やその家族の生活を改善するまったく新しい方法を発見した。私たちの経験からいえば、技術ではなく人間を中心とした視点から問題を見つめることで、新しい変化が次々と生まれてくることもあるのだ。

私たちがかかわってきたあらゆるイノベーション・プログラムでは、常に3つの要因のバランスを取っている。上の図で、3つの円の重なり合っている部分がそれだ。

ひとつ目は、「技術的要因」、つまり技術的な実現性に関するものだ。私たちがシリコンバレーで働きはじめた当初、クライアントはもっぱら技術的な要因からスタートしていた。クライアントは、文字どおり何千という新技術を見せてくれた。たとえば、自転車の画期的なホイール・ハブもあれば、人間の脳を内側から冷やす新しい方法なんてものまであった。新技術は、本当に機能するものであれば、莫大な価値を生み出す可能性を秘めているし、新しい会社や事業部門を成功させる土台にもなりうる。

炭素繊維の航空機部品、マルチタッチのインタラクティブ・ディスプレイ、低侵襲《ていしんしゅう》手術器具はみな、それぞれの業界に革命をもたらした。しかし、**画期的な技術だけでは十分とはいえない。もし十分だとしたら、今ごろみんなセグウェイに乗り、ロボットの犬と遊んでいるはずだ。**

ふたつ目の重要な要素は、経済的な実現性だ。または、「ビジネス的要因」と呼ぶこともある。技術は機能するだけでなく、経済的に実現可能な方法で生産・販売できなければならない。つまり、企業が成長できるようなビジネス・モデルに適合する必要があるのだ。私たち筆者が育った1950年代、科学雑誌は、21世紀の家庭の裏庭には1家に1機、プライベート・ヘリコプターがあるだろうと予言していた。今までのところ、一般家庭でもヘリコプターが買えるような巧妙なビジネス・モデルを思いついた者はいない。単純に、ビジネス的要因が満たされなかったからだ。おそらく、今後も満たされないだろう。

非営利組織でさえ、ビジネス的要因が重要なこともある。インドで安全な飲み水の普及率を高めるプログラムや、ガーナで公衆衛生システムを築くプログラムを始めたければ、採算を取りながら、プログラムを長期的に持続させる方法を見つけなければならないのだ。

イノベーション・プログラムを成功させるための3つ目の要素は、人間に関するもので、

「人的要因」と呼ばれることもある。一言でいえば、人間のニーズを深く理解することだ。とはいっても、単に人々の行動を観察するだけでなく、人々の動機や根本的な考え方を理解しなければならない。人的要因は必ずしも残りのふたつより重要というわけではない。しかし、技術的要因は世界じゅうの科学や工学のカリキュラムで詳しく教えられているし、ビジネス的要因は世界じゅうの企業が全力を注いでいる。とすれば、人的要因にこそ、イノベーションの最大のチャンスが潜んでいるかもしれない。

だからこそ、私たちは常に人的要因を出発点にするのだ。そして、ダグもそうした。実際、GEのMRIスキャナーはすでに最高の技術と事業的な実現性を兼ね備えていた。それでも、ダグは幼い子どもがMRIスキャナーについてどう思っているのか、どうすれば新しい体験に安心感を抱いてもらえるのかを理解しようと努めた。幼い患者に共感したからこそ、ダグは画期的なアイデアを思いつき、最終的に製品の成功を手中に収めることができたのだ。

人間中心の考え方は、イノベーション・プロセスの基本だ。人々に深く共感することで、観察を強力なインスピレーション源にすることができる。私たちは人々が将来的にどんな行動を取りうるのかを理解するために、現在の行動を取っている理由を理解しようと努める。直接的な触れ合いを通じて、イノベーションを届けようとしている相手と個人的なつながりを築くわけだ。

たとえば、人々の衣服をその人のシンクで手洗いしてみる。公営住宅にお客さんとして泊まる。手術室で医師の手術に立ち会う。空港のセキュリティ・チェックの列で激昂《げっこう》している客をなだめる。すべては共感を築くためだ。

共感によるアプローチは、私たちのプロセスにおいてとても重要だ。生身《なまみ》の人間のためにデザインしているという事実を決して忘れずにすむからだ。その結果、真にクリエイティブな解決策につながる洞察やチャンスが開ける。これまで、私たちは数千ものクライアントとともに作業し、共感の力を活かして、使いやすい救命用の除細動器から、老後の積み立てを助けるデビットカードまで、色々なものを生み出してきたのだ。

私たちが思うに、成功するイノベーションは、技術的要因とビジネス的要因のバランスを取るとともに、人間中心のデザインによる調査の要素を何かしら取り入れている。顧客の真のニーズや欲求を考慮しながら、技術的実現性、経済的実現性、人間にとっての有用性の交わる点を模索することこそ、ＩＤＥＯやｄスクールで「デザイン思考」と呼ばれている方法論の一部であり、創造性やイノベーションを生み出す私たちのプロセスなのだ。

もちろん、新しいアイデアに命を吹き込む万能な方法論などないが、成功するプログラムはたいてい、何らかの形で、デザイン主導のイノベーションの「着想」「統合」「アイデア創造／実験」「実現」という４つの段階を含んでいる。私たちの経験からいえば、イノベーションや新しいアイデアは、プロセスが完了するまでに何度も反復を繰り返すこともあるのだ。

デザイン主導のイノベーション（注3）

ここでは、イノベーションに対する私たちのアプローチの概要を示す。これはIDEOのパートナーのクリス・フリンクによる説明だ。私たちは方法論を絶えず修正し、進化させている。ぜひみなさんも、独自のバージョンを自由に作り、自分自身の状況に合ったイノベーション手法を考え出してみてほしい。

①着想（inspiration）

ニュートンのようにリンゴが頭の上に落ちてくるのを待っていてはいけない。外の世界に飛び出し、創造的思考に火を点《つ》ける体験を積極的に求めよう。専門家と対話するのでも、見知らぬ環境に飛び込むのでも、顧客とのやり取りのロールプレイをするのでもいい。意図的にそうした行動を取ることが、着想の燃料になるのだ。

人間中心のイノベーションを促すうえで、何よりも頼りになるのは共感だ。生身《なまみ》の人間のニーズ、欲求、動機を理解すれば、斬新なアイデアを思いつくきっかけになる。人々の行動を自然な文脈の中で観察すれば、絡んでいる要因をより深く理解し、イノベーション活動の原動力となる新しい洞察を得られることもある。

私たちは現場でさまざまな人々に密着して観察したりインタビューしたりしている。たとえば、「極端な利用者《エクストリーム・ユーザー》」と話をし、アーリー・アダプター（初期採用者）がどのように技術を有効活用しているかを突き止めたりしている。また、缶切りのような台所用品を再設計しようとしている場合には、お年寄りの使い方を観察して、イライラのポイントや改善の機会を探すこともある。

また、ほかの業界に目をやり、似た問題がどう解決されているかを確かめることもある。たとえば、病院の患者の満足度を向上させるため、レストランのカスタマー・サービスと病院の患者の体験の類似点を探ることもある。

②統合（synthesis）

現場で時間を過ごしたら、次は「意味づけ」という複雑な課題に挑む。それまでに目撃、収集、観察してきたすべての物事の中に、パターンやテーマ、意味を見つけ出さなければならない。具体的な観察内容や個々の物語から、人々の集団全体にわたるより抽象的な真実へと視点を移す必要があるのだ。

この段階では、「共感マップ」（第7章のチャレンジ④を参照）を使って観察結果を整理したり、マトリクスを作って解決策の種類を分類したりすることも多い。

統合の段階では、スイート・スポットを探る。調査で明らかになった内容を、実行可能なフレームワークや原則へと変換する。問題の枠組みをとらえ直し（リフレーミング）、どこに力を注ぐかを決めるのだ。たとえば、小売り業の分野で、私たちはこんなことに気づいた。「どうすれば顧客の待ち時間を減らせるか？」という疑問を「どうすれば顧客の感じる待ち時間を減らせるか？」という疑問に置き換えるだけで、まったく新しい可能性が開けてくるのだ。たとえば、壁にビデオ・ディスプレイを設置して、楽しい気晴らしを提供する手が考えられる。

③アイデア創造（ideation）と実験（experimentation）

次に、新しい可能性を探っていく。無数のアイデアを出し、多岐にわたる選択肢を次々と検討していく。中でも特に有望なアイデアは、迅速な試作《ラピッド・プロトタイピング》を繰り返し行う段階へと進める。この段階では、アイデアをすばやくラフな形で表現する。人々の反応を確かめられる程度の具体性があれば十分だ。重要なのは、すばやく、ラフという点。ひとつのアイデアに力を入れすぎることなく、多様なアイデアを探るのだ。

この経験による学習のループは、既存のコンセプトを発展させ、新しいコンセプトを生み出すのに役立つ。エンド・ユーザーなどのフィードバックに基づき、適応、改良、方向転換を繰り返しながら、人間を第一に考える魅力的で有効な解決策を練り上げていく。実験にはあらゆるものが含まれる。たとえば、皮膚に貼るタイプのワクチンを完成させるために、何百種類もの物理的モデルを手作りしたり、運転シミュレーターを使って新しい自動車システムをテストしたり、ホテルのロビーでのチェックイン体験を演じたりするのだ。

④実現（implementation）

新しいアイデアを実際に展開する前に、デザインに磨きをかけ、市場に出るまでのロード・マップを準備する。もちろん、製品やサービスの種類によって、展開の仕方は大きく変わってくる。新しいオンライン学習プラットフォームを立ち上げるのは、新しい銀行サービスを提供するのとはまったく違う。

この段階は何回にもおよぶこともある。どの業界でも、学習してフィードバックを得るために新しい製品、サービス、事業をリリースする企業がますます増えつつある。こういう企業はベータ版を維持したまま、市場の中ですばやく改良を繰り返し、商品やサービスにいっそう磨きをかけていく。たとえば、小売り業では、新しい都市での需要を検証するために、ポップアップ・ストア（仮店舗）を出店することもある。実際、ボストンを拠点とする新しいファスト・フード・チェーン「クローバー・フード・ラボ」は、マサチューセッツ工科大学のたった1台の移動屋台から始まった。この会社は、従来型のレストラン店舗を本格的にオープンする前に、地球に優しいベジタリアン料理に市場性があるかどうかを調べたわけだ。

デザイン思考は組織をクリエイティブにする

デザイン思考は、デザインを実践する人々の道具や考え方を用いて、人間のニーズを発見し、新しい解決策を生み出すための手法だ。通常、「デザイン」という言葉は、ほとんどの人は「このカーテンについてどう思う？」とか「そのメガネ、どこで買ったの？」などと問うときに使っている。しかし、「デザイン思考」のアプローチの目的は、単に美的な側面に注意を払ったり、物理的な製品を作り出したりすることだけではない。デザイン思考は一種の方法論なのだ。デザイン思考を使えば、個人、社会、ビジネスのさまざまな問題を、クリエイティブかつ斬新な方法で解決できるのだ。

デザイン思考では、直感的に物事をとらえ、パターンを認識し、機能的なだけでなく感情的にも意義のあるアイデアを組み立てる、人間の天性の能力を用いる。とはいえ、あとからその能力を身に付けることも可能だ。もちろん、感覚、直感、インスピレーションだけに基づいて、キャリアを築いたり組織を運営したりしなさいと言うつもりはない。ただ、論理や分析に頼りすぎるのは、同じくらい危険なこともある。容易には分析できない問題や、確かな基準やデータが十分にない問題を抱えている場合、デザイン思考の共感やプロトタイピングを使うことで、前に進む足がかりになるかもしれない。画期的なイノベーションや創造の飛躍が必要な場合は、問題を深く掘り下げ、新しい洞察を見つけるのにデザイン思考の方法論が役立つだろう。

ＩＤＥＯは、デザイン思考を用いて、官民を問わず組織のイノベーションや成長を支援している。クライアントに新規事業や既存事業の未来の姿を思い描いてもらい、そこに到達するまでのロード・マップを築く手助けを行なっているのだ。トムは『発想する会社！』でＩＤＥＯの製品開発事業について説明しているが（注4）、現在ではそれに加えて、新しい企業やブランドの立ち上げも行なっている。世界じゅうのクライアントと協力し、新しい製品、サービス、空間、インタラクティブな体験の構築に力を貸しているわけだ。もちろん、玩具やATM機器といった製品の開発も続けているが、最近では、消費者の健康保険の申し込みを支援するデジタル・ツールキットを開発したり、ペルーのより効果的な教育システムを設計したりする機会も、同じくらい多くなっている。この数年間で、私たちはクライアントと一緒に働き、イノベーションを企業のDNAに埋め込む手助けを行なってきたのだ。

IDEOでもクライアントの組織でも、デザイン思考はクリエイティブな文化を養い、継続的なイノベーションや新規事業の開始に必要な社内のシステムを築くのに役立っている。

人々を宙返りさせるために——dスクール誕生秘話

2000年代初頭、デイヴィッドはスタンフォード大学で、大学のほかの部門の教授たち（コンピューター・サイエンス学科のテリー・ウィノグラード、経営工学科のボブ・サットン、経営大学院のジム・パテルなど）とともに、複数の教師がチームを組んで教える「チーム・ティーチング」の実験を始めた。それまで、デイヴィッドは工学部でデザインを学ぶ学生にしか教えた経験がなかった。つまり、すでに自分たちをクリエイティブだと思っている人たちだ。しかし、さまざまな学問分野の学生が集まるこの新しいコースでは、あまり自分をクリエイティブだと思ったことのないMBAやコンピューター・サイエンス専攻の学生たちと触れ合うことになった。

この授業の中で、デイヴィッドや彼の同僚たちは、創造性を解き放つとどうなるのかを目の当たりにした。学生の中には、デザイン思考の道具を使うだけでなく、デザイン思考の考え方そのものを受け入れ、新しい見方、新しい自己像、そして新しい自信を手に入れた者もいた。時には授業が終わってから数カ月もたって、大学のオフィス・アワーにわざわざデイヴィッドのところにやってきて、「初めて自分をクリエイティブだと思うようになりました」「どんな課題にも創造性を発揮できるようになりました」と伝えてくる学生もいた。その目は興奮、希望、可能性でらんらんと輝いていた。感極《かんきわ》まって泣き出す学生もいたくらいだ。

デイヴィッドは、このような生まれ変わりを表現する名前を思いついた。ずばり、「宙返り」（flipping）だ。ひとつの心理状態から別の心理状態にくるりと変わる様子を表わしている。この遊び心あふれる言葉からは、トランポリンや飛び込み台の楽しくて優美な宙返りも連想される。

デイヴィッドが話をした学生たちはみな、彼らの中で何かが根本的に変わったとはっきり見て取れるほど、情熱や興奮に満ちていた。まさに教師冥利《みょうり》に尽きるといえよう。

デイヴィッドと元学生のジョージ・ケンベル（dスクールの現エグゼクティブ・ディレクター）は、友人や同僚たちと新しいプログラムの設立について話し合いをはじめた。デイヴィッドは、さまざまな経歴を持つ学生がやってきて創造力を養い、新しく身に付けた能力を難問の解決に活かすことができる場所を大学内に設けたいと考えていた。確かにスタンフォード大学には、どの一流大学とも同じように、自分の専門分野を深く追究するノーベル賞級の研究者がたくさんいた。しかし、21世紀には、ひとつの分野に特化していては解決できない巨大な難問がたくさんある。科学者とビジネスパーソン、弁護士、エンジニアなどが同じ部屋で肩を並べることで初めて見つかる解決策もあるだろう。

デイヴィッドは、「深く追究する」方向に全額を投じつづける代わりに、「幅広く考える」方向にも少なくとも小さなサイド・ベットをしてみるべきだと訴えた。そうすればいつの日か、その新しい学術機関はビジネス・スクール――よくいう「Bスクール」――と同じような尊敬や名声を得られるかもしれない。こうしてそれ以来、新規事業の通称が定着したというわけだ。そう、「dスクール」だ。

彼がこのアイデアを大手エンタープライズ・ソフトウェア企業「SAP」の創設者のひとり、ハッソ・プラットナーに打ち明けると、ハッソは気前よく小切手を切ってくれた。dスクール、正式名称「ハッソ・プラットナー・デザイン研究所」は、2005年にオープンした。

クリエイティブに考えられる人材を育てる

歴史的に、IDEOの活動ではイノベーションに主眼が置かれてきたが、スタンフォード大学のdスクールでは、最初からイノベーター育成に主眼が置かれている。スタンフォード大学の全大学院の学生が、dスクールの授業を受けるために集まってくる。学位も発行しないし、必修科目もない。それでもみんなが集まるのは、ひとえに授業を受けたいからだ。現在では、毎年700人を超える学生がdスクールのコースに参加している。プロジェクト中心のクラスでは、大学じゅうの教員や業界の専門家たちによるチーム・ティーチングが行なわれる。この多様な環境の中では、実にさまざまな意見が頻繁に飛び交う。中には対立する意見も。学生たちは、学問分野の枠を超えたチームを築き、実践を通じて学びながら、現実の世界の難問に挑んでいく。大学院生だけでなく、世界じゅうの経営幹部がワークショップに参加しているし、dスクールの「K－12 Lab」では、子どもや教育者（昨年は500人以上）とともに活動している。

多くの場合、クラスはシンプルなデザイン概要《ブリーフ》から始まる。デザイン概要とは、たとえば「朝にコーヒーを飲む体験をデザインし直す」というように、課題を簡潔に述べたものだ。分析能力の高い人々は、何らかの問題や、「朝のコーヒー体験」のような課題を提示されると、一瞬で頭を問題解決モードに切り替えてしまう傾向にある。一目散《いちもくさん》にゴール・ラインまで走っていき、そして、自分の答えを弁護しはじめるのだ。

たとえば、優秀な医師を思い浮かべてほしい。優秀な医師は一連の症状を見るやいなや、ずばっと診断を下し、解決策を指示する。たいていはものの数秒で。数年前、朝のコーヒー体験の課題に取り組んでいたとき、クラスにいた医科大学院の学生がすぐに手を挙げ、「必要なものは明白です。新しい種類のコーヒー・クリーマーです」と言った。彼のような優秀な分析的思考の持ち主にとって、〝未解決〟の問題を宙ぶらりんのままにしておくのは、気持ちが悪いものらしい。とにかく答えを出して前に進もうとする。唯一の正解がある型どおりの問題解決の状況では、彼のやり方はとても効率的だ。そしてそれが正しいこともある。

しかし、創造的思考の持ち主は、唯一の正解がない問題に直面したとき、焦って判断を下そうとはしない。色々な解決策がありうることを念頭に置き、まずは大きく網を張ろう

スタンフォード大学のdスクールは、大学じゅうからアイデアや人々を集めている。

とする。いくつかのアプローチの候補を挙げたあと、もっとも実行価値の高いアイデアへと候補を絞っていくわけだ。

そういうわけで、デイヴィッドやdスクールの教授陣は、第一感《イニシャル》の答え、つまりもともと頭の中にあるお決まりの答えはいったん脇に置くよう学生に伝えている。そして、深く掘り下げ、状況をよく理解し、コーヒーを飲む人々の行動を観察し、隠れたニーズや機会を見つけ出すよう促している。教授たちの指導のもと、共同作業しながらデザイン・プロセスを終えたころには、どのグループでも数々のアイデアが生まれる。飲む人の好みの温度を正確に把握し、毎回その温度でコーヒーを提供してくれるコーヒーポット。カップの中に入れて使う自動かき混ぜ機。すると、教授はクラスの面々に、「新しく思いついた解決策の中で、第一感の解決策より良いものはありましたか?」とたずねる。たいていの場合、答えはイエスだ。

しなやかマインドセット

創造力に対する自信《クリエイティブ・コンフィデンス》を手に入れるためには、自分のイノベーション・スキルや能力が固定されているわけではないという信念がなければならない。あなたが今、自分はクリエイティブな人間ではないと感じているなら――つまり、「私はクリエイティブ系の物事には向いていない」と思っているなら――、その思い込みを捨てないかぎり、前には進めない。学習や成長が可能だと信じなければならないのだ。言い換えると、何よりもまずスタンフォード大学の心理学教授のキャロル・ドゥエックのいう「しなやかマインドセット」(訳注:ドゥエック著『「やればできる!」の研究』で当てられている訳語。直訳では「成長マインドセット」)が必要なのだ(注5)。

ドゥエックによれば、しなやかマインドセットの持ち主は、人間の真の潜在能力は未知(しかも不可知)であり、何年も努力、苦労、練習を積めば、予測も付かないようなことを成し遂げられると信じているという。彼女は膨大な研究に基づき、説得力のある主張をしている。彼女の主張によると、開始時の才能、適性、さらにはIQとは無関係に、努力や経験で能力を伸ばすことは可能なのだという。
しなやかマインドセットの価値を正しく理解するには、それとは正反対の悪の双子、「こちこちマインドセット」（訳注：同じくドゥエックの著書での訳語。直訳では「固定マインドセット」）と比較するのがわかりやすい。こちこちマインドセットの持ち主は、意識的または無意識のうちに、人間の生まれ持つ知能と才能の量は決まっていると心から信じている。創造力に対する自信《クリエイティブ・コンフィデンス》を獲得するための旅に招待されると、こちこちマインドセットの持ち主は、自分の能力の限界がほかの人にバレるのを恐れて、安全な場所にとどまろうとするのだ。

ドゥエックは、自ら能力を狭めてしまうこちこちマインドセットの性質を検証するために、香港大学の1年生の行動を調べた（注6）。香港大学の授業や試験はすべて英語で行なわれるので、英語に難《なん》を抱える新入生は、圧倒的に不利な立場にある。ドゥエックは、新入生の語学力とマインドセットを評価したあと、「英語力アップが必要な学生のための講座を設けたら受講しますか」と質問した。学生たちの答えで、マインドセットの威力が明らかになった。しなやかマインドセットを持つ学生は、「迷うことなく受講を希望した」という。一方、こちこちマインドセットを持つ学生は、「英語講座にあまり興味を示さなかった」という。つまり、こちこちマインドセットの学生は、隠れた弱みをさらけ出すくらいなら、長期的な成功の可能性をあきらめる方を選んだわけだ。生涯ずっと同じ理屈で選択を下していたら、自分の能力には決まりきった限界があるという思い込みが現実化してしまうのは明らかだ。

一方、しなやかマインドセットは新しい冒険へのパスポートだ。自分には無限の未知の能力があるという可能性を信じれば、ランニング・シューズを履いて疾走する準備はできているといえよう。

現実には、誰しも両方のマインドセットを少しずつ持っている。時には、一方の耳元で「クリエイティブな活動はずっと苦手だっただろ？ わざわざ恥をかく必要なんてないじゃないか」というこちこちマインドセットの声が聞こえ、もう一方の耳元で「努力は習得への道だ。とりあえずやってみよう」というしなやかマインドセットの声が聞こえることもある。問題は、どちらの声に耳を傾けるかなのだ。

宇宙に衝撃を与えよ

創造力に対する自信《クリエイティブ・コンフィデンス》を手に入れると、周りの風に流されて進むのではなく、自分の人生や組織の進路を自分で決めたいと思うようになる。かつて私たちは、トロント大学ロットマン・スクール・オブ・マネジメント学長のロジャー・マーティンから、「デザイナーの印象的なところは、常に意図を持って行動する点だ」と言われたことがある。ふつうの人なら無意識にあらかじめ決まった選択肢を選ぶところを、デザイン思考家は、本棚の整理方法から仕事の説明の仕方まで、1回1回、意識的に新しい選択をする。世界を見渡しては、もっと良くできるものはないかと考え、それを変えたいと思うのだ。新しい裏庭のレイアウトであれ、新会社の設立であれ、新しいプログラミング・コードの作成であれ、**いったん何かを創造しはじめれば、すべてのモノには意図があることに気づく。**現代社会のあらゆるものは、誰かの意図的な決断の集合体といえる。その誰かに、あなたもなるべきではないだろうか？

創造力に対する自信《クリエイティブ・コンフィデンス》を解き放てば、ディナー・パーティの催《もよお》し方から、会議の運営方法まで、現状を改善する新しい方法が見えてくる。そして、いったんその機会に気づけば、機会をつかまずにはいられなくなる。

私たちにとってみれば、スティーブ・ジョブズこそが、「意図を持った決断」のカタマリのような人だった。デイヴィッドがスティーブと出会ったのは、ＩＤＥＯがアップルの初代マウスをデザインしていた１９８０年代のことだった。その後、スティーブがアップル、ＮｅＸＴ、ピクサーで次々と事業プロジェクトを立ち上げると、そのプロジェクトを通じてデイヴィッドとスティーブは親密になっていった。

スティーブは決していちばんラクな道を選びはしなかった。世界の〝現状〟をそのまま受け入れることもなかった。彼はどんな物事でも意図を持って行なった。どんな細かいことにも注目した。そして、彼は私たちの考える限界以上のものを求めてきた。言ってみれば、私たちは彼の「現実歪曲《わいきょく》空間《フィールド》」を間近で体験したのだ。彼は時に不条理だと思うくらいまでハードルを上げつづけた。それでも、私たちは挑戦し、毎回目標の４分の３くらいまでは到達した。4分の3といっても、自分たちだけではとうてい到達できない地点だったことは間違いない。

スティーブがアップルを追われ、のちに「NeXTコンピューター」と呼ばれるスタートアップ企業の設立を計画していたある日、彼がデイヴィッドのオフィスに立ち寄り、新しい装置のビジョンを打ち明けた。常に禅《ぜん》のシンプル性を求めていたスティーブは、「世界でいちばんシンプルな3次元の形状は何だと思う？」とデイヴィッドに聞いた。デイヴィッドは球体だと断言した。しかし、答えなどどうでもよかった。スティーブの期待していた答えは立方体《キューブ》だったからだ。こうして、私たちはスティーブがキューブ型のNeXTコンピューターの工学的設計を行なうのを支援するプロジェクトを開始した。

この集中的なプロジェクトのあいだ、スティーブはしょっちゅう真夜中にデイヴィッドの自宅にやってきて（メールやテキスト・メッセージのない時代だ）、変更を加えたいと言ってきた。いくら緊急だからといって、翌朝まで待てない用件なんてあるものだろうか？　ある夜など、マグネシウム合金製の筐体《きようたい》内部のネジのメッキはカドミウムがいいかニッケルがいいかを聞くためだけにやってきた。デイヴィッドは「おいおい、スティーブ、箱の中の話だろう？」といった感じで答えた。それでも、スティーブはこだわった。もちろん、結局は変更することになった。筐体を開けて完璧なメッキが施されたネジに気づくNeXTの顧客など、ひとりでもいるだろうか？　しかし、スティーブはどんな些細な点も成り行き任せにはしなかったのだ。

スティーブは深い創造力に対する自信《クリエイティブ・コンフィデンス》を持っていた。目標を追求する勇気と忍耐力さえあれば、大胆な目標を叶えられると信じて――いや、知って――いたのだ。彼は「宇宙に衝撃を与えよ」と説いたことで有名だ。1994年のインタビューで、彼はこう表現している。

> 人生を突っつけば、実際に反対側から何かが飛び出してくるとわかったとたん、人生を変えたり、形作ったりできるようになる。それこそいちばん大事なことなのだ。いったんそれを学べば、人生はがらりと変わる（注7）。

スティーブが言いたかったのは、誰にでも世界を変える力があるということだ。彼は確かにそれを体現していた。彼はビジョナリーとして、多くの人々の生活に影響を与え、全員に「発想を変えろ」と促したのだ。

ダグ・ディーツからスティーブ・ジョブズまで、私たちが出会ってきた創造力に対する《クリエイティブ・》自信《コンフィデンス》の持ち主はみな、並外れたエネルギーを活かし、驚くような影響を及ぼす方法を見つけた。そして、前に進むための自信を手に入れれば、あなたも宇宙に衝撃を与えるチャンスはあるのだ。まずはしなやかマインドセットを身に付けよう。自分には未知の潜在能力がある、今まで達成できなかったこともきっと達成できると、心から信じるのだ。

以降の章では、新しいスキルを獲得し、新しいインスピレーションを見つけ、今まで以上に創造力を解き放つのに役立つ、実践的な道具をご紹介していきたい。そのためには、行動を起こし、自分の創造性を直接体験する必要があるだろう。

しかし、行動を起こすためには、何よりもまず、今まで創造性を妨げてきた恐怖を克服する必要がある。

第2章 恐怖を克服する

ヘビの一種、ボアコンストリクターを思い浮かべてほしい（注1）。

ある男性の首にゆったりと絡みついている。隣の部屋では、フェイス・マスクと革の手袋を着けた女性が、警戒した様子でマジックミラー越しに男の様子を見ている。心臓はバクバクだ。物心《ものごころ》が付いたときから、ヘビが怖くてたまらない。ガーデニングやハイキングなんてもってのほか。縞《しま》模様が特徴のガーターヘビが目の前を横切るかもしれないと思うと恐ろしいのだ。

それでも、彼女はここにいる。そして、これから隣の部屋に入り、恐ろしいヘビに触れようとしている。

いったいどうやって？　どうやって恐怖を勇気に変えるというのか？

彼女のヘビ恐怖症を治そうとしているのは、心理学者のアルバート・バンデューラだ。バンデューラは彼女と同じような人々を何千人と治療してきた。スタンフォード大学の研究者・教授として、社会的学習の分野に多大な影響を及ぼしてきた彼は、世界最高の存命中の心理学者と称されている（注2）。公表されたリストの中で、20世紀最高の心理学者として彼よりも上位に挙げられているのは、ジークムント・フロイト、バラス・フレデリック・スキナー、ジャン・ピアジェだけだ（注3）。

彼は87歳になった今でも、名誉教授としてスタンフォード大学の自身のオフィスで研究を続けている。

ある日、私たちはヘビ恐怖症の治し方について彼と話をする機会があった。バンデューラによると、基本的には、恐怖症を治すには強い忍耐と一歩ずつの段階的なステップが必要だ。しかし、彼や同僚たちは、生まれつきの恐怖症を1日足らずで治せることもあるのだという。

まず、バンデューラはヘビ恐怖症の人々に、「隣の部屋にヘビがいます。これから入っていただきます」と伝える。たいていは、「絶対に無理！」という答えが返ってくる。

次に、彼はたくさんのステップからなる課題を、被験者に順番にこなしていってもらう。次のステップをぎりぎり実施可能な範囲に定めるのがポイントだ。たとえば、あるステップでは、ヘビを抱えている男性をマジックミラー越しに見てもらい、「どうなると思いますか？」とたずねる。恐怖症を抱える人々は、ヘビが男性のクビに巻きつき、男性を窒息させるに違いないと信じている。ところが、その確信に反して、時間がたってもヘビはだらりとぶら下がっているだけ。男性を窒息させることも絞め殺すこともない。

その後も、同じ要領で治療は続く。さらに先まで進むと、ヘビのいる部屋のドアを開けて、ドアのところに立つよう指示する。怖すぎて無理な場合には、「一緒にドアのところに立ちましょう」と言う。

小さなステップを次々とクリアしていき、最終的にはヘビの隣に立つ。セッションが終わるころには、ヘビに触れられるようになる。すると突然、恐怖症が消えてなくなるのだ。

この手法を使いはじめたころ、バンデューラは治療の数カ月後に再び被験者と連絡を取った。恐怖症は再発していなかった。ある女性は、ボアコンストリクターに皿洗いを手伝ってもらう夢を見たとまで言っていた（注4）。それまで悪夢にヘビが出てきたときのように、恐ろしい思いをすることはなかったという。

バンデューラは恐怖症の治療に用いている自身の方法論を「指導つきの習熟」（guided mastery）と呼んでいる。

指導つきの習熟のプロセスでは、誤った信念を振り払う直接的な体験の威力を利用している。このプロセスには、代理学習、社会的説得、段階的課題設定といった心理学の道具が詰まっている。その過程で、人々は大きな恐怖と向き合い、自分が対処できる程度の小さなステップをいちどにひとつずつこなしながら、恐怖を克服していくことができるわけだ。

指導つきの習熟を使って、わずかな期間で一生涯の恐怖症をも治すことができるというのは、まさに大発見だった。しかし、彼は元恐怖症者の追跡インタビューで、もっと重大な事実を発見した。

インタビューの結果、いくつかの意外な副作用が明らかになった。人々の人生に、一見すると恐怖症とは無関係な別の変化も現われたというのだ（注5）。乗馬をするようになった、人前で堂々と話すようになった、仕事で新しい可能性を探るようになった等々……。何十年間も悩まされてきた恐怖症、一生治らないと思っていた恐怖症を克服するという劇的な経験をしたことで、自分の「変わる能力」や「成し遂げられること」に対する見方が変わっていた。そして最終的に、人生まで変わったわけだ。

フェイス・マスクを着けなければヘビに近づくこともできなかった人々が、新しい勇気を見せてくれたことをきっかけに、バンデューラは新しい研究テーマへと舵《かじ》を切った。人々はいったいどのように「自分は状況を変えられる」「この世界でしようとしていることを成し遂げられる」と信じるようになるのか？

それ以来、バンデューラは研究を通じて、この信念を持つ人々はより難しい課題に挑み、我慢強く、障害や失敗を体験したあとの立ち直りが早いことを証明してきた。彼はこの信念を「自己効力感」と呼んでいる。

バンデューラの研究は、私たちが長年目撃してきたことを科学的に実証している。人々に小さな成功を積み重ねさせることで、自分の創造力を疑う気持ちを払いのけることができるのだ。そして、その体験は残りの人生に絶大な影響を及ぼすこともある。

バンデューラが自己効力感と呼ぶ心理状態は、私たちの考える創造力に対する自信《クリエイティブ・コンフィデンス》と密接に関係している。

この自信を持つ人々は、より適切な選択を下し、気軽に方向転換を行ない、一見すると対処の難しい問題に対しても、うまく解決策を見つけることができる。新しい可能性に気づき、他者と協力して周囲の状況を改善する。そして、新しく身に付けた勇気をもって、困難に立ち向かうことができるのだ。

しかし、このクリエイティブで自信みなぎる心理状態を手に入れるには、ヘビに触らなくてはならないこともある。

私たちの経験からいえば、部屋の中にいるもっとも恐ろしいヘビのひとつは、失敗に対する恐怖だ。恐怖といっても、評価を下される恐怖、始めることへの恐怖、未知のものへの恐怖など、色々な形がある。そして、失敗に対する恐怖についてはずいぶんと語り尽くされているとはいえ、創造活動を成功させるうえで、唯一最大のハードルであることに変わりはないのだ。

失敗のパラドクス

世間では、「天才的な創造力の持ち主は、ほとんど失敗しない」と根強く信じられている。しかし、カリフォルニア大学デービス校のディーン・キース・シモントン教授によれば、むしろその反対なのだという。モーツァルトのような芸術家から、ダーウィンのような科学者まで、天才的な創造力の持ち主は、失敗の数も多い。ただ、失敗したからといって、それを挑戦をやめる口実にしないというだけだ。彼の研究からわかったように、クリエイティブな人々は単純にほかの人よりも多くの実験をしている（注6）。最終的に〝天才的ひらめき〟が訪れるのは、ほかの人よりも成功率が高いからではない。単に、挑戦する回数が多いだけなのだ。つまり、ほかの人よりもゴールに向かってシュートを打つ回数が多いわけだ。**これはイノベーションの意外で面白い数学的法則だ。もっと成功したいなら、もっと失敗する心の準備が必要なのだ。**

たとえば、トーマス・エジソンを例に取ろう。

エジソンは歴史上もっとも有名で多才な発明家のひとりだが、失敗を創造プロセスの一部とみなしていた。彼にとってみれば、タメになる教訓が得られるかぎり、結果的に失敗した実験は無益な実験ではなかった。彼が白熱電球を発明できたのは、無数の失敗を繰り返し、学んだからだ。エジソンは、「真の成功基準とは、24時間に詰め込める実験の数だ」と主張している。

むしろ、最初のころの失敗は、イノベーションを成功させるうえで欠かせないものだ。イノベーション・サイクルの早い段階で弱点を見つければ、それを早く改善できるからだ。

私たちは、航空業界のパイオニア、オーヴィルとウィルバーのライト兄弟の故郷、オハイオ州で育った。ライト兄弟のもっとも有名なエピソードといえば、キティホークでの1903年12月の〝初飛行〟だ。しかし、その偉業だけに注目していたら、初飛行に至るまでの数年間、何度も飛行に挑んでは失敗していた事実を見逃してしまう。実際、一部の報道によれば、ライト兄弟が実験の場所にキティホークを選んだひとつの理由は、アウター・バンクスの辺鄙《へんぴ》な場所で実験を行なえば、あまりメディアの注目を浴びずにすむと考えたからだという（注7）。

エジソンやライト兄弟というと、ずっと昔の話だと思うかもしれないが、試行錯誤から学ぶという伝統は、今もなお根強く残っている。たとえば、オフィス家具メーカーのスチールケース社は、学校で使う従来の教室用のイスを一新しようと考えた（注8）。座り心地の悪い木製のイスよりもいいものを作るために、スチールケースは私たちのデザイン・チームと共同で、ありとあらゆる形やサイズのプロトタイプ（試作品）を200個以上も作った。初めのころは、紙とセロハン・テープで小さなモデルを試験的に作った。プロジェクトが進むと、合板を組み立て、既存のイスの部品に取りつけていった。地元の大学に行き、学生や教授たちに〝実験モデル〟を試してもらい、フィードバックをもらった。形状やサイズの雰囲気をつかむために、発泡スチロールを削って形を作ったり、3Dプリンターでパーツを製作したりした。また、スチールでイスの機構部分のプロトタイプも作った。そして、工場への出荷が近づくと、完成品と寸分たがわない洗練された実寸モデルを製作した。

この飽くなき実験と学習は実を結んだ。スチールケースの「ノード」チェアは、従来のイスのぎこちなさを一新した。座り心地の良い回転式の座席、調節可能な作業台、ラクに

従来の教室用のイスを一新したスチールケース社の「ノード」。

移動できるキャスター、リュックサックを収納できる3本足の土台により、21世紀の教室にふさわしい柔軟で小回りの利くイスができあがった。講義を聴くための座席からグループ活動で使うイスへとすばやく切り替えられるので、今日の多様な指導方法にぴったりなのだ。２０１０年発売の「ノード」チェアは、すでに世界各地の８００の学校や大学で使われている。

エジソンもライト兄弟も、そして「ノード」チェアのデザイン・チームのような現代のイノベーターも、決して試行錯誤という方法に対して身構えたり、恥ずかしいと思ったりすることはなかった。

経験豊富なイノベーターに話を聞いてみてほしい。たぶん、成功するまでに重ねた失敗の数々について、びっくりするような〝苦労話〟が聞けるだろう。

勇気のデザイン

アルバート・バンデューラは、小さな成功を積み重ねさせる「指導つきの習熟」というプロセスを用いて、勇気を獲得し、心に染みついた恐怖症を克服する手助けを行なった。1回の大ジャンプでは実現不可能に近いことも、その分野に詳しい人の指導を受け、小さなステップに分けることで、対処できるようになったのだ。

同じように、私たちもステップ・バイ・ステップのプロセスを用いて、デザイン思考の道具や方法論に出合い、体験する手助けを行なっている。少しずつ課題の難易度を高めながら、最高のアイデアを出す妨げになっている「失敗に対する恐怖」を克服できるよう後押ししているわけだ。この小さな成功は、心から達成感が得られるものだし、次の段階に進むきっかけにもなる。

私たちのクラスやワークショップでは、最初に簡単なデザイン・チャレンジに挑んでもらう。たとえば、プレゼントを贈る体験をデザインし直すというもの(注9)から、日々の通勤を見直すというもの(注10)まで、さまざまな内容がある。ところどころで私たちが手助けに入ったり、ちょっとした後押しをしたりすることもあるが、おおむね自分たちで解決策を練ってもらう。体験を通じて自信を養えば、将来的にもっとクリエイティブな行動を取ることができ、いっそう自信が深まる。そういうわけで、私たちは学生やチーム・メンバーに、1回の巨大なプロジェクトをこなすのではなく、簡単なデザイン・プロジェクトをたくさんこなし、学習サイクルの数をなるべく増やすよう、口を酸っぱくして言っているのだ。

スタンフォードのdスクールで、プロジェクトに共同で取り組んでもらう目的のひとつは、新しいスキルを磨き、自己の向上に励んでもらうためだ。ほとんどの人は結果的に失敗を経験するが、失敗を通じて得た教訓は、私たちを今までよりも賢く、そして強くしてくれると信じている。しかし、だからといって失敗が楽しくなるわけではない。だからこそ、ほとんどの人は本能的に何としてでも失敗を避けようとする。失敗はつらいし、時に痛い。スタンフォード大学教授のボブ・サットンとIDEOパートナーのディエゴ・ロドリゲスは、dスクールでこんな言葉をよく言う。「失敗ってのはいやな体験だが、次のステップを示してくれる」（注11）

失敗とイノベーションの切っても切れない関係は、実践でしか学べない教訓のひとつだ。私たちは、学生になるべく早めに失敗するチャンスを与えている。もちろん、その後の学習時間をなるべく増やすためだ。dスクールの大半のクラスでは、長時間の講義のあとに演習をするのではなく、学生たちにあらかじめ簡単な指示を与え、プロジェクトや課題に挑んでもらう。続いて報告会を行ない、成功したこと、うまくいかなかったことから何を学べるかについて考察する。

「dスクールの多くのクラスでは、ぶっ倒れるまで自らの可能性の限界を押し上げるよう、学生チームに求めている」とIDEOのパートナーでコンサルタント准教授のクリス・フランクは語る。「健全な失敗から生まれる人間的な回復力、勇気、謙遜は、学生たちの教育や成長の貴重な一部なのだ」（注12）

恐怖を払拭するために失敗と向き合う価値を直感的に理解している人物といえば、私たちの友人のジョン・〝キャス〟・キャシディだ。彼は生涯現役のイノベーターであり、出版社「クラッツ・プレス」の創設者でもある。彼が自分の著書『ぶきっちょのためのジャグリング入門（Juggling for the Complete Klutz）』で真っ先に教えているテクニックは、2個のボールのジャグリングでも、1個のボールのジャグリングでもない。もっと基本的なテクニック、つまり「落とす」ことだ（注13）。ステップ1は、3つのボールを空中に投げ、そのまま落とすだけ。それをひたすら繰り返す。ジャグリングを学ぶにあたり、不安は失敗から生まれる。つまり、ボールを床に落としてしまうことから生まれるのだ。そこで、キャスはステップ1で、ジャグリングを学ぶ人に失敗に慣れさせようとしているわけだ。すると、ボールを床に落とすことの方が、落とさないことよりも当たり前になる。失敗に対する恐怖さえ克服してしまえば、ジャグリングはずっとやさしくなるのだ。最初、私たちはふたりとも半信半疑だったのだが、彼のシンプルな手法のおかげで、本当にジャグリングができるようになった。

失敗に対する恐怖は、あらゆるスキルを学んだり、リスクを冒したり、新しい課題に挑戦したりする妨げになる。創造力に対する自信《クリエイティブ・コンフィデンス》を手に入れるには、失敗に対する恐怖を克服する必要がある。確かに、ボールは落とすし、間違いは犯すし、1回や2回は方向性を誤ることもあるだろう。しかし、それも学習のうちだと認められるようになる。そうすることで、たとえ失敗しても前に進んでいるという自信を保つことができるのだ。

顧客インタビューの恐怖を乗り越える（注14）

私たちの経験からいえば、調査のために顧客や利用者の居場所を訪れ、インタビューなどで共感を得ようとすることを恐がる学生は多い。dスクールの講師のキャロライン・オコナーとマネージング・ディレクターのサラ・スタイン・グリーンバーグは、ワンステップずつ、その恐怖を克服する手助けを数多くしてきた。そこで、彼らの提案する共感獲得の方法をいくつかご紹介しよう。ビジネスの文脈で使えるよう、修正を加えている。リストに登場するテクニックは、やさしい順に並べてある。

①オンライン・フォーラムに忍び込んで聞き耳を立てる。

潜在顧客が発しているフィードバック、不満、疑問に注意を払おう。機能や価格に対する評価を探すのではなく、フォーラム・ユーザーの悩みや隠れたニーズを探すこと。

②自分でカスタマー・サービスを試す。

顧客の立場になり、カスタマー・サービスを実際に受けてみよう。問題はどう対処されているか？　そのあいだどんな気分か？　そのプロセス全体の個々のステップを書き出し、あなた自身の気分や満足度をグラフにしてみよう。

③意外な専門家と話をする。

受付係はあなたの会社の顧客体験についてどんな意見を持っているか？　医療業界なら、医師ではなく医療助手と話をしてみる。物理的な製品を開発しているなら、どこに異常があるのか修理担当者に聞いてみるのもいい。

④探偵になって洞察する。

何か読むものやヘッドホンを持って、実際に商品が売られている場所や業界のカンファレンスを訪れ（相手が内部顧客の場合は、社員の集まる場所に行き）、人々の行動を観察し、様子を理解するよう努める。人々はあなたの会社の製品やサービスをどう利用しているか？　ボディ・ランゲージから、人々の熱狂や興味の度合いがわかるだろうか？

⑤何人かの顧客にインタビューする。

自社の製品やサービスについて、いくつか自由回答式の質問を考えよう。そうしたら、顧客の集まる場所に行き、話しかけやすそうな顧客を見つけ、いくつか質問をしてもいいかとたずねる。断られても問題なし。次の人を見つければいい。そのうち、喜んで話をしてくれる人、いや、話したくてうずうずしている人が見つかるだろう。どの質問でも、突っ込んだ話を聞くこと。答えがわかりきっていると思うときでも、「なぜ？」「もっと詳しく聞かせていただけますか？」とたずねよう。時には意外な答えが返ってきて、新しいチャンスに気づくこともあるだろう。

ゲームなら失敗しても怖くない

努力と失敗については、ゲームの世界から学べることもある。作家、未来思想家、ゲーム・デザイナーのジェイン・マクゴニガルは先日、テレビ・ゲームがゲーム特有の創造力《クリエイティ》に対する自信《ブ・コンフィデンス》を生み出す仕組みについて、私たちに説得力のある説明をしてくれた。ジェインによると、テレビ・ゲームの力を活かせば、現実の世界の生活に大きな影響を及ぼせるのだという（注15）。テレビ・ゲームの世界では、ゲーマーのスキルに比例して難易度や報酬が増していく。次のレベルに進むには常に集中的な努力が必要だが、次の目標がまったく手の届かないところにあることは絶対にない。このことがジェインのいう「どん欲な楽観主義」（urgent optimism）、つまり障害を乗り越えるために、今すぐ、繰り返し行動したいという欲求を生み出すのだという。この欲求の根底にあるのは、成功の望みが少なからずあるという信念だ。ゲーマーはいつも〝大勝利〟が不可能ではないと信じている。だからこそ、今すぐに何度でも挑戦しようと思うわけだ。大勝利の高揚感の中で、ゲーマーは自分の成長ぶりに気づいて驚く。次のレベル、またその次のレベルと成功を繰り返すうちに、心理状態は引っくり返り、自信を持つ状態へと変わるのだ。このような粘り強さや段階的な技術の習得は、子どもによく見られる。誰でも、幼児が歩き方を覚えていく様子や、子どもがバスケットボールのシュートのコツを学んでいく様子を見たことがあるはずだ。

　トムは「どん欲な楽観主義」を実際に目撃したことがある。ある年のクリスマスの朝、彼の10代の息子のショーンは、トニー・ホーク（訳注：アメリカの人気スケートボーダー。彼の名前の付いた数々のゲームが発売されている）のスケートボード・ゲームの箱を開け、プレイしはじめた。通常の画面上のアクションに加えて、そのゲームには本物のスケートボードそっくりのコントローラーが付属している（といっても車輪はないが）。するとショーンは、居間で3世代のケリーに囲まれながら、実寸大のスケートボードに乗ってバランスを取りはじめた。

家族が見守る中、ショーンは失敗に失敗を重ねた。ショーンの画面上のキャラクターは、れんがの壁に激突し、手すりからすべり落ち、ほかのスケーターに次々とぶつかった。もっと気恥ずかしいことに、ショーンはスケボー型コントローラーから何度も落ち、すぐ隣にあるガラスのコーヒー・テーブルに突っ込みそうになった。

しかし、画面上でいくら失敗しても、現実の世界でときどきバランスを崩しても、ショーンは少しもひるまなかった。画面上でどれだけ大げさな転倒音が流れても、ゲームの世界という社会的文脈の中では、失敗ではなかったのだ。ショーンは自分が学習の道を歩んでいるとわかっていた。いやむしろ、彼の行動はゲームをマスターするための唯一の方法だったといっても過言ではない。テレビ・ゲームの攻略法をいくら読んでも、大した足しにはならないのだから。

これはゲーム文化の最高の特徴といえよう。この特徴を取り入れれば、人々の失敗観を変え、がんばり抜く意欲や意志を高めることができる。必要なのは、「少なからぬ成功の望み」と、大勝利の可能性だけだ。たとえば、同僚やチームと共同作業をしている場合、「すべての意見が公正に検討される」「成果主義のため、部門や階級に関係なく提案が評価される」と信じているチーム・メンバーは、変革のアイデアや提案を出すことに全力を注ぎ、創造力を発揮する可能性が高い。成功が手の届くところにあると信じていると、より粘り強く懸命に働き、どん欲な楽観主義を持ちつづけるのだ。

しかし、失敗に対する最初の恐怖を克服し、創造力に対する自信《クリエイティブ・コンフィデンス》を手に入れたとしても、引き続き自己の向上に励むことは必要だ。筋肉と同じで、創造力は鍛えれば鍛えるほど成長し、強くなっていく。そして、創造力を使いつづけることで、好調な状態をキープできるのだ。どのイノベーターにも、創造の飛躍が必要だ。どのニーズに照準を絞るべきか？どのアイデアで行くか？　何をプロトタイプ化すべきか？　ここで重要になってくるのが、経験と直感だ。

ディエゴ・ロドリゲスは自身のブログ「Metacool」で、イノベーション思考の持ち主は大きな洞察、重大なニーズ、中心的な機能を見つけ出すために、「経験に基づく直感」(informed intuition) をよく用いると記している。つまり、練習を重ねることで作られた経験データベースをもとにして、より賢明な選択を下すわけだ。ディエゴの主張によると、まったく新しいモノを世に送り出すにあたって大事なのは、経験の年数よりも、経験した製品サイクルの数（彼は「マイレージ」と呼んでいる）なのだという (注16)。

新型自動車をひとつ製品化するために数年間をかけている自動車業界の勤続20年のベテラン社員の方が、モバイル・アプリを数カ月おきに出荷している勤続2年のソフトウェア開発者よりも、経験した製品サイクルの数ははるかに少ないだろう。すばやいイノベーション・サイクルを十分に経験すれば、イノベーション・プロセスに慣れ、新しいアイデアのよしあしを見分ける鑑識眼が身に付くはずだ。そして、いったんその自信を手に入れれば、新しいアイデアを世に送り出すときのあいまいな状況に直面しても、だんだん不安を感じずにすむようになるのだ。

失敗しても許される環境を作る

自分自身を「天性のイノベーター」と思っている人も、初めて創造力に対する自信《クリエイティブ・コンフィデンス》を獲得した人も、自分や周囲の人々にときどき間違いを犯す余裕を与えれば、もっといいアイデアをもっと早く思いつけるようになる。とはいえ、失敗を認めやすい環境もあれば、そうでない環境もある。ベンチャー・キャピタリストのランディ・コミサーによれば、シリコンバレーのような起業の中心地がほかと比べて違うのは、成功の大小というよりも、失敗に対する対処の仕方なのだという。起業家を育《はぐく》む文化では、コミサーのいう「建設的な失敗」(constructive failure)の価値がより高く評価され、理解されているというのだ(注17)。

かつて、ＩＤＥＯはヨーロッパのベンチャー・キャピタルを改革するため、ドイツ人起業家のラース・ヒンリクスとともに仕事をしたのだが、リスクや失敗に対する恐怖はそのときの最重要テーマだった(注18)。アメリカやヨーロッパのソフトウェア開発者を対象とする調査によると、安定した会社勤めを捨て、初期のスタートアップ企業という不安定な環境に飛び込むのが、新規事業の成長の過程で特に恐ろしい瞬間なのだという。それどころか、最後までその思い切りができない人も多かった。独り立ちしようとしている起業家の多くは、給料がもらえる会社勤めの安心と安定を捨てなければならないと思うと、とたんに足がすくんでしまっていたのだ。そこで私たちは、ヒンリクスの創設した初期段階の投資会社「ＨａｃｋＦＷＤ」のために、もっと気軽に起業家へと転身できるサービスを考案した。起業家が自分のもっとも得意な物事に専念できるよう、サポート・ネットワークや資源を提供するわけだ。ＨａｃｋＦＷＤのウェブサイトに公開されている「ギーク・アグリーメント」（技術マニア契約書）という契約書の定めにより、起業家には1年間、現在の給与とほぼ同額が支給される。そのあいだに、自身のコンセプトをベータ段階へと進め、市場の参入や収益の実現へ一歩近づけるわけだ。また、起業家は経験豊富なアドバイザーのネットワークも利用できるようになる。それでも、定職を辞《や》めるのは勇気がいるが、現在と同じ収入が1年間もらえると思えば、世の中にない斬新なアイデアを追求しやすくなる。

　大企業のＣＥＯや経営幹部たちも、目に見えるリスクを抑え、イノベーション活動に積極的に取り組むため、似たような努力を始めている。たとえば、世界最大のアパレル・メーカーであり、ノーティカやザ・ノース・フェイスなどの有名ブランドを数多く抱えるＶＦコーポレーションは、数年前に社内のイノベーション基金を設立した。この基金は、戦略・イノベーション担当副社長のスティーブン・ダルの監督のもと、ごく初期段階にあるイノベーション・アイデアを自力で追求するための資金を提供している。そのおかげで、事業部門のマネジャーたちは、既存の商品やサービスで業績目標を一通り満たしつつ、起業のリスクも冒すことができるのだ。たとえば、成功を収めたあるイノベーション基金プログラムでは、かつてアメリカ西部のカウボーイに人気だったジーンズ・ブランド「ラングラー」を、インドのバイク乗り向けのブランドに変えられないか、検討を行なった。その結果、撥水《はっすい》素材などの機能を備えたジーンズ・シリーズが完成し、移り変わりの激しいインドの若者市場の心をとらえた。これまでに、VFコーポレーションのイノベーション基金は、世界じゅうで97を超える同様のイノベーティブな事業に資金を提供している（注19）。

私たち全員にとって必要なのは、新しいアイデアを試す自由だ。ぜひみなさんも、どうすれば自分自身に創造力の許可証、つまりモノポリーの「刑務所から出る」カードに相当するものを与えられるのか、探ってみてほしい。次に新しいアイデアが浮かんだときには、実験と呼び、ただのテストだと全員に印象づけよう。みんなの期待を下げれば、たとえ失敗しても、キャリアに傷を付けることなく教訓を学べるはずだ。

自分の失敗を認める

古いことわざのひとつに、「成功には何人もの父親がいるが、失敗は常に孤児である」というものがある。しかし、失敗から教訓を学ぶには、失敗に責任を持つ必要がある。何がまずかったのか、次はどこをもっとうまくやるべきなのかを突き止めなければならない。でなければ、確実にまた同じ間違いを繰り返すだろう。

間違いを認めることは、前に進むためにも大事だ。そうすることで初めて、隠蔽《いんぺい》、正当化、罪悪感という心の落とし穴を避けられる。それだけでなく、素直さ、誠実さ、謙遜を通じて、自分自身のブランドも高められるかもしれない。

金融サービスの専門家に最近の成績を聞けば、きっと〝都合のいい言葉〟が次々と飛び出してくるだろう。損失をまるきり無視したり、「市場の反発」とか「業界全体の下降傾向」とかいう言葉でごまかしたりするのだ。とはいえ、失敗にきちんと責任を持っている企業もある。ベッセマー・ベンチャー・パートナーズは、100年の歴史を持つ、信頼されるベンチャー・キャピタルであり、当初から急成長企業のひとつに数えられてきた。予想に違《たが》わず、ウェブサイトには投資先企業の一覧がずらりと並んでいる。しかし面白いのは、この膨大な成功リストから1クリックしか離れていないところに、投資の失敗例や見通しミスの例が、カタログとして掲載されている点だ。ベッセマー社はこのリストを「アンチポートフォリオ」と呼んでいる(注20)。

「われわれの会社はこれだけ長く名高い歴史がある分、他社とは比べものにならないくらいの数の大失敗も経験してきました」とベッセマー社は説明する。たとえば、あるパートナーは大手決済サービス会社のPayPalのシリーズAラウンドの投資機会を逃した。その数年後、PayPalは15億ドルで買収された。さらに、ベッセマー社は世界最大の航空貨物輸送会社FedExに投資するチャンスを7回も逃している。FedExの現在の企業価値は300億ドルを超える。

ベッセマー社の中でも「アンチポートフォリオ」のアイデアをもっとも熱烈に支持しているひとりが、パートナーのデイヴィッド・コーワンだ。彼は投資機会の見逃しや失敗の物語の中では、まさに主役を演じている。かつてトムの隣人だったコーワンは、ラリー・

ページとサーゲイ・ブリンがグーグルを設立したシリコンバレーのガレージに、歩いて行き来できるところに住んでいた。ふたりにガレージを貸していた女性はコーワンと親しかったので、ある日、「検索エンジンを書いている超優秀なスタンフォード生がいるんだけど」と言って、ふたりを彼に紹介しようとした。するとコーワンは、「ガレージのそばを通らずにこの家から出るにはどうしたらいい？」と答えて会おうとしなかった。

ベッセマー社のアンチポートフォリオのアイデアは、自分の間違いにスポットライトを当て、冷静な観察から教訓を学び取ろうとする賢明な人々や組織のあいだで、一種の流行になっている。フォーブス誌の発表する「ミダス・リスト」（訳注：目利き投資家のランキング。ミダスとはギリシア神話に登場する王で、触れたものすべてを金《きん》に変えるとされる）では、コーワンがスタートアップ投資を金《きん》へと変える世界屈指のベンチャー・キャピタリストのひとりとして、名を連ねている（注21）。もしかすると、自分の失敗を認めたことが、大成功への道のりを切り開いたのかもしれない。

世界を見渡してみれば、同じような考え方の変化の兆しが、至るところに見える。シリコンバレーをはじめとする各地で、失敗会議が点々と開かれている（注22）。作家で教育者のティナ・シーリグは、学生たちに今までの最大の挫折や失敗をまとめた「失敗のレジュメ」を書くよう求めている。彼女によると、成功をアピールすることに慣れた優秀な人々ほど、失敗のレジュメを書くのにとても苦労するという。しかし、失敗のレジュメをまとめていく過程で、学生たちは心でも頭でも、自分の失敗を認められるようになるのだ。

彼女は著書『20歳のときに知っておきたかったこと』で、「失敗というレンズを通して自分の経験を見ることによって、自分が犯してきた過ちを受け入れられるようになる」と記している（注23）。彼女は勇敢にも、自分の失敗のレジュメも公開している。たとえば、駆け出しのころ、企業文化に注意を払わなかったこと。人間関係において対立を避けたこと。自分の若いころの欠点に気づき、堂々と認められるようになったティナは、もう欠点に足を引っ張られることはない。彼女は「スタンフォード・テクノロジー・ベンチャーズ・プログラム」のエグゼクティブ・ディレクターとして、明日の起業界を引っ張るリーダーを育てている。

粘土の馬の悲劇

評価を下されることへの恐怖は、幼いころに得るものだ。生まれつき持っているわけではない。ほとんどの子どもは、本来大胆だ。新しい遊びを探し、新しい人と会い、新しい物事に挑戦し、想像力を思う存分に発揮させる。

筆者兄弟のケリー家の場合、この怖いもの知らずの態度は、「何でも自分でやる」という考え方に表われていた。たとえ洗濯機が故障しても、修理の人を呼んだりはしない。洗濯機に歩み寄り、分解し、自力で修理しようとした。それがうちのルールだった。ケリー家では、何でも自分で修理できると信じられていたのだ。

もちろん、日曜大工気分でやったことがとんでもない結果になる場合もあった。あるとき、ピアノの仕組みを確かめたくなって、家のピアノを分解した。ところが、分解の途中で、もういちど組み立て直すのは分解することほど楽しくはなさそうだと気づいた。こうして、かつての楽器は、美術品のコレクションのようになった。ハープのような形をした巨大なピアノの弦《げん》は、私たちの寝室があった地下室の壁に、今でも立てかけてある。そして、88本の美しい木製ハンマー一式は、デイヴィッドのスタジオの壁に今もなお掛けられている。

創作の自由も認められていた。誕生日に、どこからどう見ても立派な赤い自転車をもらったのに、次の日にはもうサンドブラストで塗装を剥がし、ネオン・グリーンに塗り直すこともあった。ただの興味本位で。それでも、文句ひとつ言われなかった。

子どものころ、自分がクリエイティブだなんて思ったこともなかった。ただ、何でも試していいと理解していただけだ。成功することもあれば、失敗することもあった。それでも、何かを作りつづけてもいい、いじくり回しつづけてもいいと思っていたし、ずっとやっていれば何か面白いものができあがるだろうと信じていた。

デイヴィッドが3年生のときの親友、ブライアンは、創造性に関して別の体験をした。ある日の図工の時間のこと、デイヴィッドとブライアンは6人のクラスメイトと一緒に、テーブルに座っていた。担当の先生が流し台の下にしまっておいた粘土で、ブライアンは馬を作っていた。すると突然、女の子のひとりが彼の作っているものを見るなり、ひょこっと身を乗り出し、「うわっ、下手っぴ。ぜんぜん馬に見えない」と言った。ブライアンは肩を落とした。すっかりやる気をなくし、彼は粘土の馬をぐちゃぐちゃに丸めて容器に投げ込んだ。それ以来、デイヴィッドはブライアンが創作に取り組むのを見たためしがない。

これと同じようなことが、幼少時代にいったいどれだけ起こるだろう？ 私たちがビジネスパーソンの聴衆の前で、ブライアンのような自信喪失のエピソードを紹介すると、必ずあとで誰かがやってきて、教師、親、友だちにぴしゃりと言われた同じような体験を打ち明けてくる。そう、時として子どもはお互いに残酷な仕打ちをするものなのだ。子どものころに自分がクリエイティブでないと悟った瞬間をありありと覚えている人もいる。彼らは人に評価を下されるくらいなら、いっそ初めからゲームを降りることを選んだのだ。つまり、自分をクリエイティブだと思うのをやめてしまったわけだ。

作家で研究者のブレネー・ブラウンは、恥の体験について多くの人々に話を聞いた結果、3人に1人が「創造性の傷」を抱えていることを発見した（注24）。つまり、芸術家、音楽家、作家、歌手としての才能はないと言われた瞬間をはっきりと覚えていたのだ。

自分の創造性に自信を失うと、子どもたちは計り知れない影響を受ける。世界をクリエイティブな人間とそうでない人間に切り分けはじめるのだ。そのふたつの分類は決まりきったものだと思い込むようになり、昔は絵を描いたり空想の物語を書いたりするのが好きだったことを忘れてしまう。**自分からクリエイティブな人間をやめてしまう人があまりにも多いのだ。**

自分自身に「クリエイティブでない」というレッテルを貼ってしまう要因は、評価を下される恐怖だけにあるわけではない。学校は芸術関連の予算を減らし、将来を左右するような科目の試験をますます重視している。その結果、数学や科学といった従来の主要科目と比べて、創造性自体の価値が軽く見られている。数学や科学は唯一の明確な正解がある思考や問題解決の手法を重視するわけだが、21世紀の現実の世界の課題の多くは、もっと視野の広いアプローチが必要だ。教師や親たちは、若者の相談に乗るとき、善意から伝統的な職業に就《つ》くことを勧める。創造性を駆使する仕事はあまりにもリスクが高いし、主流ではないと暗に伝えるわけだ。そう言われたときの気持ちは、私たちにもわかる。私たちは高校を卒業するとき、学校の進路カウンセラーから、オハイオ州のアクロン近郊に残って、地元のタイヤ会社に勤めなさいと勧められた。教師たちからすれば、私たちは非常識な目標を持った〝夢追い人〟に見えたのだ。もしあのアドバイスに従っていたら、今ごろIDEOもdスクールも存在しなかっただろう。

教育専門家のケン・ロビンソン卿《きょう》は、従来型の学校教育が創造性を破壊していると訴えている（注25）。「われわれは現在、失敗を犯すことが何よりも悪いという原則のもと、国家の教育制度を運営しているのだ」と彼は話す。「本来、教育というシステムは、私たちの生まれ持つ能力を伸ばし、私たちを世界で成功させるためにあるはずだ。ところが実際には、あまりにも多くの学生が教育によって才能や能力を抑えつけられ、学習の意欲を失っているのだ」

教師、親、ビジネス・リーダー、そしてあらゆる種類の模範となる人。周囲の人々の創造力に対する自信《クリエイティブ・コンフィデンス》を活かすも殺すも、彼ら次第だ。年頃の子どもは、たった1回、辛辣《しんらつ》な意見を浴びせられただけで、創造活動をぴたりとやめてしまうこともある。幸い、多くの人々は、立ち直る力を持っていて、もういちど試してみようとする。

ケン・ロビンソン卿は、危うく才能が無駄になりかけた印象的なエピソードを教えてくれた。リヴァプール出身の彼は、同郷のポール・マッカートニーと話をしていたある日、ひとつの事実を発見した(注26)。どうやら、その伝説のシンガーソングライターは、音楽の成績がいまひとつだったらしい。高校の音楽教師はマッカートニーに良い成績を付けなかったし、彼に特別な音楽の才能を見出したわけでもなかった。

ジョージ・ハリスンも同じ教師のもとで学んでいたが、彼も音楽の授業では特に目立たなかった。「すると何かい――」とケンは驚いてマッカートニーにたずねた。「その教師は、自分のクラスにビートルズの半数がいたのに、ふつうと違うところに何も気づかなかったということかい⁉」。マッカートニーとハリスンは、ふたりの音楽的才能を伸ばす絶好の立場にいる人から励ましを得られなかった。とすれば、ふたりが〝安全策〟を取り、リヴァプールの伝統的な製造業界や海運業界の仕事に就《つ》いていたとしてもおかしくはなかった。しかし、もしその〝安全策〟を取っていたら、経済の悪循環にちょうど巻き込まれていただろう。リヴァプールの重工業はその後の20年間で著しく後退し、目まいがするような失業率の上昇をもたらした。結局、ふたりの通った高校「リヴァプール・インスティチュート・ハイ・スクール・フォー・ボーイズ」は廃校になった。音楽ファンにとっては幸いなことに、マッカートニーと友人のジョン、ジョージ、リンゴは別の場所に励みを見つけた。そしてご存知のとおり、ビートルズは史上もっとも成功し、愛されるグループのひとつとなった。

それから時を経て、名声と財を手に入れ、女王からナイトの称号を与えられたポール・マッカートニー卿は、自分がもう少しで逃すところだった創造の機会をみんなに与えることが、自らの責務だと感じるようになった。リヴァプール・インスティチュートが廃校になり、彼の音楽教師をはじめ、教職員やスタッフ全員が仕事を失うと、マッカートニーは老朽化した19世紀の校舎を一から修復するための支援を行なった。彼は教育者のマーク・フェザーストーン＝ウィッティと共同で「リヴァプール・インスティチュート・フォー・パフォーミング・アーツ」を設立。この活気あふれる創造環境では、才能の芽を持つ若者たちが、音楽、芝居、ダンスの実践的なスキルを学んでいる。

人と比べるのをやめる

一定の結果が出る世界、安心できる既知の世界を飛び出して、新しいやり方を試したり、突拍子もないアイデアを表明したりするのは、勇気がいる。ブレネー・ブラウンは、不安に関する研究の中で、人々が無力感を抱く理由や「自分はだめだ」と感じる悪循環の仕組みを理解するため、1000人の話を聞いた(注27)。ブラウンは、「自己価値が左右されないときには、私たちは能力や才能をもっと大胆に発揮でき、リスクをいとわなくなる」と記している。ブラウンによると、創造性を手に入れるには、人と比べるのをやめるのがひとつの方法なのだ。人と同調すること、他人の成功に追いつくことばかり考えていては、創造活動に付きものであるリスクを冒し、道を開拓することはできないだろう。

この数年、私たちは色々なチームと一緒に作業をしてきて、人は不安を抱えているとベストの力を発揮できないことに気づいた。同僚や上司に尊敬されていないと感じると、自己アピールで自分を良く見せようとするのだ。仕事に集中して自分の作るモノに満足する代わりに、他人にどう思われているかばかり気にするようになる。

この不安がいったん根づくと、悪循環が生まれることもある。だから、ひとりきりの作業であれチーム作業であれ、なるべく早く不安を取り除かなければならない。認めるべき人はきちんと認める。自分が過小評価されている、自信を失っている、という周囲の人々のサインに気を配ろう。そんなことについて聞くのは難しいかもしれないが、問題をきちんと明らかにしよう。不安を放置しておくのは、全員が知っている家族の秘密を、誰も話題にしないままでいるのと同じだ。そういう会話をするのは、気まずくてつらいこともあるが、長い目で見ればプラスになることが多いのだ。

ＩＤＥＯでも同じようなパターンを何度も目撃したことがある。新入社員は入社したてのころ、不安やためらいを感じていて、なるべく〝品行方正〟に振る舞おうとする。しかし、少しずつ硬さが取れてくる。服装やエラい人の前での態度に変化が表われるのだ。自信が付くにつれて、やがては「仕事でありのままの自分を出す」という考え方が身に付き、創造的な環境の中で自分をさらけ出せるようになる。この自分をさらけ出す能力、周囲の人々を信頼する能力こそ、創造的思考や建設的な行動を妨げている数々のハードルを乗り越えるきっかけになるのだ。

私たちの経験は、立ち直る力に関する最新の研究でも証明されている（注28）。立ち直る力の強い人は、問題解決能力に長《た》けているだけでなく、人の助けを積極的に求め、周囲にしっかり支えられ、同僚、家族、友人と深くつながっている傾向がある。立ち直る力は、個人の能力だと思われがちだ。何度倒れても立ち上がって敵と戦う孤高《ここう》の英雄を連想させる。しかし、現実には、人の助けを求めるのがふつうは成功の近道だ。これは自分の弱みを認めることにはならない。ただ、逆境や苦難から立ち直るには、他者の助けが必要なのだ。

ペンをつかんで立ち上がろう

自分には創造性なんてないと思い込んでいる人々がよく言うのが、「私は絵が描けないんです」というセリフだ。人々はほかのスキル以上に、絵の上手下手を創造性のリトマス試験紙のようなものとしてとらえている。「ピアノを弾く」といったスキルを身に付けるためには、何年間もの練習がいるというのは、誰しも認めている。ところが、絵を描く能力となると、才能があるかないかのどちらかだと誤解している人が多い。実際には、練習と簡単な助言さえあれば、絵を描く能力を身に付け、磨くことはできるのだ。

言葉で説明すれば延々と時間がかかることでも、スケッチ1枚で事足りることも多い。今日のめまぐるしいビジネスの世界で、効果的に意図を伝えようと思うなら、マーカー・ペンに手を伸ばすのをためらってはいけない。あいにく、ほとんどの人は、自分のアイデアをボードに絵で描くのを遠慮しようとする。たとえ絵を描くにしても、描く前に「絵が下手で恐縮ですが……」という枕詞《まくらことば》を付けるのだ。『描いて売り込め！　超ビジュアルシンキング』の著者であり、ビジュアルシンキング術に関する専門家であるダン・ロームによると、彼が仕事をするビジネスパーソンの約25パーセントは、マーカーさえ手にしたがらないのだという（彼はそういう人々を「赤ペン」タイプと呼んでいる）。また、50パーセントの人々（「黄色ペン」タイプ）は、せいぜい他人の絵にハイライトを入れたり、細かな点を付け加えたりするくらいしかしたがらない（注29）。

ダンは人々が躊躇することなくマーカー・ペンをつかみ、ホワイトボードに向かえるように、ハードルを下げる工夫をしている。そのために、彼は芸術的な絵とコミュニケーション用の絵を切り離して考えている。彼のウェブサイト「Napkin Academy」には、「どんな絵でも描ける方法」という講座がある。それによると、ホワイトボード（またはナプキン）に描く必要のあるものは、突き詰めれば5つの基本的な図形に分解できるという。直線、正方形、円、三角形、そして不規則な図形（彼は「ぐにゃぐにゃ」〔blob〕と呼んでいる）だ。次に、大きさ、位置、方向など、絵の基本について説明している。一見するとおかしなくらい単純だが、忘れられていることもあるのだ。たとえば、大きさについていえば、あるモノを別のモノよりも大きく描くと、見る人にとって近くにあるように（またはそのまま大きく）見える。こんな具合で説明は続く。

人間のスケッチを描く（注30）

ビジュアルシンキングを実践するダン・ロームによれば、上の5つの図形さえ描ければ（間違いなく描けるはずだ）、どんな絵でも描ける基礎力はあるという。もちろん、人の絵でも。芸術ではなくコミュニケーション用の絵にテーマを絞れば、スケッチ能力をものの数分で磨けるのだ。たとえば、相手に伝えたい内容に応じて、ダンは3種類の人の描き方を紹介している（私たちのために次々ページの絵を描いてくれた）。

①人間はとてもシンプルで、気分や感情を伝える。特に、頭を全体の3分の1くらいに描けば、表情を表現するスペースが増える。
②ブロック人間は、棒人間に四角い胴体を加えたもので、色々な動きや姿勢を表現するのに便利だ。
③ぐにゃぐにゃ人間（「星形」人間ともいう）は、感情や動作はうまく表現できないが、集団や関係をサッと描くのに適している。

ダンと同じ席で昼食を取れば、テーブルクロスにひっきりなしに絵を描いてくれる。ダンと一緒に時間を過ごせば、帰るころには、物事を視覚的に伝える自信が少しだけ付く。だが、正確にいうと、ダンは絵の描き方を教えているわけではない。誰もが最初から持っている単純な絵の描き方を活かす術《すべ》を教えているだけなのだ。

ほとんどの人は、新しいスポーツ、たとえばスキーを学んでいるとき、転ぶのを受け入れている。そして、ゲレンデにいるほかのスキーヤーに、顔面から雪に突っ込むところを見られてもしょうがないと思っている。ところが、いざ創造活動となると、とたんに固まってしまう人が多い。それは初心者だけではない。かなり絵の上手い人でも、完璧主義のせいで、絵に自信のない初心者と同じくらいコチコチになってしまうことがあるのだ。

私たちは最近、ふたりのＩＤＥＯ社員と話をした。ふたりはまったく異なる経歴を持っ

棒人間 = 感情

お断り　やった!　うーん…　おっと　げっ!

ブロック人間 = 動作

ぐにゃぐにゃ人間 = 関係

イラスト:ダン・ローム

ていたが、ビジネス会議でホワイトボードに向かうのが怖いという点は共通していた。ひとりは工業デザインのインターン生だ。パサデナのアートセンター・カレッジ・オブ・デザインで学んだ経験があり、絵はそうとうに上手い。もうひとりはハーバード大学のMBAを持ち、鋭い分析能力のあるビジネス・デザイナーで、自分に芸術的才能があるとはちっとも思っていない。ビジネス・デザイナーの方は、ホワイトボードにスケッチを描き、自分のアイデアを視覚的に表現しようとして恥をかくのはイヤだった。一方、優秀なアーティストの方は、せっかちな聴衆たちのためにホワイトボード・マーカーを使って30秒で描いたような絵で、絵の能力を判断されたくはないと思っていた。つまり、ひとりは小心、もうひとりは完璧主義のせいだったわけだ。しかし、結果は同じだった。同僚にケチを付けられるリスクを冒す代わりに、イスに座っている方を選んだのだ。

言い換えれば、スキルの分布曲線を描いたとしたら、その両端に障壁があるということだ。その結果、名案は表明されず、才能は埋もれ、解決策はいつまでたっても見つからない。しかし、創造力に対する自信《クリエイティブ・コンフィデンス》の状態へとそっと導いてやれば、誰もが得をする。絵の素人《しろうと》にとって必要なのは、安心だ。あるいは、1、2回の絵のレッスンかもしれない。そうすれば、絵の方が言葉よりも説得力があるような場合に、簡単なスケッチを描いて自分の考えを表現できるはずだ。一方、絵の玄人《くろうと》にとって必要なのは、励ましだ。完璧主義はいったん脇に置き、簡単な線を何本か描いてアイデアの本質を伝えてほしいと促すことだ。いずれにしても、スケッチの質は無視してアイデアの質に注目するように、周りが協力することが必要になる。

あなたが芸術的スキルの曲線のどのあたりに位置するのかは別として、まずは自分で自分を判断するのをやめることだ。ペンをつかんで立ち上がることさえできれば、闘いに半分勝ったも同然なのだ。だから、少しずつ、前に進もう。バンデューラの恐怖症患者のように。誰もいない部屋のホワイトボードに歩み寄り、練習気分で、アイデアを絵にしてみよう。そして、もういちど。たとえ簡単な絵でも、絵がコンセプトを伝えるのにどれだけ効果的なのか、そしてアイデアを理解してもらうことがどれだけ快感なのかに気づき、驚くに違いない。

子どもが初めてすべり台をすべるとき

公園の遊び場で、子どもが初めてすべり台をすべるところを見た経験はあるだろうか？ほとんどの子どもにとって、初めてすべるのは怖いものだ。初めは、階段をのぼることさえなかなかすんなりとはいかない。そのときのあの子どもの恐怖の表情といったら、「いったいどうすればいいの？」といわんばかりだ。大人は安全だとわかっている。でも子どもはわからない。最初は、階段をのぼるだけでも、何度か支えや応援が必要かもしれない。半分だけのぼってやっぱり怖くなり、引き返す子どももいる。ほかの子どもが「わーい！」と叫びながらすべる様子を見てようやく、すべり台のてっぺんまでのぼり、初めてスタートを切る。すると、魔法が起きる。恐怖が興奮、そして喜びに変わるのだ。あまりの速さに、目をまんまると見開くこともある。そうこうしているうちに、地上に戻ってくると、子どもは満面の笑みを浮かべる。そうして、階段のところへ走っていき、また同じことを繰り返す。そう、最大のハードルは、初めてすべる瞬間にあるのだ。

マネジャー、科学者、営業担当者、CEO、学生も、1回目のデザイン・サイクルを終え、画期的なアイデアを携えて無事、地上に降り立つと、似たような興奮の表情を浮かべる。自分の新しい能力、道具箱に加わった新しい道具にワクワクするからだ。補助輪なしで初めて自転車に乗れたときと似ている。

1世紀以上前、詩人で随筆家のラルフ・ワルド・エマーソンは、「怖いと思うことをしなさい。さすれば恐怖は確実に去る」と述べた。「確実に」かどうかは議論の余地があるかもしれないが、エマーソンのアドバイスの精神は今もなお変わらず息づいている。人生を振り返ってみてほしい。おそらく、〝怖い〟と思っていたのに、試したとたんにそんなに怖いと思わなくなった経験がいくつも思い浮かぶだろう。飛び込み台から飛んだ瞬間。変わった食べ物を初めて口にした瞬間。演壇に上がった瞬間。しかし、過去にどれだけうれしい成功経験を重ねても、私たちは未知の領域に足を踏み入れるとき、恐怖に支配されてしまうのだ。

課題に直面したとき、「やればできる」というクリエイティブな考え方で挑むことは、誰でもできるといっても過言ではない。そして、あなたの持っているスキルに、デザイン思考の方法論を上積みすれば、きっと行動を決める際の選択肢が広がるだろう。

　人生の中で、潜在的な創造力を発揮できるようになるのか、それとも発揮しにくくなるのかを左右する要因はたくさんある。教師の褒め言葉。モノをいじくり回すことを許す親の教育。新しいアイデアを歓迎する環境。しかし、結局のところ、いちばん大事なのはただひとつ。それは、周囲に前向きな変化を生み出せるという自信と、行動を起こす勇気だ。創造性を発揮するのに、何千人にひとりの才能や技術など必要ない。大事なのは、自分が持っている才能と技術で何かができると信じることだ。そして、このあとの章で紹介する方法を使えば、その技術、才能、自信を築き、活かすことはできる。何より、ハンガリーの随筆家、ジェルジュ・コンラッドはこんなことを言っている。**「勇気とは、小さなステップの積み重ねにすぎない」**

第3章 創造性の火花を散らせ!

たったひとつの授業が学生の人生を変えることもある。ラフール・パニッカー、ジェーン・チェン、ライナス・リャン、そしてのちのナガナンド・マーティは、デザイン思考の手法を用いた授業で、まさに人生が変わる体験をした。彼らはクラスで出された平凡な課題をきっかけに、現実の新しい製品を生み出した。それが「エンブレイス・インファント・ウォーマー」だ(注1)。これは従来型の保育器と比べて99パーセントも安く、使い勝手の良い医療用具であり、途上国で数百万人の新生児を救う可能性を秘めている。

彼らが受講したのは、「デザイン・フォー・エクストリーム・アフォーダビリティ」(究極の安さを追求するデザイン)というコースで、dスクールではだいたい、単に「エクストリーム」と呼ばれている。この言葉は、クラスのめまぐるしさと体験の両方を非常によく言い表わしている。スタンフォード大学経営大学院教授のジム・パテルをはじめとする教員チームが指導する「エクストリーム」クラスは、いわば学問分野のるつぼだ。大学のあらゆる学部の学生がdスクールにやってきて、現実の世界における難題の解決策を練るのだ。

彼らが取り組んだプロジェクトは、途上国で使える低価格な保育器の調査とデザインだった。とはいえ、チームには早産の合併症について詳しい者はひとりもいなかったし、ましてや諸外国の医療機器のデザインについて知る者などいなかった。電気工学やコンピューター科学の専門家、MBAの学生はいても、公衆衛生の専門家はいなかったのだ。

彼らはまず、発想を求めて外に目を向けた。そこで、キャンパス内の意外な場所でミーティングを開くことにした。カフェ「CoHo」の外に立つ木の上だ。4人の学生はその高い木の上に陣取《じんど》り、世界の幼児死亡率の問題をグーグルで調べた。統計を見つけて彼らは仰天した。毎年、およそ1500万人の早産児と低体重児が生まれているのだ(注2)。そのうち100万人は、たいてい生後24時間以内に亡くなる。では、予防可能な最大の死因は?　ずばり、低体温だ。「低体重児は身体《からだ》が小さいので、体温を調節できるだけの脂肪がないんです」とジェーン・チェンは話す(注3)。彼女はMBAを持つチーム・メンバーのひとりだ。「それどころか、室温でも、赤ん坊にとっては凍える冷水のように感じるのです」。世界の低体重児のおよそ半数が生まれるインドでは、生後の数日間が山場となる。そのあいだ、院内の保育器が赤ん坊に安定した熱を与え、命を救っている。しかし、従来の保育器は2万ドルくらいすることもある。もちろん1台あたり。

そこで、チームは真っ先に思いつく解決策を考えた。部品を減らし、安価な素材を用いれば、従来の保育器の設計にかかるコストを一律に削減できる。下調べは完璧だ。それでも、人間中心のデザインの中心原理のひとつは、「エンド・ユーザーに共感する」ことだ。この基本的なイノベーションのアプローチをすっ飛ばすことは考えられなかった。そこで、コンピューター科学を学ぶチーム・メンバーのライナス・リヤンは、満たされていない保育器関連のニーズを自分の目でもっと深く理解するため、ネパール行きの資金を調達した。現地の光景を見て、彼は自分の持っていた思い込みをくつがえされた。そして、イノベーティブな解決策につながる独創的なヒントを得た。

ライナスはネパール都市部の現代的な病院を訪れたとき、おかしな光景に気づいた。病院に寄付された保育器の多くが空っぽだったのだ。不思議に思った彼は、理由をたずねた。この地域には生存のために保育器を必要としている未熟児がたくさんいるのに、どうしてこんなに多くの保育器が空いているのか？　ある医師はありのままの悲しい真実を打ち明けた。院内の保育器の多くが未使用なのは、保育器の必要な赤ん坊がたいてい50キロメートルも離れた奥地の村々で生まれるからだという。保育器がどれだけ安くて高品質になっても、生死を分ける闘いは、病院ではなく母親の家で起こっている。しかも、たとえ長時間の移動に耐えられるほど母親の体調が良く、母親が家族のサポートを得てずっと赤ん坊を抱きしめながら病院にやってきたとしても、赤ん坊を治療のため病院に残していくことは難しい。村では家族が待っているので、本来なら未熟児を何週間も保育器に預けておくべきところを、5日か6日で連れて帰るはめになっていたのだ。

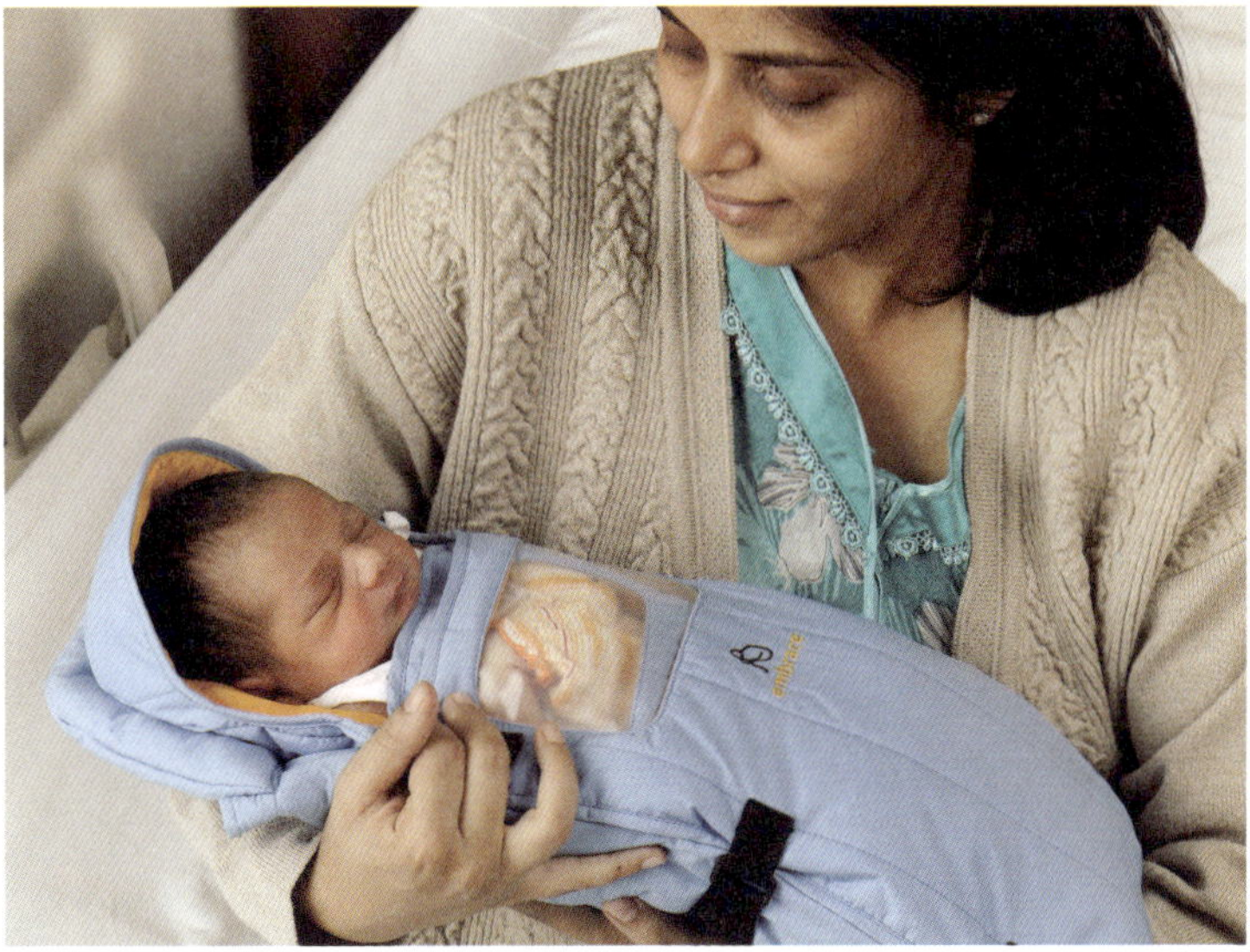

加熱パック内蔵の「Embrace Infant Warmer」は、最大4時間、赤ん坊を保温できる。

こうして、ライナスは気づいた。保育器の価格は、複雑に絡み合う人間のニーズの中では、デザイン上の課題のひとつにすぎないのだと。

ライナスがパロアルトに戻ってくると、チームの面々はこれらの問題にどう対処すべきかを話し合った。一方では、地方の母親や赤ん坊を救う解決策が必要なのは明白だった。しかしもう一方では、とてつもなく難しい問題でもあった。電気工学の専門家のラフール・パニッカーが「おいおい、こいつは厄介だぞ」と言うのも無理はなかった（注4）。技術的な課題にこだわり、病院向けの低価格な保育器を設計するべきなのか？　それとも、人間的なニーズに挑み、地方の母親向けの解決策を練るべきなのか？　「この点については、意見が分かれました。地方の母親の問題に挑みたいと思うチーム・メンバーもいれば、私のように、クラスが終わるまでに何かを完成させたいと思うメンバーもいました」とラフールは話す。結局、彼らは授業助手のひとり、サラ・スタイン・グリーンバーグ（dスクールの現マネージング・ディレクター）に相談を求めた。すると彼女は、「選択に直面したら、難しい方の課題を選びなさい。それがエクストリーム・アフォーダビリティの〝エクストリーム〟の意味でしょう？」と言った。

そこで、彼らは病院向けの保育器を作り直す代わりに、デザインの課題をこうとらえ直した。どうすれば、生死の境をさまよう赤ん坊に生きるチャンスを与えられる、地方の母親向けの保温器具を作れるだろうか？　エンブレイス・チームが開発しようとしていたのは、もはや医師ではなく母親向けの解決策だった。彼らはこの理念を作業場のホワイトボードに書き込んだ。この理念は、合計20週間のクラスの残りの期間、そしてその後も、彼らの指針になった。

次に、エンブレイス・チームは、この洞察をイノベーションに変えるべく取り組んだ。そのために、4~5つのラフなプロトタイプ(試作品)を次々とすばやく製作し、シンプルながらも強力な解決策を作っていった。彼らの開発した器具は、小さな寝袋のような形をしていて、中にはパラフィン・パックが入っている。パラフィン・パックを加熱すれば、最大4時間は温度を保つことができる。この解決策なら病院の外でも利用できる。世界じゅうのどこにいても、赤ん坊を適温に保つことができるのだ。

次のステップは、地方の村々の親や関係者たちを対象に、プロトタイプをテストすることだった。

彼らはプロトタイプをインドに持っていき、文化の違いを理解しようと努めた。文化の違いは、母親に器具を受け入れてもらえるかどうかを左右するからだ。その過程で、シリコンバレーでじっとしていたら絶対にわからなかったような要因を発見した。たとえば、ラフールがマハーラーシュトラ州の小さな町で、母親たちにプロトタイプを見せていた日のことだ。当時のプロトタイプには、子どもの体温を示す温度計が付いていた。水槽や簡易体温計に付いているアナログ液晶温度計のようなやつだ。ラフールは赤ん坊の体温を調節するために、加熱パックを37度に温めてくださいと母親に伝えた。すると、びっくりするような意外な反応が返ってきた。ある母親いわく、彼女の村では、西洋の薬は効き目が強すぎることが多いと考えられていたのだ。だから、医者に小さじ1杯の薬を赤ん坊に与えるよう指示されたとしても、「私なら安全を取って小さじ半分しか与えません。ですから、37度まで加熱しなさいと言われたら、安全を取って30度くらいまでしか加熱しないと思います」と彼女は話した。その話を聞いて、ラフールの頭の中で「警報ベル」が鳴った。

ふつうのエンジニアであれば、これをランダムな〝ユーザー・エラー〟として片づけ、そのまま開発段階に進んだかもしれない。しかし、エンブレイス・チームはデザインを改良した。現在では、適温に達すると表示が単純に「OK」に変わる仕組みになっている。数値が表示されないので、母親が余計なことを考えることもない。こうして、現場のエンド・ユーザーとともにプロトタイプを製作したことで、生と死を分けるような改良を施すことができたわけだ。

クラスが終わると、彼らは今後どうするかという難しい決断に直面した。実際に動くプロトタイプが完成したところでやめることもできただろう。ラフールとライナスはすでに将来有望な技術系スタートアップ企業で働きはじめていたし、ジェーンはMBAを取得して就職先をいくつか見つくろっていた。また、当初からのチーム・メンバーのひとりは、父親になったばかりで、プロジェクトにフルタイムで参加しつづけることはできなくなった(注5)。それでも結局、チームはプロジェクトを見殺しにすることはできなかった。彼らは社会的起業プログラムやフェローシップに応募し、プロジェクトの継続資金を集めはじめた。その後、ソーシャル・ベンチャーとして法人化を行ない、インドに行って自分たちの解決策を商品化した。「ある意味では、見殺しにする勇気がなかったんです」とラフールは話す。「世の中に影響を及ぼせる方法が見つかったというのに、目の前に〝いい就職の機会〟があるから見殺しにするって？　そんな考えはとても受け入れられませんでした。私は有意義な活動をするために、人生で最良の時間を捧げたかったのです」

2年間、チームはインドの各地を回り、母親、助産師、看護師、医師、店主の話を聞いた。「本当の意味で優れたデザインを生み出すには、エンド・ユーザーに寄り添わなければならない、というのがエンブレイスの基本哲学なんです」とジェーンは話す。「インドにいるあいだ、たくさんのことを学びました。それがこの商品の成功に欠かせない役割を果たしてきたのです」（注6）。その過程で、克服しなければならない戦略上のハードルは無数にあった。ユーザーのフィードバックに基づいてデザインを絶えず改良しつづける必要があったのだ。「何から何まで手探り状態でした」とラフールは言う。「医療用具を商品化する方法など、何ひとつわかりませんでした。低価格を維持しながら、製品を緻密に開発・テストし、基準を守るにはどうすればいいのか？　町や村の人々は医療についてどう考えているのか？　商品やサービスを町や村に届けるには？」

2010年12月、ABCニュースの番組「20／20」のあるコーナーで、エンブレイスの特集が組まれた（注7）。番組では、バンガロールで産まれた休重2キロあまりのニーシャという女の赤ん坊の映像が紹介された。ニーシャは臨床試験の一環でエンブレイス・インファント・ウォーマーを使ったひとり目の赤ん坊だ。そしておそらく、エンブレイス・インファント・ウォーマーで救われたひとつ目の命だろう。番組内では、スダーサという女性のインタビューも紹介された。彼女は3人の子どもを産んで3人とも亡くした経験があった。3人とも低体重のため、身体が小さすぎて体温が保てなかったのだ。スダーサはエンブレイス・インファント・ウォーマーをしげしげと見ると、「これがあったら、私の赤ちゃんも死なずにすんだのに……」と言った。

このテレビ番組が放映されてから、チームは大きな成長を遂げた。社員は90名にまで増加。今でも、製品そのものから流通モデル、組織構造まで、ありとあらゆる面で進化を続けている。また、政府施設への商品の販売も開始し、インドの最貧困地域にも商品を届けられるようになった。組織向けの販路を開拓したことで、新しい制約が生まれ、デザイン上の変更も必要になった。

ジェーンはハーバード・ビジネス・レビューの最近のブログ記事の中で、「コンセプトから製造、臨床試験済みの製品へと進むまでに、どれだけの時間と費用がかかるのか、ましてや製品を販売するための流通チャネルを築くのがどれだけ大変なのか、まったくといっていいほどわかっていませんでした」と記している（注8）。ほかにも、彼らの予測していなかった問題はあった。製品自体には切実なニーズがあったのだが、今までの行動を変えて新しいインファント・ウォーマーを使ってもらうためには、親たちの説得が必要だったのだ。普及率を上げるため、彼らは母親たちに低体温症の啓蒙を行ない、ヨーロッパの医療用具の基準を満たす臨床研究を実施した。

エンブレイス・チームの創意工夫と忍耐力によって、どれくらいの母親がスダーサと同じ運命をたどらずにすむのかは、まだわからない。しかし、現時点で、彼らは3000人を超える赤ん坊に手を差し伸べてきた。そして、インドでの実験プログラムに成功した彼らは、さらに9カ国のNGOパートナーと手を結び、GEヘルスケアと国際的な流通契約を結んだ。最近では、電気がなくてもお湯だけで温められる保温器も発売した。

クリエイティブな力を伸ばす

エンブレイスはシリコンバレーで誕生した。しかし、個人であれチームであれ、イノベーションはどこでも起こりうる。その火種《ひだね》になるのは、飽くなき知的好奇心、楽観主義、最終的な成功のために何度も失敗することを受け入れる能力、懸命に働く意欲、アイデアだけでなく行動を重視する考え方なのだ。

新しい解決策を生み出すのに必要なクリエイティブな力は、繰り返し育てていかなければならないものだ。そのためには、日常生活でインスピレーションに遭遇する機会を増やすよう心がけるのがひとつの手だ。

クリエイティブな力を伸ばすために日頃から心がけたい方法について、以下にご紹介しよう。

①クリエイティブになると決意する。クリエイティブになるための第一歩は、クリエイティブになりたいと決意することだ。

②旅行者のように考える。どんなに平凡なものでも見慣れたものでもかまわないから、外国を訪れる旅行者のように、周囲のものを新しい視点で見てみる。ただ待っていてはいけない。新しいアイデアや体験に身をさらそう。

③「リラックスした注意」を払う。ひらめきは、具体的な作業に没頭しているときではなく、精神がリラックスしているときに訪れやすい。精神がリラックスしていると、一見すると無関係なアイデア同士に新しい接点を見つけられるからだ。

④エンド・ユーザーに共感する。解決策を届けようとしている相手のニーズや状況を深く理解した方が、よりイノベーティブなアイデアを思いつきやすい。

⑤現場に行って観察する。人類学者になったつもりで他人を観察すれば、目の前に潜んでいる新しいチャンスに気づくかもしれない。

⑥「なぜ」で始まる質問をする。「なぜ」を繰り返すことで、表面的で些細な点から、問

題の核心へと迫ることができる。たとえば、なぜ時代遅れの技術（固定電話など）をいまだに使っているのかと誰かにたずねれば、実用性よりも心理と結びついた理由を教えてくれるかもしれない。

⑦問題の枠組みをとらえ直す。疑問の枠組みをとらえ直すことが、絶妙な解決策を生み出す第一歩になることもある。別の視点から出発すれば、問題の本質にたどりつくきっかけになるのだ。

⑧心を許せる仲間のネットワークを築く。一緒にアイデアをぶつけ合うことのできる仲間がいた方が、創造力を発揮しやすいし、何より楽しい。

では、各項目について、ひとつずつ詳しく見てみよう。

クリエイティブになると決意する

30年以上にわたって知性、知恵、創造性、リーダーシップについて幅広い研究を行なっている心理学者のロバート・スタンバーグによれば、彼の調べたクリエイティブな人々にはみな、ひとつの共通点があったという。ある時点で、クリエイティブになると決意したのだ（注9）。彼らには次の傾向が見られた。

- 解決策を探し出すために、問題を新しい方法でとらえ直す。
- 賢くリスクを冒し、失敗をイノベーション・プロセスの一部として受け入れる。
- 現状を打ち破ろうとしているときに生じる障害と向き合う。
- 自分の進んでいる道が正しいかどうかわからないときのあいまいな状況に耐える。
- いつまでも同じ技術や知識にすがるのではなく、知的な面で成長しつづける。

スタンバーグはこう述べている。「心理学者が誰かに創造性を教え込みたいと思うなら、クリエイティブになる決意を促し、そう決意する喜びを植えつけ、必ずやってくる難問に対してあらかじめ免疫を付けさせる方が、うまくいく確率は高いだろう。クリエイティブになると決意したからといって、創造力が湧いてくるとはかぎらないが、そう決意しなければ湧いてこないことは確かだ」

何もしないで創造力が湧いてくることはまずない。意識的にクリエイティブになると決意する必要があるのだ。この決意がいかに重要かを実証している人物といえば、ジル・レヴィンソンだ。ジルはＩＤＥＯのビジネス開発チームに加わる前、広告業界で6年間働いていた。広告業界で「クリエイティブ」といえば決まった集団を意味していて、ジルには縁遠い排他的な一団を指していた。「もちろん、私の仕事にもクリエイティブな側面はありました。でも、〝クリエイティブ〟と私のような彼らの補佐役には、明確な境界があったんです」とジルは説明する。

ある日の自宅でのこと、ジルはもっとクリエイティブになろうと決意した。彼女はファッションのアイデア、レシピ、ＤＩＹのプランといったオンライン・コンテンツを視覚的に収集・共有するソーシャル・ネットワーク「ピンタレスト」に登録した。彼女は友人が主催するシンコ・デ・マヨ（訳注：メキシコ発祥の5月5日の祝日。アメリカでは盛大に祝われる）のパーティに行く前、ピニャータ・クッキーのレシピを掲載《ピン》した（注10）。クッキーは3層になっていて、真ん中の層には、小さなエム&エムズ・チョコレートが隠れている。色とりどりのクッキーは人々の心をわしづかみにした。1週間もしないうちに、彼女のアイデアは５００回以上も再掲載《リピン》された。ジルはその後もピンタレストでいろいろなものを収集しつづけた。すると驚いたことに、彼女の収集スタイルは絶大な人気を集めた。フォロワーが10万人を超えると、彼女はピンタレストそのものからも注目された。ピンタレストのサイト上で彼女の特集が組まれ、２０１２年後半になると、ジルのフォロワーは１００万人を超えていた。

ジルはこの経験が自身の創造力に対する自信《クリエイティブ・コンフィデンス》を目覚めさせたのだと話す。広告業界にいたころ、〝クリエイティブ〟の補佐役だった彼女は、どちらかといえば自分を創造性とは縁遠い人間だと思っていた。しかし今では、ピンタレストのようなサイトは創造性を表現するのにうってつけのツールだと考えている。参加のハードルは恐ろしく低いし、全員に創造性を発揮するチャンスがあるからだ。「ここに来れば、自分が何かをやっている、誇りに思えることをしているという事実を実感できるんです」とジルは言う。「たとえ私のやっていることが世界一すばらしいことや世界一クリエイティブなことではないとしても、やはり価値があるのです」

現在、ジルはクライアントとの仕事もクリエイティブだと感じている。クリエイティブであるためには、一から何かを生み出す必要も、唯一無二の創造者になる必要もないと彼女は考えている。自分にできる何かを加え、創造的な貢献をすればいいのだ。

旅行者のように考える

外国の都市を旅した経験はあるだろうか？「旅は視野を広げる」という言葉をよく聞く。しかし、この使い古された格言には、深い真理が潜んでいる。外国では、道路標識、郵便受け、レストランでの支払い方法など、何から何まで自分の国とは違うので、色々な物事が自然と目に飛び込んでくる。そして、あらゆる細部に気づくわけだ。旅が良い経験になるのは、旅に出ると頭が冴えるからではなく、細部に注目するようになるからだ。旅に出ると、私たちはシャーロック・ホームズのように周囲のものをじっくりと観察する。つまり、新しい未知の世界を理解しようと懸命に努力しつづけるわけだ。

しかし、普段の日常生活となると、私たちは周囲のものの多くには目もくれず、自動運転で過ごしていることがあまりにも多い。問題点に気づくには——そして物事のやり方を改善する機会に気づくには——、新しい視点で世界を眺めるのが効果的なのだ。

アイデアが次から次へとひっきりなしにあふれてくるクリエイティブな人々と会うと、「ほかの人とは違うモードで動いているんじゃないか」と感じることも多いだろう。たいていの場合、実際にそうだ。クリエイティブな人々は、すべてのアンテナをオンにしている。しかも、たいてい感度を最大まで上げている。しかし実際のところ、誰でも同じモードで動作する能力を持っているのだ。

そこで、「初心」に返ってみてほしい。子どもにとっては、何もかもが新鮮だ。だから、たくさん質問をし、目をまんまるに見開いて世界を観察し、すべてを吸収していく。どこへ行っても、「あれはもう知っているよ」ではなく「あれって面白くない?」と考えるわけだ。

dスクールでは、見慣れたものを再発見することの力を知ってもらうため、経営幹部たちをよくガソリンスタンドや空港といった場所に連れていく。彼らは空港がどんなものなのか正確にわかっていると思い込んでいる。だから、私たちは彼らを座らせ、乗客が列に並ぶ様子、コンベアからかばんを受け取る様子、空港の担当者と話す様子を観察してもらう。すると空港を出るころには、ほとんどの人が初めて気づいた事実にすっかり面を食らっている。念のため搭乗時刻の4時間前に到着し、ゲートの前にひとりで座っている乗客(注11)。搭乗の開始時刻になってようやく支払いをしている大慌ての母親。機内に乗り込むときに飛行機の横っ腹を3回ポンポンポンと叩いたりして、安全祈願のゲンかつぎをする人。

見慣れたものを再発見するプロセスは、注意深く観察するだけで違うものが見えてくることを示す好例だ。ぜひみなさんも、初心に返ったつもりで、職場への通勤、夕食の食べ方、会議の準備方法など、日常の行動やモノを見つめ直してみよう。慣れきった日常の中に、新しい洞察を探そう。宝探しをしているような気分で。

旅行者の視点を取り入れ、初心に返れば、普段なら見逃してしまうような細かな点にどんどん気づくだろう。先入観を脇にのけ、周囲の世界に没入しよう。いったんこの高感度モードに入ってしまえば、インスピレーションを積極的に探しはじめる準備はできている。

そして、インスピレーションという点でいえば、量が大事だ。たとえば、ベンチャー・キャピタリストがあれほどビジネスの手腕に長《た》け、最終的に成功できるひとつの理由は、ふつうの人よりもたくさんアイデアを見ているからだ。何といっても、若くて情熱的な起業家が、融資を得ようと、まったく新しいビジネス・アイデアを携えて毎日山のようにやってくるのだ。ベンチャー・キャピタル業界では、これを「ディール・フロー」（投資案件の引き合い数）と呼ぶ。そのほかの条件がみな同じなら、ディール・フローが優れていればいるほど、ベンチャー・キャピタルの成功率は高くなるのだ。

ベンチャー・キャピタルのディール・フローについていえることは、アイデア・フローについてもいえる。1日のうちに視界に入ってくる斬新なアイデアが多ければ多いほど、重大な洞察が得られるだろう。ノーベル賞受賞者のライナス・ポーリングは、「いいアイデアを得たければ、まずは多くのアイデアを得ることだ」と述べたことで有名だ。IDEOでは、刺激的な新技術、発想を掻き立てる事例研究、最新の動向について、常に大量の会話を交わすよう心がけている。

共同黒板を設ける（注12）

インスピレーションを探すひとつの方法は、オンラインでも現実の世界でもいいので、想定外のスペースで質問をすることだ。たとえば、IDEOのサンフランシスコ・オフィスでは、洗面所のひとつに、床から天井まである黒板を設けている。この黒板はカジュアルなフォーラムのような役割を果たし、現在の状況やみんなの考えをサッと確認できる。「今年できそうな面白いことは?」「友人に勧める健康的なおやつは?」といった質問が黒板を飾る。時には、空っぽの水槽など、未完成の絵を描いておき、書き込みを促すこともある。

共同黒板を作るポイントとして、IDEOのシニア・エクスペリエンス・マネジャーのアラン・ラトリフは次のいくつかのコツを紹介している。

まず実験する。壁を本格的に黒板にする前に、色々なサイズや配置を試そう。私たちの場合、小さめの黒板から始め、アイデアが軌道に乗ってから大きくした。今では、なるべく柔軟に使えるよう、壁に直接黒板の塗装を施している。

材質を選ぶ。私たちは大半の会議室でホワイトボードを利用しているが、黒板とチョークを使うのも代替策として面白い。つい書いてみたくなるし、消しやすいので、気軽に内容の追加や変更をしてもらえる。

アイデアを促す。真っ黒な黒板は威圧感がある。そこで、きっかけとなる質問やベースとなる絵をあらかじめ描いておき、弾みを付けよう。

定期的に消す。冷蔵庫の中味と同じで、黒板の中味も1週間もすれば古くなる。そうなったら、すべてを消してまた一から始めるタイミングだ。

視界に入ってくる名案に目を光らせよう。多くのアイデアに触れれば触れるほど、「たくさんのアイデアを見て最良のものに投資する」というベンチャー・キャピタリストの技を活かすことができる。だから、リスクとメリットがそれぞれ異なるような、短期的なアイデアや長期的なアイデアの山を築こう。そして、アイデアをデジタル・フォルダーに保存したり、壁に貼り出したりして管理しよう。

また、「新しいアイデアの〝ディール・フロー〟を増やすにはどうすればいいか?」と自問しよう。最後に何かの授業を受けたのは? 普段読まないような雑誌やブログを読んだのは? 新しいジャンルの音楽を聴いたのは? いつもと違うルートで出勤したのは? 知らないことを教えてくれる友人や同僚とコーヒーを飲んだのは? ソーシャル・メディアを通じて〝ビッグ・アイデア〟を持つ人々とつながったのは?

思考の新鮮さを保つには、常に新しい情報源を探すことだ。たとえば、私たちは1年に数十回もTEDトークを見るし、毎朝愛用のニュース・アグリゲーター(訳注:オンラインのニュース・サイトやブログから最新のコンテンツを収集して、一目で確認できるツール)に目を通すし、見事に編《へん》纂《さん》された「クール・ニュース・オブ・ザ・デイ」などのオンライン・マガジンも購読している(注13)。また、7カ国の600人を超えるIDEO従業員が、「聞き逃すのはもったいない」と思う選《え》りすぐりのアイデアを共有している。そう聞くと大変そうに感じるかもしれないが、そんなことはない。自分に合ったデータ・ストリームさえ見つかれば、信じられないくらいのパワーが湧いてくるのだ。

インスピレーションを探すのにうってつけの場所がもうひとつある。文化の異なるほかの組織で新しいアイデアを探すのだ。異なる部門、異なる会社、異なる業界で話を聞くことは、しばらく同じ仕事しかしていない人々にとって、特に有効だ。いくら自分の業界について最新のブログや雑誌を読んだりして、一流の情報に触れていても、競争相手とまったく同じデータを見ているかぎり、競争で優位に立つのは難しい。とすれば、外に目を向け、新しい情報源を探してみてはどうだろう？

ロンドンにあるグレート・オーモンド・ストリート病院の小児集中治療室の責任者は、テレビでＦ１のピット・クルーを見ていてインスピレーションを得た（注14）。彼はＦ１チームが見事な連携で順序よく作業をこなし、ものの数秒でレース・カーを整備する様子に感動した。それとは対照的に、彼の病院では、手術室から集中治療室への患者の引き継ぎがめちゃくちゃな状態だった。そこで彼は、常識では考えられない方法を取った。フェラーリのピット・クルーに病院職員の指導を依頼したのだ。

医師や看護師たちはピット・クルーの技法を新しい行動へと変えた。たとえば、必要な会話をなるべく少なくするために、すべての役割について、作業内容やタイミングを綿密に定めるようになった。また、チェックリストを追いながら患者の重要な情報を伝えるようになった。ウォール・ストリート・ジャーナルの報告によると、フェラーリにヒントを得た変更のおかげで、技術的なミスが42パーセント、情報伝達のミスが49パーセントも減ったという。

アイデアが欠乏すると、どうしても所有欲や縄張り意識が強くなり、選択肢が狭まってしまう。アイデアの在庫が少ないと、数少ないアイデアの中から選ばざるをえなくなる。

そして、たとえそれが最善のアイデアではなくても、猛烈に擁護するようになるのだ。しかし、アイデアが豊富で簡単に出てくるような環境、たとえば1日に10個以上のアイデアが飛び出すような環境では、アイデアに縄張り意識を持つ必要がない。それに、あなたのアイデアとほかの人のアイデアが混ざり合っても、何の問題もない。手柄は全員のものなのだ。何といっても、多くの考えがもとになって最終的なアイデアが生まれたのだから。ビジネス界の第一人者、スティーブン・コヴィーは、この考え方を「豊かさマインド」(abundance mentality)と呼んでいる(注15)。そして、豊かさマインドを持っていれば、白紙の状態から洞察へと進むのはずっとラクになるのだ。

スタンバーグが言うように、クリエイティブになると決意するのは簡単だ。しかし、常にインスピレーションを得つづけ、創造性を習慣へと変えるには努力がいるのだ。

「リラックスした注意」を払う

夢想にふけるのは悪いこととされている。ハリウッド映画の教室のシーンを見てみてほしい。たいてい、生徒が授業中にボーッと夢想にふけっていて怒られる。教師が呼びかけているのに、生徒が窓の外を眺めたり、空《くう》を見つめたりしていて、注意されるのだ。まさに「芸術は人生を模倣する」の好例だ。なぜなら、私たちは夢想にふけることが多いからだ。しかし、夢想にふけるのにはプラスの面もある。カリフォルニア大学サンタバーバラ校の研究者、ジョナサン・スクーラーによれば、夢想にふけっているとき、私たちの脳は具体的な作業とは無関係なアイデアや解決策について考えていることが多いのだという(注16)。数々の研究によると、あれこれと夢想にふけることが多い人ほど、創造性のテストの得点が高いことがわかっている。また、脳のネットワークに関する最新の研究でも、具体的な作業やプロジェクトに取り組まずに休んでいるとき、私たちの脳はアイデア、記憶、体験同士を予期せぬ形で結びつけることがわかっている。

実際、私たちは夢想が持つ問題解決能力を心から信じている。時には、問題に集中するのをやめ、「リラックスした注意」(relaxed attention)を払う方がいいこともある。これはデイヴィッドの師であるボブ・マッキムがよく使っていた言葉だ(注17)。この心理状態にあるとき、問題や課題は脳の一角《いっかく》にはあるが、最前列を占めているわけではない。「リラックスした注意」は、完全に心を空っぽにする「瞑想《めいそう》」と、難しい数学の問題に取り組んでいるときのような鋭い「集中」とのちょうど中間に位置する。私たちの脳は、問題に没頭していないとき、認知の飛躍を起こすことがある。だからこそ、シャワーを浴びている最中や、散歩や長距離の運転をしているときに、名案が浮かんでくることがあるのだ。デイヴィッドは脳裏《のうり》に浮かんだアイデアを忘れる前にガラスの壁に書き残せるよう、浴室にホワイトボード・マーカーを常備している。

だから、目の前の問題で行き詰まったら、20分くらい思考回路をオフにして、しばらくボーッとしよう。突然、閃光《せんこう》のように解決策をひらめくかもしれない。

「リラックスした注意」を実践するコツ

問題で行き詰まったとき、精神の集中を解く方法をいくつかご紹介しよう。人ごみを避け、邪魔の入らないところで散歩をしてみる。歴史上の詩人、作家、科学者、あらゆる種類の思想家たちは、散歩中にインスピレーションを得てきた。哲学者で詩人のフリードリヒ・ニーチェは、「本当にすばらしい考えはみな散歩中に生まれる」と述べた。もしかすると、運動のおかげで血流が増すからかもしれないし、1日じゅうずっと頭を占めている切実な問題と、心の距離を置けるからかもしれない。「考え歩き」なら、昼夜を問わずいつでも行なえる。

リラックスした注意の威力を活用するもうひとつの機会は、朝にある。といっても、ベッドから出る必要さえない。アラームが鳴るなどして、深い眠りから覚めたとき、覚醒と夢の中間の夢うつつの状態になることがある。この瞬間こそ、リラックスした注意を実践する絶好のタイミングだ。私たちはこの夢うつつの状態を活かして、新しい解決策や斬新なアイデアをいくつも考えてきた。もちろん、みなさんにもできる。アラームのスヌーズ・ボタンを別の目的で使ってみよう。スヌーズ・ボタンを「瞑想ボタン」と考え、1

日のはじめの貴重な瞬間を有効活用するのだ。アラームが鳴ったら、瞑想ボタンを押し、「リラックスした注意」の状態で5分間、頭を巡らせる。あなたがずっと取り組んできた課題や問題について、ぼんやりと考えるのだ。これを何回か試してみてほしい。ちょっと練習すれば、1日が始まる前に、斬新な洞察が見つかるようになるだろう。

エンド・ユーザーに共感する

数百万の顧客を抱える組織や、一般大衆にサービスを提供する業界では、顧客をステレオタイプ化したり、モノとしてとらえたりしがちだ。すると、顧客は単なる数値、案件、正規分布曲線上のデータ点になる。または、市場セグメンテーション・データに基づいて作られた人工的なペルソナの一部になってしまう。このような単純化は、データを理解するうえでは有効だと思うかもしれないが、私たちの経験からいうと、生身《なまみ》の人間のためにデザインする際にはあまり役立たないのだ。

共感や人間中心という考え方は、多くの企業ではまだ本格的に実践されていない。ビジネスの世界の人々は、めったに自社のウェブサイトを自分で使ったり、実際に人々が製品を使う様子を観察したりしない。「ビジネスパーソン」という言葉から何を連想するかとたずねても、「共感」という答えが返ってくることは少ない。

創造性やイノベーションにおいて、「共感」とはどのような意味を持つのか? 私たちにとって共感とは、他者の目を通して体験をとらえる能力、人々がその行動を取る理由を理解する能力を指す。共感するために、現場におもむき、人々が製品やサービスを利用する様子をリアルタイムで観察する。これを私たちは「デザイン調査」(design research)と呼ぶこともある。共感するには一定の時間と知恵が必要なこともある。しかし、製品を届けようとしている相手を観察し、新しい洞察を得るのに越したことはない。そして、意識的にエンド・ユーザーに共感しようとすれば、自分自身のエゴを脇にのけることにもなる。私たちの経験からいえば、ほかの人々の真のニーズを理解することが、もっとも有意義なイノベーションにつながる。つまり共感は、自分自身のアイデアやアプローチを際立たせる貴重な洞察――そして時に意外な洞察――を手に入れるための入り口なのだ。

このような人類学的な調査を現場で行い、プロジェクトの開始時にインスピレーションを集めれば、デザイン・プロセス全体を通じて得られるコンセプトやプロトタイプを実証できるし、アイデアやエネルギーが尽きてきたとき、勢いを取り戻すことができる。IDEOやdスクールでは、自宅、職場、遊び場にいる人々をよく観察する。製品やサービスを利用する様子を観察するのはもちろんだが、相手の考えや感覚をもっと深く理解するために、インタビューを行なうこともある。この種の実地調査の結果、エンド・ユーザーの人物像に対する理解が変わることもある。エンブレイス・チームも同じことをして、病院や診療所向けのデザインから、地方の村に住む母親向けのデザインへと方針を変えた。
ＩＤＥＯでは、社会学の経歴や、認知心理学、人類学、言語学といった分野で修士以上の学位を持つ人々を、デザイン調査担当者《リサーチャー》として雇っている。彼らはインタビューや観察から洞察を集め、統合するのが上手だ。しかし、高度な学位などなくても、現場に行くことはできる。ＩＤＥＯやｄスクールでは、ふつうはプロジェクトのチーム・メンバー全員がこのような実地調査に参加する。その方が最終的なコンセプトにとってプラスになるからだ。文化人類学者のグラント・マクラッケンは、「人類学は人類学者に任せておくには重要すぎる」と述べている（注18）。ちょっと練習すれば、誰でも共感力を磨くことはできる。そして、共感力を磨けば、最高のアイデアを思いつけるかもしれない。

組織やチームの多くは、イノベーションを起こそうとする際にベンチマーキングを行なう。競合他社のやり方をチェックし、〝ベスト・プラクティス〟とおぼしきものを抜き出すのだ。言い換えれば、従来のやり方を疑ったり新しい洞察を探したりせずに、コピー＆ペーストしてまねするわけだ。２００７年、アメリカの大手地方銀行のＰＮＣファイナンシャル・サービシズは、若年層の顧客に訴えかけようとしていた（注19）。単に競合他社のやり方をまねたり、当座預金の利率を０・５パーセント引き上げて、マーケティング・キャンペーンを行なって若者に宣伝したりすることもできただろうが、ＰＮＣはその代わりに、若者向けの新しい種類の口座を作り、最初の２カ月で１万４０００人の新規顧客を獲得した（注20）。ＰＮＣはベンチマーキングから始めたわけではない。自社が惹きつけようとしている顧客を理解し、その顧客との関係を改善することに力を入れたのだ。

ＰＮＣは、アメリカ全土の６０００万人以上の人々を対象に、小売銀行業務、法人向け銀行業務、資産管理サービスを提供している（注21）。当時、ＰＮＣは「Ｙ世代」と呼ばれる新しい層にサービスを提供したいと考えていた。Ｙ世代とは、初代のデジタル・ネイティブ（訳注：生まれたときからインターネットやパソコンが当たり前の環境で育ってきた人々）を意味し、おおむね大学生から30代半ばの人々を指す。ＰＮＣのチームはＹ世代の人々を理解するため、インタビューを行なった。すると、Ｙ世代の人々は技術に精通していて、テクノロジーを生活にすんなりと溶け込ませるのは上手なのに、お金の管理についてはまったくといっていいほど無知だとわかった。難なく暮らせる以上のお金を稼いでいる人でも、給与が振り込まれる前に支払いをしようとして、口座の残金がマイナスになることも多かった。そして、彼らは助けが必要なことを認めていた。

そこでＰＮＣのチームは、お金をより効率的に管理できるツールがあれば、Ｙ世代の人々の役に立つだろうと気づいた。自分の資産をより主体的に管理できるようになれば、もっと貯蓄を増やせるし、使いすぎで残高がマイナスになるのを避けられる。このプロジェクトの担当者のマーク・ジョーンズは、「その日暮らしのような生活を送り、お金の管理に苦労している人にとって大事なのは、物事をもっと視覚化してアクセスしやすくし、口座同士でとても簡単にお金のやり取りができるようにすることなのです」と話す。

銀行の顧客たちは、当座貸越手数料《オーバードラフト・フィー》（訳注：顧客が預金残高を超えて資金を引き出した際、銀行から科せられる罰金）を避けたいと思っている。しかし、そんな商品を開発するのは、銀行にとって勇気がいる。当座貸越手数料は銀行業界でも特に儲けが大きい分野なのだ。当時のアメリカの銀行は、当座貸越手数料で年間３００億ドル以上を荒稼ぎしていた（注22）。特に若者は、当座貸越手数料の餌食《えじき》になりやすい。しかし、ＰＮＣは、お金に関する健全な行動をサポートすることで、顧客とより良好な長期的関係を築こうと考えたわけだ。

　こうして生まれた「ＰＮＣバーチャル・ウォレット」（仮想財布）は、ＰＮＣの銀行商品の一種だ。このツールを使えば、顧客は自分の金融資産にデジタルでアクセスし、お金をより効率的に管理できる。帳簿の代わりにカレンダーが表示されるので、残高を視覚的にとらえ、給料日や支払日に基づいて将来的なキャッシュ・フローを見積もることができる。残高がマイナスになる可能性のある「要注意日」がハイライト表示されるので、請求書の支払予定日を変更したりして、計画を見直すことができる。資金のスライド・バーでは、「支出」「貯蓄」「投資」の資金配分を視覚的に表示し、管理することができる。また、「貯蓄エンジン」を使えば、独自のルールを設定できる。たとえば、給与を受け取った際にお金を自動的に貯蓄に回すことも可能だ。

　この新しい方向性は功を奏した。預金残高が増え、小切手の不渡りや当座貸越で得られる手数料がなくなった分を穴埋めした。ある顧客は自身の体験についてこう話している（注23）。「私はついこのあいだ大学を卒業したばかりなのですが、自分では管理しきれないくらい、出ていくお金も入ってくるお金も増えました。でも、バーチャル・ウォレットのおかげで、ある程度のお金を貯蓄し、請求書の代金をきちんと支払い、すべてのお金の流れを完璧に把握することができました。こんなに自分のお金を管理できていると感じたのは、人生で初めてです」

PNCにとって、バーチャル・ウォレットは〝常識〟からの脱却だった。しかし、脱却する自信を与えてくれたのは、ほかでもない顧客だった。Y世代の人物像を知り、そのニーズを理解することで、PNCは商品の長期的な成功を信じることができたのだ。

私たちが企業の経営幹部たちを顧客の観察、面会、さらにはインタビューに連れていくと、その経験は彼らの心に深く焼きつく。「今では、単に開発してテストするのではなく、顧客とともにプロジェクトを開始し、より早い段階で効果的に顧客の考えを取り入れるようになりました」とフィデリティ・インベストメンツの最高カスタマー・エクスペリエンス担当責任者のフレデリック・レクターは話している（注24）。

ビッグ・データの世界における共感（注25）

共感を得るための調査と〝ビッグ・データ〟の活用へと向かう時流は、両立できないものなのか？　歴史的に、定量的な市場調査と定性的な研究や民族誌学的調査のあいだにギャップがあったのは事実だ。しかし、本当に人間のリアルな話とデータを切り離して考える必要はあるのだろうか？　最近、デザイン調査担当者たちは、私たちが「洞察の掛け合わせ《ハイブリッド・インサイト》」と呼ぶ手法を使って、その溝を埋めはじめている。

洞察の掛け合わせとは、定量的な調査を人間中心のデザインへと組み込むアプローチだ。そうすることで、データに物語を埋め込み、命を吹き込むことができる。このやり方としては、人間中心の方法で調査を設計することが考えられる（たとえば、調査での質問の仕方や人々の興味を引きつける方法をじっくりと練るなど）。または、より厳密にコンセプトを評価することもできる。多数のユーザーを対象にプロトタイプをテストし、一定の方向性をさらに追求するべきかどうかを確かめるのだ。

適切なターゲット市場の中で、「共感に基づく洞察」と「分析の信頼性」を組み合わせるのが、両方の調査手法を最大限に活かすやり方だといえるかもしれない。したがって、時流は今後もビッグ・データに向かうことは間違いないだろうが、意思決定をする者は、根底にある人間的な要素を決して忘れてはならないのだ。

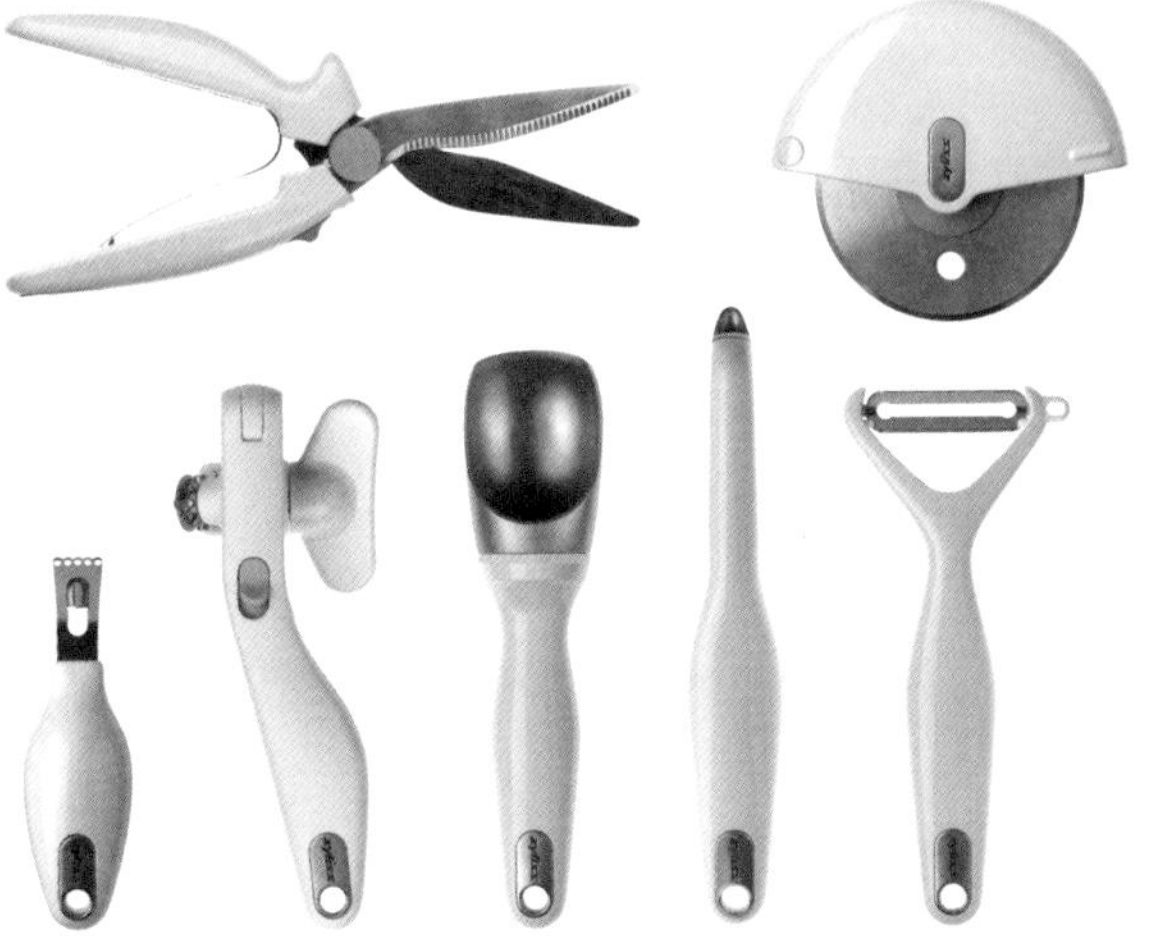

スイスのチリス社のアイスクリーム・スクープ(下段中央)は、アイスクリームを盛りつけたあとに、こびりついたアイスクリームをなめやすい形になっている。

現場で観察する

人々を自然な環境の中で観察するのは、難しいこともある。特に、自分のことをすでに専門家だと思っている人にとってはなおさら難しい。たとえば、あなたが大手製薬会社で働いているとしたら、おそらく人々の薬の飲み方をすでに知っているだろう。しかし、**共感とは、自分の先入観を疑い、自分が正しいと思うことをいったん脇にのけ、本当に正しいことを学ぶことなのだ。**

IDEOのチームは、スイスの家庭用品会社「チリス」と協力し、24種類の便利な台所用品シリーズの開発に取り組んでいたとき、現場におもむき、人々が日用品を使う様子を観察した。そのひとつがアイスクリーム・スクープだ（注26）。もちろん、じっと机に座ったまま、人々が私たちと同じように道具を使うところを想像することもできただろう。そうすれば、人間工学《エルゴノミクス》を駆使した取っ手や、アイスクリームをすんなりとすくえる道具をデザインしていたかもしれない。しかし、台所に立つ人々と一緒に時間を過ごしてみると、顧客の行動から別の隠れたニーズが浮かび上がった。多くの人々は、スクープを使い終えると、シンクに置く前にこびりついたアイスクリームを無意識にぺろりとなめていたのだ。

　私たちはそれを見て、アイスクリームを容器からうまくすくえるだけでなく、すくい終わったあとに残ったアイスクリームを最後までなめられるアイスクリーム・スクープこそ、本当に優れたアイスクリーム・スクープなのだと悟った。そこで、私たちはお口に優しいアイスクリーム・スクープを開発することにした。手始めに、鋭利な箇所や舌がはさまるような可動部分をなくした。

　単純に、アイスクリーム・スクープの使い方を人々にたずねることもできただろう。しかし、それでは「スクープをなめる」とは答えなかっただろうし、そう聞かれても否定したかもしれない。つまり、人々に望みを聞くだけでは、実地調査とはいえないのだ。もちろん、実地調査をしたからといって、名案を考える手間が省けるわけではない。それでも、潜在的なニーズ、つまり人々が意識していない隠れたニーズを理解する助けにはなる。インタビューだけではそうはいかない。時には、台所まで消費者を尾《つ》け回すことも必要なのだ。

私たちは未来の美容に関するプロジェクトでも、似たような教訓を学んだ（注27）。ターゲット市場は若い女性だったが、デザイン調査担当者たちはもっと奥深くまで踏み込み、〝エクストリーム・ユーザー〟を探した。つまり、正規分布曲線の両端にいるようなユーザーを探したのだ。エクストリーム・ユーザーの極端な要求や行動は、メインストリーム市場に芽生えかけているニーズを指し示していることも多い。エクストリーム・ユーザーの予想外の観察結果から、洞察やインスピレーションが得られることもあるのだ。たとえば、私たちの調査担当者がインタビューしたあるエクストリーム・ユーザーは、フォークリフトの運転手だったのだが、口ではいちども自分自身のケアなどしたことがないと言っていた。しかし、彼と話すうち、クライアントのあるチーム・メンバーは、彼の座っている場所の隣に足湯の道具が置かれているのに気づいた。そこで、彼女は誰のものかたずねた。すると、運転手はその足湯を「ちょっとした癒し」と呼んでいることがわかった。彼は作業ブーツを履いていてできたマメや外反母趾《がいはんぼし》を癒すため、エプソム・ソルトを溶かしたお湯に両足を浸《ひた》していたのだ。また、彼はペディキュアや特殊なフット・クリームも日常的に利用していた。彼の自宅を訪れなければ、こうした行動を発見することはできなかっただろう。現場での観察は、インタビューを大きく補い、意外な事実や隠れた機会を明らかにしてくれる。目に見えるものと期待するものに食い違いがある場合は、もっと掘り下げなければならないというサインなのだ。

このような潜在的なニーズは、探してみると至るところに見つかるようになる。数年前、

左右ミスマッチの靴はバカげたアイデア？　それともビジネス・チャンス？

トムは同僚で作家のカラ・ジョンソンと一緒に、日本の新宿駅のプラットフォームを歩いていた。新宿駅といえば、世界でもっとも乗降客数の多い鉄道駅であり、1日に300万人以上が改札を通る。その中には、買い物客、学生、そしてホワイトカラーの〝サラリーマン〟など、さまざまな人がいる。

カラとトムは、目の前の若い日本人女性が、ヴィヴィッドな色のスニーカーを履いているのに気づいた。しかし、ふたりが目を奪われたのは、その日の新宿駅を埋め尽くす何百万足という黒い靴の中に、ぽつんと色鮮やかな靴があったからだけではない。もっと奇異だったのは、左右の色が違うという事実だった。どちらもイマドキの靴には違いなかったが、左の靴は水色、右の靴は強烈なピンクだったのだ。いったいどういうわけか？　真っ先に思いついた考えは、まったく同じ靴がもう1足、自宅にあるというもの。もちろん、左右の色は逆なわけだが。ふたつ目の考えは、靴のサイズが同じ女性の友だちがいるというもの。しかし、もっとも興味をそそられたのは3つ目の考えだった。左右色違いの靴には、立派な市場機会があるのではないだろうか。

トムはこの〝バカバカしい〟考えをすぐに否定したくなった。しかし、当時の彼が気づいていない事実があった。左右色違いの靴下を販売して成功している企業はすでにあったのだ。「リトルミスマッチ」という会社は、「ぜんぶバラバラ、その代わりどれでもＯＫ」をモットーに、色違いの靴下を販売していた（注28）。リトルミスマッチは設立3年で収益を５００万ドルから２５００万ドルに伸ばし、その後も成功しつづけている。それなら靴もイケるのでは？　次に変なモノを見かけたら、先入観を持たずに接してみよう。目の前に潜むビジネス・チャンスが見つかるかもしれない。

どれだけ出世しても、どれだけ専門知識を身に付けても、常に新しい知識や洞察を取り入れることは欠かせない。そうしなければ、既存の〝知識〟を過信し、間違った判断を下しかねないからだ。情報に基づく直感が有効なのは、最新の正確な情報に基づいて判断した場合だけなのだ。

トムは数年前、古い知識がどれだけ危険かをつくづくと思い知らされた。それはシンガポール副首相（現大統領）のトニー・タンに招かれ、「アイランド・フォーラム」というシンクタンクに参加したときのことだ。1985年ごろ、トムは1年間の大半をシンガポールで過ごしながら、かの有名なシンガポール航空と仕事をしていた。シンガポールのどの場所も自分のアパートから約30キロメートル圏内にあったので、その街を深く知るのは簡単だった。

オフィスにトニー・タンからの招待状が届くと、トムはシンガポールへの旅が待ち遠しくてたまらなくなった。自分の行きつけの場所をいくつか思い出した。シンガポールの文化を心から楽しんでいたのだ。しかし、飛行機から超現代的なチャンギ空港に降り立って5分としないうちに、トムは自分がシンガポールのことを少しもわかっていなかったことを思い知らされた。彼が知っていた1985年のシンガポールの面影はどこにもなかった。シンガポールはトムが発《た》って以来、ずっと進化を続けていた。ラサ・シンガプーラにあった屋外の屋台はなくなっていた。トムがこの世でいちばん美味しいと思った屋台の食事だ。もうたった2ドルで夕食にチキン・サテをつまむことはできなくなったのだ。新設された地下鉄のマス・ラピッド・トランジット・システムは、彼の滞在中には大規模な工事の真っ最中だったが、今では50もの駅が都市を縦横無尽に結んでいた。それに、ホテルの半数は、新設されたか所有者が変わったようだった。この一件以来、トムは「1985年のシンガポール」の教訓をずっと忘れないようにしている。

アメリカの作家のマーク・トウェインは1世紀前、「トラブルを招くのは、知らないことではない。知っていると思い込んでいて、実際には知らないことだ」と述べている。みなさんも、顧客、自分自身、ビジネス、世界について、知っているると思い込んでいる物事にだまされてはいけない。周囲を観察し、世界観を改める機会を積極的に求めよう。

「なぜ」で始まる質問をする

学習速度を上げる最良の方法のひとつといえば、質問をすることだ。「なぜ?」や「〜だったらどうなるか?」というタイプの質問をすれば、表面的な細かい点を無視し、問題の核心に迫ることができる。

医師は病気を診断するため、日常的に患者に質問をする。しかし、「なぜ?」や「〜だったらどうなるか?」というアプローチを加えることで、診断を改善できる。もしかすると、治療にも良い影響が出るかもしれない。アマンダ・サマンは、メディカル・ディレクターとして最近IDEOの仕事にかかわるようになった外科医だ。彼女がいかにも経験豊富な医者らしい自信をただよわせながら、手慣れた様子で患者の状態を調べ、すばやく診断を下す光景は容易に想像できる。そういうわけで、アマンダは最初のデザイン・プロジェクトで病院の実地調査を行なうことになると、自分のホーム・グラウンドにいるような気分だと私たちに言った。

夜勤を終えると、彼女は医療衣とIDカードを着け、チームメイトとともに幼い患者の問診に当たった。「私は診察室に入り、〝こんにちは。医師のサマンといいます。症状について聞かせてください〟と言いました」とアマンダ・サマンは話す（注29）。彼女はこんな教科書に出てきそうな医師の言葉を使って、いつも患者に話しかけていた。するとチームメイトが優しく会話をさえぎり、少年の隣に座って、彼が携帯電話で遊んでいるゲームについて雑談を始めた。アマンダが観察していると、少年は心を開き、とうとう自分の病気だけでなく、家族、日常生活、医師や治療に対する感想まで話しはじめたのだ。アマンダは自分が医師として、共感を築くのではなく、患者の病歴や治療計画をはっきりさせることばかり考えていたことに気づいた。

「病院では、どうしても自分の本来の仕事の仕方になってしまいます」とアマンダは言う。「でも、別の視点で問診に臨《のぞ》むことで、色々なことを学びました。そして、いつものように単刀直入な質問を繰り返すだけではわからないようなことがわかったのです」

飲み込みの早いアマンダは、次に救急救命室に呼ばれたら今回の教訓を活かそうと決めた。次に会った患者は、3週間前に手首を骨折した年配の女性だった。しかし、診察してみると、手首はいまだに紫色に腫《は》れていた。どう見ても治療を受けた形跡がない。女性を病院に連れてきた娘は怒っていた。普段なら、怪我の診察を終えると、治療歴（この場合は治療歴がないこと）を記録し、引き続き手を専門とする外科医の治療を受けるよう勧めていただろう。しかし、彼女は患者の手首以外にも、異様な雰囲気を感じ取った。

「ふつうなら、家族同士のいざこざや、治療が必要な母親への娘の怒りに対処するのは、医師の仕事ではないと考えるでしょう」と彼女は話す。しかし、アマンダは今回、ふと立ち止まって外科的でないアプローチを試してみることにした。そこで、彼女は患者自身についてたずねてみた。すると、彼女がエネルギー療法（訳注：鍼《はり》、指圧、気功など、身体的な接触のあるなしにかかわらず生体エネルギーを用いて行なう治療法）の実践者だとわかった。彼女は友人に頼んで手首にエネルギー療法を施してもらい、ある程度の効果があったので、医者のところに来なかったというわけだ。それを聞いて、アマンダは言い方を変えてみた。「確かにエネルギー療法にも一定の役割はありますが、骨折の場合はさすがに医師の助けが必要です。そうしないと、手首が固くなって、今後エネルギー療法を実践できなくなる危険性がありますよ」と。患者の言い分を理解しなければ、こんな風には言えなかっただろう。

外科医の思考から人類学者の思考へと頭を切り替えたことで、アマンダは患者と深いつながりを築くことができた。そうすることで、共感を築くという目的をきちんと理解し、状況に応じた治療を行なうことができたのだ。

あなたはクライアントや顧客とどう接しているだろう？　深く掘り下げるような質問をしているだろうか？　それとも自分の聞きたい内容を聞き出しているだけなのか？　相手と深いつながりを築いているだろうか？　それともただ相手と接しているにすぎないのか？

認知発達学の博士号を持つIDEOのベテラン・デザイン調査担当者のコー・リータ・スタッフォードはこれまで、エンド・ユーザーになるかもしれない人々に数々の質問をしてきた（注30）。彼女が質問に命を吹き込むために使っているひとつの方法は、遊び心を加えるというものだ。単に「なぜこの本がそんなに好きなの?」と聞く代わりに、「この本を読むよう友だちを説得するとしたら、何て言う?」と聞き、質問をゲームに変えるのだ。つまり、〝型どおり〟の回答を避け、もっと有意義な答えを引き出すために、質問の枠組みをとらえ直しているわけだ。

たとえ難しい質問でも、文化的な壁や〝政治的〟な壁を乗り越えやすいようにすることはできる。たとえば、革新的なアプローチに反対しそうな社内の部署を明らかにしたいと思っているとしよう。その場合、彼女は「どんなに厄介なプロセスや人々でも乗り越えられる〝無敵〟マントを手に入れたとしましょう。そのマントをいつどこで使いますか?」と聞く。質問の仕方を工夫するだけで、大きな違いが出ることもあるのだ。

インタビュー・テクニック(注31)

共感とは、顧客のところに行き、顧客の要望を聞き出し、望みどおりのものを与えることだと誤解している人もいる。だが、ふつうこの戦略はあまりうまくいかない。自分のニーズを表現できるほどの自己認識(または語彙)がある人は少ないからだ。それに、世界にまだ存在しない選択肢まで考えてくれる人はまずいない。

共感とはむしろ、人々がはっきりと表現できない隠れたニーズを理解することだ。生身《なまみ》の人間やその行動を観察すれば、単刀直入な質問だけでは見出せない教訓が学べるのだ。そこで、IDEOの「人間中心のデザイン・ツールキット」（Human-Centered Design Toolkit）をもとに、いくつかのインタビュー・テクニックをご紹介しよう。現場で実践する前に、仲間と一緒に練習してみてほしい。

見せてもらう

人々の自宅、職場、行きつけの場所を訪れたら、普段使っているもの（モノ、スペース、道具など）を見せてもらおう。あとで思い出せるように、写真やメモとして残すといいだろう。そして、普段の日常生活をありのまま再現してもらおう。

描いてもらう

図やダイアグラムを使って、相手の体験を視覚的に表現してもらおう。この方法は、思い込みを暴《あば》くのには打ってつけだ。また、相手がどのように考え、行動に優先順位を付けているのかを理解するのにも役立つ。

5回の「なぜ？」

何か質問をして、相手が答えを返してきたら、「なぜ？」と質問しよう。その答えに対してもまた「なぜ？」と聞こう。5回続けて「なぜ？」と問うのがポイント。そうすれば、相手は自分の行動や考え方の根底にある理由を探り、表現しようとするはずだ。わかりきったことに思えても、相手（または自分の）思い込みを深く掘り下げよう。

声に出して考える

具体的な作業を行なってもらう場合には、考えていることを声に出して説明してもらおう。そうすれば、相手の動機、懸念事項、認識、思考の過程を理解できるだろう。

多種多様な人々に質問をすれば、新しい回答を引き出しやすくなる。たとえば、想定外の専門家に話を聞いてみるといい。冷蔵庫を開発しているなら、修理屋にいちばん修理する機会が多い部品を聞いてみよう。目の見えない人にスマートフォンの使い方を聞いてみよう。バイオミミクリー（生体模倣）の専門家にアリの観察から人間が学べることを教えてもらおう。SF作家にパッケージングの未来について考えてもらおう。

また、色々な年齢層の人々に意見を聞くのもいい。いちばん年少の同僚やチーム・メンバーが、プロジェクトの前進につながる新しい視点を与えてくれることもある。長年の勤務経験を持つベテランの経営幹部にとって、自分よりも若い〝逆メンター〟（訳注：メンターの逆。通常は先輩が後輩のメンター（師、相談相手）となるが、技術や最新文化など若い人が得意とする分野で、逆に若い社員がベテラン社員の師となることを逆メンタリングという。『イノベーションの達人！』では「師弟関係の逆転」と訳されている。96〜98ページを参照）を探すのは、時に絶好の方法といえる。お互いが関心を持つ分野で成長や繁栄を続け、新しい文化の波についていくには、逆メンタリングが最適なのだ。また、逆メンタリングは、組織の上下関係を超えて意外な情報源から新鮮なアイデアを集め、過去の経験に頼りすぎてしまう会社の悪い癖を直すのにも優れている。IDEOの逆メンターたちは、最新のスマートフォン・アプリに関するちょっとしたコツから、若いチーム・メンバーにやる気を与えるにはどうすればいいかという実践的なアドバイスまで、あらゆる面で助けになっている。

問題の枠組みをとらえ直す

時に、**問題の枠組みをとらえ直すことが優れた答えへの第一歩になる。**問題を提起する段階では、自分の求めているものや正しい解決策がすでにわかっていて、あとはその達成方法を練るだけでいいという前提で話が進められることも多い。しかし、解決策を探しはじめる前に、一歩下がって、掲げている疑問自体が正しいかどうかを確かめてみよう。偉大なリーダーは問題の枠組みをとらえ直すのが上手だ。たとえば、シスコシステムズ社CEOのジョン・チェンバースは、シスコの高級テレビ会議システム「テレプレゼンス」の未来について考える際、「どうすればテレビ会議を改良できるか?」という単純な疑問を、「どうすれば飛行機の旅に代わる実現可能な選択肢を提供できるか?」ととらえ直した（注32）。

問題の枠組みをとらえ直すことで、有望な新しい方向に踏み出せることもある。IDEOのチームはこれまで、数々の精密医療用具や手術器具をデザインしてきた。私たちのクライアントは、医師から今までの副鼻腔《ふくびくう》手術用の切開器具は手が疲れるという不満を聞いたとき、「どうすれば器具をもっと軽くできるか?」という疑問を掲げた（注33）。確かに、これは問う価値のある疑問だ。解決策としては、素材をより比強度《ひきょうど》の高いものに変えたり、複数の部品をひとつにまとめたり、モーターの仕様をより小さくて軽いものに変えたりすることが考えられるだろう。どれも実現性のある選択肢ばかりだ。しかし、私たちは次のように問題の枠組みをとらえ直した。「どうすれば長時間の手術でもラクに持ちつづけられる手術器具を作れるか？」。新しい疑問を掲げたことで、考えられる解決策の幅はぐっと広がった。私たちはメーカーや会社の医療顧問委員会と密接に協力しながら、持ちやすさに照準を移し、器具をデザインし直した。こうして完成した器具は、従来よりもむしろ数グラム重くなったかもしれない。でも、外科医には好評だ。

ＩＤＥＯのミュンヘン・オフィスでは、枠組みをとらえ直した問題を「クエスチョン・ゼロ」と呼んでいる。クリエイティブな解決策を探す新たな出発点になるからだ。問題の枠組みをとらえ直すことで、より有効な解決策を見つけられるだけでなく、より重大な問題に対処することもできる。たとえば、多くの人は、大学の中退率が高いのは、学生に学費を支払う金銭的余裕がないからだと考えている。この前提からいえば、根本的な問題は奨学金や金銭的支援の不足だといえる。しかし、調査によれば、純粋に金銭的な理由で中退する学生は、全体のわずか8パーセントにすぎない（注34）。現在、研究者はほかの要因が重要な役割を果たしていることに気づきつつある。たとえば、基礎的な学力不足などの具体的な要因から、やる気や帰属意識の欠如などの見えない要因まで、さまざまなものがある。

このような深い疑問に行き着かなければ、より根の深い問題はとうてい解決しようもない。早急に答えを求めているときでも、疑問の枠組みをとらえ直すくらいの時間はかける価値があるのだ。

問題の枠組みをとらえ直すもっとも強力な方法のひとつは、問題に人間味を加えるというものだ。ＧＥのダグ・ディーツの場合、「ＭＲＩスキャナーのデザイン」から「幼い患者に安全に喜んでＭＲＩスキャンを受けてもらう方法」へと問題の枠組みをとらえ直したことで、製品ばかりか自分自身の人生までも変えた。そして、ちょっぴり人間味を加えるだけでずっと良くなるのは、何もＭＲＩだけではない。周りを見渡せば、人間のニーズよりも機械のニーズを優先して作られているものがいくらでも見つかるだろう。たとえば、私たち筆者はふたりとも1メートル80センチ超の身長がある。なぜ自動販売機から炭酸ジュースを取り出すのに、毎回毎回わざわざ膝を曲げなければいけないのだろう？　重力で足下の取り出し口まで缶を落とす方が、腰の高さまで持ち上げるよりも、機械にとってラクだからだ。機械の勝ち。人間の負けだ。

20年間にわたってスタンフォード大学のプロダクト・デザイン・プログラムのディレクターを勤めたロルフ・ファスティは、「問題にそもそも解決する価値がないなら、巧みに解決する価値もない」が口癖だった。適切な疑問の解決に力を注ぐかどうかで、漸進《ぜんしん》的な改良になるのか、画期的なイノベーションが生まれるのかが分かれることもある。イノベーションの多くは、真の問題やニーズに気づき、その解決策を探しはじめたときの「そうだったのか！」という瞬間に生まれるものなのだ。

問題の枠組みをとらえ直すテクニック

問題の枠組みをとらえ直す方法をいくつかご紹介しよう。ぜひみなさんも、次の方法を試し、もっといい疑問の掲げ方はないか確かめてみよう。人間のニーズに対処する疑問、発想を広げる疑問を見つけてほしい。

①明白な解決策から離れる。たとえば、より効率的なネズミ取りを発明しようとするのではなく、家にネズミを寄せつけない別の方法を考えてみる。もしかすると、ネズミ取りの問題ではないのかも。

②焦点や視点を変える。ジョン・F・ケネディはアメリカ国民に向かって、「国がみなさんに何をしてくれるかではなく、みなさんが国のために何をできるかを問おうではないか」と訴え、国民の権利と義務について考え直すよう迫った。別の当事者に目を向けることで、視点を切り替えられることも多い。たとえば、子どもから親、自動車の売り手から自動車の買い手など。

③真の問題を突き止める。10年前、ハーバード・ビジネス・スクール教授のセオドア・レビットは、「人々は4分の1インチ径のドリルが買いたいので

はない。4分の1インチ径の穴を開けたいのだ!」と述べた。ドリルにこだわっていたら、レーザーを使って、ノートパソコンのスピーカーの編み目のような、小さく精密な穴を開ける可能性を見落としてしまうかもしれない。

④抵抗や心理的な否定を避ける方法を探す。 たとえば、途上国で地域の井戸から汚い水を汲《く》んで飲むのをやめさせようとすれば、「私の母はこの井戸の水を飲ませてくれた。母が間違っていたとでも?」と応じられてしまうかもしれない(注35)。過去の慣習を断ち切りたいなら、この種の質問には完璧な枠組みのとらえ直しが必要だ。やり方を変えて、現在の井戸水が浄化された水と比べてどれだけ汚くて危険なのかを実証するのがいい。そうすれば、世界じゅうのどの地域でも、親たちにまったく違う質問を投げかけられる。「どちらの水を子どもに飲ませたいですか?」と。質問が違えば、答えも大違いだ。

⑤逆を考える。 IDEO・org(訳注:IDEOが2011年に設立した非営利のデザイン&イノベーション組織。貧困などの社会的問題の解決に励む)の共同代表のジョセリン・ワイヤットとパトリス・マーティンは、オクラホマ州の「コミュニティ・アクション・プロジェクト」との仕事で、ある問題と闘っていた(注36)。都市部

の親たちに、子どもの未来を支援するプログラムにもっと参加してもらうにはどうしたらいいだろう？ 彼らは20パーセントを下回る参加率を改善しようと知恵を絞っていた。しかし、彼らは逆の方向から問題に迫り、「親たちが参加してくれない理由は何だろう？」と問いかけた（多忙な生活、交通の問題、子どもの世話など）。そのおかげで、すべての問題が明らかになり、解決策の候補がいくつも浮かんだ。たとえば、主催者はプログラムが無料だという点を強調する代わりに、親や子どもの未来にとってプログラムがどれだけ貴重かを訴えはじめた。疑問を反転させるのは、先入観や型にはまった考え方を見直し、新しい視点で状況を見つめるのに役立つ手段なのだ。

心を許せる仲間のネットワークを築く

クリエイティブな人々というと、孤高《ここう》の天才や頑固一徹な人間として描かれることが少なくない。しかし、私たちの経験からいえば、最良のアイデアは他者とのコラボレーションの中で生まれることが多い。私たちは、メイカソン（訳注：プログラマーなどがチームを組んで短期間でシステムやソフトウェアを開発する集中的なイベント「ハッカソン」の〝モノ作り版〟。メイク（作る）＋マラソンの混成語）であれ、学問分野の枠を超えたチームであれ、創造性をチーム競技と考えている。

創造力に対する自信《クリエイティブ・コンフィデンス》の多くの要素と同じように、他者のアイデアを土台にするには謙虚さが必要だ。第一に、「私にはすべての答えがわかるわけではない」と（少なくとも心の中で）認めなければならないのだ。そのメリットは、アイデアを何から何までひとりで生み出す必要がなくなるので、少し肩の荷が下りる点だ。デイヴィッドはずいぶんと昔にこの点に気づいた。カーネギーメロン大学の学部生時代、春の学園祭に向けて巨大な合板の構造物を作るのに、仲間の手を借りるようになったのがきっかけだった。その後、彼は「友人と一緒に働く」というアイデアをもとに現在の会社を興《おこ》した。

自分にふさわしい協力者がまだ見つかっていないとしても、心配は無用。他者のアイデアを土台にすることは、誰でもできるのだ。たとえば、デジタル創作コミュニティを見つける。仕事を終えたあとにあなたにとって重要なアイデアの実現に取り組む全員有志のプロジェクト・チームを築く。月に1回、昼食会やアフター・ワークの飲み会を催すグループを発足させる。つまり、イノベーターたちからなるあなた独自のサポート集団を築くための行動を取るということだ。

ベストセラー書『一生モノの人脈力』（原題：Never Eat Alone〔ひとりで食事をするな〕）の著者のキース・フェラッジは、重大な意思決定や問題に直面したときには、あなたの個人的な顧問団の力を借りるよう熱心に勧めている（注37）。そして、デイヴィッドはずっと前から、個人的な顧問団をいくつか抱えている。彼にとって個人的な顧問団は、新しい情報の源になると同時に、自分の見方に賛否を投げかけてくれる相談相手の役割も果たしているのだ。いざというときに助けてくれる集団がいるとわかっていれば、自信が持てるだろう。

私たちの母のマーサは、地元に個人的な顧問団を抱えている。もちろん、顧問団なんて呼び方をしたことはいちどもないが。母は高校時代の女性クラスメイトたちと数十年間、月に最低1回は会い、喜びや悩みを共有していた。歳を取るにつれ、月1回は週1回へと変わった。ウソやごまかしもなければ、家族や人生の問題について洗いざらい話すのを邪魔するようなこともしない。彼女たちは希望も苦しみも共有してきたのだ。時には涙を流し、励まし合うことも。これ以上の顧問団はないだろう。残念ながら今では、8人組の「クラブ・ガール」(彼女たちは自分らをそう呼んでいる。全員が1943年クラスの出身だ)は、ひとり、またひとりと亡くなり、3人組にまで減ってしまった。それでも、残った3人は今でも毎週水曜日に地元のレストランで会って朝食を取り、生活について話したり、助け合ったりしている。

70年間もメンバーの変わらない顧問団を築けるほど幸運な人は、そういないかもしれない。しかし、いざというときに助けを求められる信頼できる助言者がいれば、さまざまなアイデアや選択肢について貴重な意見交換ができるだろう。これは何物にも代えがたい宝なのだ。

創造のセレンディピティを育《はぐく》む

学芸の女神たちは気まぐれだ。突然のひらめきは、照明のスイッチを入れるくらい簡単に訪れるわけではないし、論理、数学、物理学の方法論を使えば手に入るほど単純でもない。しかし、あなた自身や組織の中にひらめきやすい環境を築き、創造力の種を植えることはできるのだ。

フランスの化学者のルイ・パスツールは160年前、「偶然は心構えのある者に味方する」と訴えたことで有名だ。いやむしろ、彼の本来の表現（Le hasard ne favorise que les esprits préparés）を翻訳すれば、「偶然は心構えのある者だけに味方する」と言いたかったとも解釈できる。発見の歴史は創造のセレンディピティであふれている。たとえば、オハイオ州のアクロン都市圏（当時の「世界のゴムの中心地」）で育った私たちは、歴史の授業で、チャールズ・グッドイヤーは誤ってゴムと硫黄の混合物をストーブの上にこぼしたとき、加硫《かりゅう》法を発見したのだと習った（注38）。たとえそうだったにしても、そこからビジネスを築き、成功させるには、単なる運以上のものが必要だ。ストーブの上にゴムをこぼしたとしても（アクロンの人なら誰でも、家中に匂いが充満すると一発でわかるだろう）、妻や両親が帰ってくる前に大慌てで掃除したりせずに、ちょっと時間を置いて発見の意味をじっくりと理解しなければならない。その点、グッドイヤーは、発見の重大性に気づき、しかも理解した。現在、彼の名前にちなんだ数十億ドル規模の企業が存在するのも、そこに一因があるといえよう。

一流の科学者は、こうした幸運な出来事にきわめて敏感だったに違いない。というのも、科学や発明の歴史には、この手の話が山ほどあるからだ。ペニシリンからペースメーカー、サッカリン、安全ガラスまで、多くの発見は、科学者が不運な出来事や失敗から突破口を見出したことで生まれてきたのだ。失敗を成功に変えた物語を見ればわかるように、彼らは単なる鋭い観察者だっただけではない。そもそも大量の実験を繰り返していたのだ。グッドイヤーは夕食の料理中にストーブの上に少しゴムをこぼしてしまったわけではない。何年も前からゴムを安定化させる方法を模索していたし、色々なやり方で根気強く実験を繰り返してきたのだ。パスツールが言いたかったのはおそらく、「偶然は、何度も実験を行ない、想定外の出来事が起きたときに細心の注意を払う者に味方する」ということだろう。もちろん、格言としてはイマイチだが、この方がより現実に即しているだろう。

そして、この種のセレンディピティは、科学の世界だけで起こるわけではない。新規事業の多くは、業界の会議で交わした会話や、長距離のフライトで隣の乗客から得たヒントなど、偶然の出会いがきっかけになっている。だから、パスツールの忠告の意味を心に留めよう。**ひらめきが訪れた瞬間にがっちりとつかみ取る心構えを養おう**。そして、もっと実験を行ない、次の章でお話しするように、計画を実行に移そう。

時には、ちょっとした視点の変化で、新しい洞察が生まれることもある。あなたの〝知識〟を脇にのければ、物事を新しい視点で眺められるようになる。そして、答えよりも疑問が多く見つかるようになる。しかし、本当の洞察とは、世界に飛び出し、あなたが生活を改善したいと思っている相手に共感してこそ得られるものなのだ。

第4章 計画するより行動しよう

スタンフォード大学の大学院課程の最初の週に、アクシャイ・コタリとアンキット・グプタに出会っていたら、ギラギラとしたほかのエンジニアやコンピューター科学者のクラスメイトたちと比べて、そう目立った学生には見えなかったかもしれない（注1）。ふたりは自らも認める〝オタク〟だ。頭脳明晰で、分析能力が高く、間違いなくシャイな部類に入る。アクシャイはアメリカのパデュー大学で電気工学を専攻し、アンキットはインド工科大学でコンピューター・サイエンスの学位を取った。ふたりとも勉強熱心で、シリコンバレーに移ってくる前、大学では優秀な成績を収めていた。

入学したとき、アンキットの履修科目の大半は、「論理、オートマトン、複雑系」とか「機械学習」といったプログラミング・クラスで占められていた。だから、アクシャイからdスクールの入門クラスである「デザイン思考ブートキャンプ」の話を聞いたとき、彼はコンピューター・サイエンスという技術一辺倒《いっぺんとう》の世界からのいい気晴らしになりそうだと思った。初めてdスクールの光景を見たとき、アンキットは少し圧倒された、と認めている。壁という壁を埋め尽くすカラフルなポスト・イット。ひっきりなしに聞こえてくる声の不協和音。何の躊躇《ちゅうちょ》もなく針金モールやグルー・ガンをいじくり回す学生や教授たち。しかし、すぐにアンキットはこのクラスに没頭した。そして、いい気晴らしは目の覚めるような体験へと変わりはじめた。「創造性やデザインに対する新しい考え方に、心が解き放たれた気分でした」とアンキットは話す。「解決策に唯一の〝正解〟はありませんでしたから、好きなだけアイデアを出して、何度も〝なぜ〟と問うことができたんです」

一方、アクシャイも見知らぬ土地に迷い込んだ気分だった。「どうもしっくりと来ませんでした」とアクシャイは言う。工学の講座のように、教授の話を聞き、テキストを読み、数学力だけを使って問題を解決したりはしない。「とても楽しいけど、ある意味ぶっ飛んだ世界に突然放り込まれた感じでした。衝撃でしたね」。彼の最初の授業は、観察、プロトタイピング、ストーリーテリングの実践的な経験を積むという内容だった。名づけて「ラーメン・プロジェクト」だ。学生たちは人間中心のデザイン・プロセスを用いて、「ラーメンを食べる体験の改善」に取り組んだ。アクシャイはひとつずつステップをこなしていったが、もっと改善の余地があると感じていた。「僕の考えたコンセプトは、ほかの人たちのデザインした解決策と比べると、明らかに平凡でした」とアクシャイは言う。彼のアイデア——有名人オススメのラーメン——は、「ある意味では当たり前で、真っ先に思いつくようなものでした」と彼は話す。と同時に、クラスメイトのアイデアのすばらしさに刺激を受けた。たとえば、麺とスープを一緒に吸い込める巨大ストローや、歩きながらラクにラーメンが食べられる巧妙な容器など。彼は必死にがんばり、次回のプロジェクトでは、前より少し斬新と思えるアイデアが浮かぶようになっていた。顧客の未解決のニーズや潜在的なニーズにぴったりと合った解決策を提案するために、何度も改良を繰り返し、毎回教訓を学び取っていった。そして、自分自身のアイデアと学問分野の枠を超えたチームの多様な視点を織り交ぜるのが、どんどん上手になっていった。

アンキットとアクシャイにとって、デザイン・サイクルの「共感」の段階、つまりエンド・ユーザーの視点から製品を理解する段階は、新しい見方を与えてくれるものだった。「dスクールに通うまで、自分の製品について人間と相談したためしはありませんでした」とアンキットは打ち明ける。その前年、アンキットはインドの友人たちと会社の設立に取り組んだのだが、ただひとりの潜在顧客について考えたこともなかった。もちろん、話をすることも。「労力の大半をＡＰＩ、つまりほかの開発者がわれわれの製品とインターフェイスで接続するのに使うツール・セットの開発に費やしていたんです」と彼は笑いながら言う。

アクシャイは最初、ユーザーとフェイス・トゥ・フェイスで向き合うという考え方に、少なからぬ不安を覚えた。このクラスのプロジェクトの一環で、初めて校外のデザイン調査に出かけたとき、アクシャイは〝観察〟のあいだほとんどずっと、地元のスーパーマーケットの後ろの方でなるべく目立たないようにしていた。「僕は周囲を見渡して、ほかの学生の行動を一生懸命まねようとしていました。共感が必要なのはわかっていましたが、当時はまだその価値を理解していなかったんです」と彼は話す。しかし、クラスが終わるころには、潜在顧客と話をして新しいアイデアや思考経路を探るのがどれだけ効果的なのか、自分の目ではっきりと目撃していた。

アンキットとアクシャイのdスクール体験が最高潮を迎えたのは、コンサルティング准教授のペリー・クレバーンとマイケル・ディアリングが担当する「ローンチパッド」(発射台)というコースでのことだった。デザイン思考のコースは短期集中的なものがほとんどなのだが、その中でも「ローンチパッド」クラスの体験は過激の域にまで達している。このクラスでは、開講中に会社——もちろん本物の会社——を一から設立し、学期の終わりまでに法人化するのだ。といっても、やさしくはない。そして、最初はそんなことができるとは思えなかったとふたりは認める。

シリコンバレーのベンチャー・キャピタル業界に脈々と続く伝統にならい、ローンチパッドの受講を希望する学生は、まず自分が温めているビジネス・アイデアを教師陣に売り込まなければならないことになっている。売り込みに合格しなければ(判定基準は内容や情熱)、受講は認められない。アクシャイとアンキットは色々なアイデアを考えたが、ものになるのはひとつだけだと判断した。こうしてふたりは、当時発表されたばかりのアップル社の「iPad」用アプリを開発し、日々のニュースの閲覧体験を改善するのだ、と決意した。ふたりのほかのアイデアの中には、もっと魅力的に感じるものもあったのだが、10週間の期限つきだったので、すばやくフィードバックが得られそうなアイデアを選んだわけだ。

アイデアの売り込みに合格するやいなや、ふたりはこのクラスがどれだけ急ぎ足なのか、どれだけ早くアイデアを実行に移さないといけないのかを悟った。最初の課題は、実際に動作するプロトタイプ（試作品）を4日以内に作るというものだった。「まさに死にものぐるいでしたよ」とアンキットは言う。一刻も無駄にできなかったふたりは、パロアルトのユニバーシティ通りにあるカフェに陣取り、1日10時間もそこで過ごした。その事実上のオフィスには、格安の賃料に加えてもうひとつ、生まれかけのビジネスにとって大きなメリットがあった。ふたりはその国際色豊かなカフェに座っているあいだ、コーヒーをすすりながらニュースを読んでいる未来の顧客たちの中に、身を投じることができたのだ。

ふたりは簡単でラフなプロトタイプを作っては、毎回カフェの常連客たちにフィードバックを求めた。初めは、ポスト・イットを使って開発中のニュース・アプリのユーザー・インターフェイスの流れをシミュレーションしていた。その後、iPadで実際のソフトウェアの模型ができあがると、さらに意見を集めやすくなった。「当時はiPadが発売されたばかりで、みんながかなり興味を持っていました。その状況を利用したわけです」とアクシャイは言う。彼は見せびらかすようにiPadをテーブルに置いておいた。すると、通りがかった人は必ず足を止め、「これが噂のiPadかい？」と聞いてきた。そうしたら、アプリの最新版のプロトタイプを開いたままiPadを手渡し、相手の利用

アンキットとアクシャイは、ラフなプロトタイプを何千回と作ったあと、ニュース・リーダー・アプリ「パルス」をリリースした。

する様子を観察したのだ。「僕たちは何も言いませんでした」とアクシャイは説明する。「ただ相手の行動を観察しただけです。でも、大きな価値がありました。操作性の欠陥がわかったわけですから」。時間をなるべく節約するため、アクシャイがユーザーの調査にいそしむあいだ、アンキットがフィードバックを反映し、新しいソフトウェア・バージョンを作っていった。「1日に数百回もの小さな改良を施しました」とアクシャイは言う。「決して誇張ではありません。インタラクションのパターンからボタンのサイズまで、あらゆる面を変更したんです」。このプロセスは功を奏した。「2週間後には、〝こいつはクソ・アプリだ〟

と言われていたのが、〝これはiPadに最初から入っているのかい？〟と言われるまでになりました」

集中的な努力、すばやい改良の繰り返し、徹底した行動の結果、2010年に「パルス・ニュース」はリリースされた。従来の配信元と最新の配信元の両方から記事を収集できる、高品質なニュース・リーダーだ。パルス・ニュースはあまりに好評を博し、リリースから数カ月後のアップルの「WWDC（世界開発者会議）」では、スティーブ・ジョブズがメイン・ステージ上でパルスを披露するほどだった。このころ、アンキットとアクシャイはまだ学生だった。こうして、ふたりのシャイな若者と彼らのアプリに、世界じゅうの注目が集まった。現在、パルスは2000万を超える人々にダウンロードされており、アップルの最初のアップストア殿堂入りアプリ50傑のひとつにも選ばれている。そして最近、アンキットとアクシャイがデザイン思考を用いて築き上げた会社は、リンクトインに9000万ドルで買収された。

パルスの開発を始めてからの数カ月間を振り返ってみると、ふたりが数々の点で正しい行動を取ったのがわかる。

- ふたりは「何かやってみる」という考え方を持って行動を起こした。大学院課程の標準的な履修科目をこなすだけでは満足しなかった。

●計画をなるべく減らし、行動をなるべく増やした。どれだけ緻密な計画を立てても、初期の実験の結果によっては、すぐに使い物にならなくなってしまうとわかっていたからだ。そのため、すぐさま潜在顧客と対話を始めた。

●お金をかけずにどんどんプロトタイプを作り、何千回も修正を施すことで、最終的には超人気の製品を完成させた。

●ふたりは時間の制約があったにもかかわらず——いや、あったからこそ——成功した。目の回るようなペースでクリエイティブなアイデアを生み出さなければならないという制約が、かえってふたりの刺激になったのだ。

こういったパルスの成功要因を見てみると、個人であれ組織であれ、イノベーションや創造性にとって行動や改良の繰り返しがどれだけ欠かせないものかがわかる。「創造性とは常に結果論だということを学びました」とアンキットは話す。「問題を解決するたったひとつの名案をずばっと思いつくのが創造性ではありません。何百回と試行錯誤を繰り返した末に最良の解決策にたどり着くのが創造性なんです」

すばやく大量の実験を行なうには、計画段階で立ち止まっていてはいけない。いかに早くアイデアを行動に移せるか——それがイノベーションのすべてなのだ。なぜ物事を早く進めることが必要なのか？　科学の基本原理の中に、（少なくとも比喩的な意味で）れっきとした根拠がある。アイザック・ニュートンの運動の第一法則によると、静止している物体は静止状態を続け、運動している物体は運動を続ける。ニュートンが述べているのは物体の運動についてだが、この慣性の法則は、個人や会社にも見られる。どれだけ業界の風潮が変わっても、ピクリとも動かない人々がいる。同じ人の隣で同じデスクに座り、同じ会議に出席し、同じ顧客の相手をする。動きはするが、同じ速度でレールの上を進むだけの人もいる。どれだけ周囲の世界の速度が増しても、同じ数カ月単位の計画サイクルを貫き、同じ審査・承認プロセスに従い、同じワークフローのステップを使いつづけるのだ。

　この惰性を乗り越えるには、名案だけでも綿密な計画だけでもダメだ。組織、共同体、国家が繁栄するためには、行動を起こし、すばやいイノベーション・サイクルを開始し、なるべく早く実践から教訓を学ぶべきだ。そうすれば、ライバルたちがスタートラインでぐずぐずしているあいだに、全力疾走できるのだ。

「何かやってみる」という考え方

　創造力に対する自信《クリエイティブ・コンフィデンス》を持つ人々の特徴の中で、私たちがもっとも感心するもののひとつといえば、傍観者ではないという点だ。どんなに困難な状況でも、他人の言いなりや被害者のような行動を取ったり、感情を抱いたりすることはない。彼らは能動態の世界に住んでいる。自分で自分の人生の台本を書くことで、周囲の世界により大きな影響を与えている。ふつうは惰性に従って進むのがいちばんラクなはずなのに、創造力《クリエイティブ・コンフィデンス》に対する自信の持ち主は、「何かやってみる」という考え方を持っている。自分の行動が良い影響を及ぼすと信じているから、行動する。完璧な計画や予測を待っていても永遠に埒《らち》が明かないとわかっているから、前進する。失敗することもあると知りつつも、試してみれば、あとで軌道修正できると信じているのだ。

マンハッタンのラジオ局「ＷＮＹＣ」の編集責任者のジョン・キーフはある日、同僚からこんな不満を聞いた。彼の母親は、次のバスがいつ来るのかわからず、街のバス停で何度も待ちぼうけを食わされたことがあるという。もしあなたがニューヨーク市都市交通局の職員だとして、上司からこの問題を解決するよう指示されたとしたら、いつまでに新しいシステムを稼働すると約束するだろうか？　６週間後？　それとも10週間後？　ジョンは、交通局の職員でもないのに、「今日じゅうになんとかする」と同僚に言った。こうして、それから24時間足らずで、彼はあるサービスの実働プロトタイプを開発した（注２）。そのサービスとは、バスの乗客が電話をかけ、バス停の番号を入力すると、次にやってくるバスの位置を聞くことができるというものだ（スマートフォンさえ不要）。

これほど短い期間でアイデアに命を吹き込むには、既存のサービスの独創的な活用方法を考えなければならなかった。彼は「トゥイリオ」から月額１ドルでフリーダイヤルの電話番号を購入した。トゥイリオとは、ウェブ・プログラムに電話番号を関連づけるサービスだ。次に、彼はちょっとしたプログラムを書いた。このプログラムは、バス停のコードをニューヨーク市都市交通局のサイトに送信し、リアルタイムの位置データにアクセスし、出力をテキストから音声へと変換する。すると数秒後、「5番街4丁目に到着する次の北行きのバスは、9つ前の停留所を走行中です」などというメッセージが聞こえるのだ。彼はこれをすべてたった1日で作り上げた。1年後、私たちは試しにその番号に電話をかけてみたが、ジョンのツールはまだ健在だった。

ジョンはWNYCの仕事でも、同じような大胆な考え方を実践している。「デザイン思考を実践するもっとも効果的な方法は、言うのではなく見せることだと気づきました。口で説明する代わりに、〝来週には結果を見せるよ〟と言うんです」と彼は話す（注3）。WNYCはこの教訓を心に刻み込んでいる。2008年、WNYCはdスクールの学生と手を組み、企画中の朝のニュース番組のアイデアを出した（注4）。火曜日にカリフォルニアの学生たちが考えたコンセプトは、その週のうちにニューヨーク市でテスト放送された。

ジョン・キーフみたいにすぐに行動できるのは彼だけだろうか？　いや、創造的エネルギーの伝染力をみくびってはいけない。ジョンのバス停のエピソードを聞いたほんの数日後、トム自身も突然のひらめきを経験した。ある夜、自転車に乗って帰宅していたとき、彼はメンローパークの老朽化したバス停が取り壊され、太陽光発電式の深緑色の待合所に置き換えられているのに気づいた。市民サービスが向上したのは良かったのだが、待合所は変な位置に設置されていた。以前の待合所とは違って、通行人で賑わう歩道に2メートル弱も突き出していたのだ。その歩道は、幼い4年生たちが大勢で自転車に乗り、近くの小学校に通うための通学路だった。もし秋学期が始まれば、歩道に半分突き出した重量何百キロという緑色の金属は、小学生たちの日々の通学に大きな問題を起こすだろう。

普段なら、そのまま見て見ぬふりをして、先を急いでいたかもしれない。役所の判断ミスに対して、「しょうがない」とあきらめてしまっていただろう。しかし、ジョン・キーフの話がまだ頭に残っていたトムは、路肩に自転車を停め、携帯電話で何枚か写真を撮った。彼は生まれて初めて、選挙で選ばれた政治家というものに連絡を取った。返信が来るかどうかもわからなかったが、その日の夜、市長室にメールを送ったのだ。ところが、翌朝10時になってみると、市長から前向きな返答が返ってきていた。公共事業の責任者までやり取りに加わっていたのだ。そして1週間後、トムは出勤途中に、大きなクレーンがバスの待合所を適切な位置に移動させているところを見かけた。

何が言いたいのか？　多くの場合、クリエイティブになるための第一歩とは、傍観者でいるのをやめて、アイデアを行動に移すことなのだ。ほんの少しの創造力に対する自信《クリエイティブ・コンフィデンス》があれば、世界じゅうで前向きな行動を起こせる。だから、こんど「～だったらいいのに」と思ったときには、少し立ち止まって、ジョン・キーフを思い出してほしい。そして、「今日じゅうに何とかできるかも」と自分に言い聞かせてみよう。

「バグ・リスト」を書き留める（注5）

私たちは日々、うまく機能しない製品、やたらと時間のかかるサービス、どう見ても間違っている設定に囲まれて生きている。1～2クリックで済むはずの作業に10クリックもかかるウェブサイト。どうしてもノートパソコンと連動してくれないプロジェクター。支払いにやたらと手間のかかる駐車場の機械。「どこかがおかしい」と気づくことは、その問題のクリエイティブな解決策を思いつくための必須条件といえよう。トムが著書『発想する会社！』で説明している「バグ・リスト」（問題点のリスト）を作れば、創造性を活かす機会がもっと見つかるようになる。ポケットに忍ばせてある紙切れを使うのでも、スマートフォンにアイデアを入力するのでもいいから、改善の余地がある物事を記録しておけば、より積極的に周囲の世界とかかわることができる。このバグ・リストを随時更新していけば、新しいプロジェクトを探している際に貴重なアイデアの源になるだろう。あるいは、毎回その場で新しくバグ・リストを作ってもよい。

あなたが悩まされている問題を書き留めれば、より意識が向くようになる。一見するとマイナスの面ばかりに注目しているようだが、肝心なのは物事を改善する機会にもっと気づくことだ。バグ・リストの項目の多くは、あなたには解決できない問題かもしれないが、定期的に書き加えていれば、あなたでも影響を及ぼせる問題、解決に役立てる問題がふと見つかるだろう。問題点や不具合には、たいていデザインの機会が隠れている。ただ文句を言うのではなく、「どうすればこの状況を改善できるか?」と自問してみよう。

計画はやめて行動を起こす

より積極的な考え方を身に付ければ、行動する機会がふだんの生活でもっと見つかるようになる。だが、見つかるだけでは十分とはいえない。やはり、行動する必要があるのだ。

多くの人々は、「行動したい」と「行動する」の中間で身動きが取れなくなっている。地図にはない道が目の前に続いているのを見ると、怖《お》じ気《け》づいてしまうこともある。落とし穴が待っているような気持ちになり、気づけば一歩も動けなくなっているのだ。

企業文化では、このようなためらいが「知識と行動のギャップ」につながることがある。知識と行動のギャップとは、教授のロバート・サットンとジェフリー・フェファーの造語で、「やるべきだとわかっていること」と「実際にやること」のあいだにある隔たりを指す(注6)。知識と行動のギャップがあると、言葉が行動の代わりとなり、企業は麻痺に陥ってしまうこともあるのだ。

知識と行動のギャップという言葉を知ったとたん、私たちは至るところにギャップを見かけるようになった。たとえば、私たちは写真用フィルム・メーカーのイーストマン・コダック社で、知識と行動のギャップをじかに目撃した(注7)。1990年代半ばの寒い春の日のこと、IDEOはコダックの経営陣と会うため、本社のあるニューヨーク州ロチェスターを訪れた。経営陣たちは深い専門知識を持っていて、少なくとも知識の面では、写真の未来はデジタルにあると理解していた。

今にしてみれば、コダックの経営陣は知恵が足りなかったと言いたくなる経営史家もいるだろう。しかし、それは違う。むしろ、私たちはCEOのジョージ・フィッシャーの鋭い頭脳に付いていくのに必死だった。コダックにデジタル写真の知識が欠けていたと言うことは誰にもできないだろう。実際、コダックは1975年にデジタル・カメラを発明しているし、のちに世界初のメガピクセル・センサーも開発している。つまり、コダックは永久にリードを保っていてもおかしくないような好スタートを切っていたわけだ。ではなぜ、深い専門知識と先行者利益を決定的な行動に変えられなかったのか?

第一に、伝統がイノベーションの妨げになった。コダックの輝かしい過去は、あまりにも否定しがたいものだった。コダックは消費者向けの写真市場を100年間にわたってほぼ独占しており、一部のセグメントでは90パーセントもの市場シェアを獲得していた。対照的に、デジタル事業はあまりにも高リスクに見えたし、キャリアを危険にさらしてでも新しい分野に意欲的に取り組もうとするマネジャーたちに対して〝安全に着陸〟できる環境を整えることもできていなかった。世界のデジタル市場の強力なライバルたちを前に、このままでは苦戦するとわかっていた。それでも、経営陣は失敗に対する恐怖で金縛りに遭《あ》ってしまったのだ。

知識と行動のギャップに陥ったコダックは、20世紀に大成功した化学薬品主体の事業にこだわるあまり、21世紀のデジタル世界への投資を怠った。コダックが経営破綻という結末を迎えたのは、情報不足のせいではない。洞察を有効な行動へと変えられなかったからだ。その結果、アメリカ随一のブランドは道に迷ってしまったのだ。

競争で遅れを取る会社は、完全に立ち止まっているから遅れを取るわけではない。しかし、変わろうという決意が足りないばかりに、努力が失敗することもある。時として、「やってみる」という言葉は、断固たる行動ではなく、中途半端な実行の約束に終わってしまうことがある。dスクールのアカデミック・ディレクターのバーニー・ロスは、簡単なゲームでこの考えを実証している(注8)。学生たちの話によれば、彼のゲームは強烈なメッセージを与えてくれるのだという。まず、彼は飲料水のボトルを掲げ、「これを奪い取ろうとしてごらん」と学生に伝える。スタンフォード・デザイン・プログラムで50年間も教鞭をとっている白髪《はくはつ》のベテラン教師を前にすると、学生たちはたいていボトルを奪い取るのを躊躇する。初めはまったくうまくいかない。大柄な20歳《はたち》の学生や腕っぷしの強いCEOたちが、80代の老人からボトルを奪おうとすると、ボトルを握り締める彼の手は鉄のように固くなっていく。

するとバーニーは、ゲームの枠組みを変更する。奪い取ろうとするのではなく奪い取るよう指示するのだ。何が何でも。すると次の人物は、バーニーにぐっと詰め寄り、手からボトルをもぎ取る。何が変わったのか？　バーニーの説明によれば、「～してみる」（try）という言葉には、ちょっとした言い訳が潜んでいるのだという。「今日は試すだけ。本格的に行動するのはまたこんど」と言っているようなものなのだ。目の前にそびえる障害物を倒し、目標を達成するには、今すぐ全力でやらなくてはならない。『スター・ウォーズ』に登場するヨーダ――こちらもまた頭脳明晰で経験豊富な変化の達人だ――は、ルーク・スカイウォーカーにこう言っている。「やるかやらないかだ。〝やってみる〟などない」

バーニーのゲームを目撃した多くの人々が、彼のメッセージを心に刻んでいる。ある有名な国際ビジネス誌の編集者は、何年も前から、本当に好きなこと――フィクション小説の執筆――に当てる時間を見つけたいと思っていたのだが、バーニーのおかげで、新作小説の執筆に真剣に取り組む気になった。ある心理学の教授は、自身の研究テーマについて1年がかりで「情報収集」しようと考えていたが、その計画を撤回し、すぐにワークショップを始めた。そして、あるコンピューター・グラフィックスの研究者は、音楽技術のプロジェクトにちょこちょこと手を出していたのだが、「いつか」と言うのをやめ、「今日じゅうに」と言うようになった。彼は提案書を書き、音楽活動に資金を提供する国際的な開発財団と面会した。

飛び込む決意はあったとしても、目の前の課題のあまりの巨大さに、足が止まってしまうこともある。特に最初はそうなりがちだ。何かを始めるのは難しいこともある。作家は白紙のページに直面するし、教師は学校の初日、ビジネスパーソンは新規プロジェクトの開始に直面する。

ベストセラー作家のアン・ラモットは、人気書『ひとつずつ、ひとつずつ』（原題：Bird by Bird）に記している子ども時代のエピソードで、この考えを見事に表現している。この本によると、彼女の10歳の兄は学校で鳥のことを調べる宿題を出されたのだが、提出の前夜までまったく手を付けていなかった。「私たち一家はちょうどボリナスの海辺の別荘に来ていた。兄はキッチンテーブルに向かい、バインダーノートと鉛筆、開いてもいない鳥の図鑑や本を前に、いまからやらなければならない宿題の量に圧倒されて半べそをかいていた。すると、父が兄の横に座り、肩に腕をまわしてこう言った。〝ひとつずつ、ひとつずつ片づけていくんだよ。最初から、一羽ずつね〟」（注9）

私たち筆者は、足がすくむような課題に直面したとき、「ひとつずつ、ひとつずつ」という言葉を思い出す。口に出して言うことさえある。この短い言葉は、どれだけ隙間《すきま》が大きくても、いちどにひとつずつ、知識と行動のギャップを埋めていけることを教えてくれるのだ。

別の言い方をすれば、最終的に創造の飛躍を遂げるためには、とにかく始める必要があるのだ。途中で小さな失敗をどれだけ経験するとしても。1回目で成功することは少ない。でも、それでいいのだ。**すぐに〝最高〟の成果を出すのは難しい。だからこそ、すばやく**

改良を続けていくべきなのだ。このような試行錯誤は、初めはわずらわしくて厄介だと思うかもしれないが、行動するにつれて、たいてい学習のペースは早くなっていく。そう、行動は成功の必須条件といっても過言ではないのだ。行動しなければ、一発で最高の結果を出したいという気持ちが、時に改善の妨げになってしまう。

この教訓に現実味を与えているのが、洞察に満ちた本『アーティストのためのハンドブック』で紹介されているエピソードだ。ある賢い陶芸の教師は、初回の授業で、陶芸クラスをふたつのグループに分けた（注10）。半数の学生には、作品の質に基づいて成績を付けると伝えた。授業で学んだ内容の集大成として、クラスの最終回にたったひとつの陶芸作品を提出してもらうわけだ。残りの半数の学生には、量に基づいて成績を付けると伝えた。たとえば、重さ50ポンド分の作品を完成させれば問答無用で成績はAだ。コース全体を通じて、「質」で評価される学生は、完璧な陶芸作品を作り上げるために全身全霊を注いだ。一方、「量」で評価される学生は、毎回ノンストップでろくろを回しつづけた。そして、この実験の結果はもうおわかりだろう。学生たちの直感とは裏腹に、コースの終了時点で、優秀な作品を作ったのは「量」で評価される学生たちばかりだった。つまり、陶芸の技術を磨くことにほとんどの時間を費やしていた学生たちだ。

この教訓は、もっと幅広い創造活動にも当てはまる。すばらしいものを作りたければ、まず作りはじめなければならない。創造プロセスの初期の段階では、完璧主義が邪魔になることもある。だから、計画段階で立ち止まってはいけない。自分の中にいる完璧主義者に足を引っ張られてはだめだ。必要以上の計画、先延ばし、おしゃべりはみな、自分が恐れているというサイン、つまり心の準備が整っていないというサインだ。本格的に努力したり何かをほかの人に見せたりする前に、何もかも〝完璧〟にしたいと思っているのだ。そうなると、行動せずにもう少し様子を見ようと思うようになる。

私たちは学生や同僚たちに、〝雑〟になるよう伝えている。完璧を追求するのではなく、すばやく試してみるよう伝えているのだ。そう言うと、彼らは初め不安になる。「イノベーションの初期の段階はめちゃくちゃで当然なのだ」と常に意識していないといけないからだ。しかし、長い目で見れば、むしろ自由になれる。このプロセスはとても有効だし、気分もいい。みなさんもきっとその効果に驚くだろう。

もうひとつ、私たちの足を引っ張る行動といえば、先延ばしだ。先延ばしは、一見すると人間とは切っても切り離せない欠陥のように思える。しかし、私たちはスティーヴン・プレスフィールドの『やりとげる力』（原題：the War of Art〔道を究める闘い〕）に刺激を受けた。この本で、プレスフィールドは先延ばしの本質をとらえているだけでなく、先延ばしを克服する新たな希望も与えている。そのためのひとつの手段として、彼は「先延ばし」という言葉をなるべく避け、「レジスタンス」（抵抗）という言葉を使っている。「われわれ人間には、2種類の人生が与えられている。実際に生きている人生と、自分の中に内在するもうひとつの人生だ。ふたつの人生の間に立ちはだかるもの。それがレジスタンスだ」とプレスフィールドは言う。「夜遅くに、自分の将来や就きたかった仕事、あるべき自分の姿について考えてみたことはないだろうか？　あなたは、文章を書かない作家？　絵を描かない画家？　それとも、事業を始めようとしない起業家だろうか？　少しでも思い当たるところがあるならば、あなたはレジスタンスが何であるかを知っているはずだ」(注11)

プレスフィールドは「先延ばし」を「抵抗」という単語に見事に置き換えているが、これは単なる意味的な問題にとどまらない。彼は「先延ばし」という現象に別の名前を付けることで、敵をとらえ直しているのだ。「先延ばし」というと、個人的な弱さのような感じがする。しかし、「抵抗」といえば、私たちが闘える敵だ。先延ばしというと、人間の欠陥をイメージさせる。しかし、抵抗といえば、宣戦布告だ。つまり、私たちが乗り越えなければならない壁だ。

計画が実現しない理由はたくさんある。特に多いのは、着手するのを後回しにしているうちに、計画がうやむやになってしまうケース。惰性、別の関心事、恐怖のせいで、いつまでたっても行動を起こせないことは多いのだ。

ペリー・クレバーンは、dスクールのエグゼクティブ教育プログラムで、ビジネスの専門家に対して「準備するのではなく、開始しなさい」と教えている。みなさんにも、内なる抵抗が邪魔をしているプロジェクト、計画、目標、夢はないだろうか？　目標を実現するために、今日できることは？

行動するための刺激

時には、自分自身に小さなひと押しが必要なこともある。行動を先延ばしにしてしまう人間の自然な癖を克服するには、あなた自身を引き留めている要因を突き止め、対処法を見つけなければならない。私たちが行動の刺激としているものをいくつかご紹介しよう。

①**助けを求める。**短期間だけ、人を雇ったり、協力的な同僚を仲間に入れたりして、助けを借りよう。しばらくのあいだ、自分の問題をほかの人に背負ってもらい、負担を分担してもらうわけだ。そうすれば、相手が（またはあなた自身が）新しい打開策を思いつくかもしれない。

②**周囲からの圧力を生み出す。**デイヴィッドは、同じ部屋に誰かがいると行動を始められることに気づいた。その人がフィードバックやアイデアをくれるわけではなくても、周囲からの圧力によって、ちゃんとやろうという気持ちになるのだ。これは何かを成し遂げる第一歩だ。たとえば、パーソナル・トレーナーがいると、デイヴィッドはジムに行く気になる。今日はいまいち

元気がないと思っても、トレーナーとの約束があるので、がんばってジムに出かけるのだ。

③**聞き役を集める。**アイデアを頭の中から現実の世界へと追い出すため、熱心な聞き役を見つけよう。自分のアイデアについてとことん話し、創造力の流れを途切れさせないこと。相手がフィードバックや思考の材料を与えてくれたら儲けものだ。

④**本気でやらない。**出来不出来に関する評価はいったん脇に置き、とにかく何かを形にしよう。私たちの長年の経験からいえば、イノベーション・プロジェクトの冒頭で弾みを付けるには、まず「下手な広告」を作るのもひとつ手だ。完成品がどんなものなのかを説明するラフな（時にはいかにもという感じの）広告を作ってみよう。

⑤**ハードルを下げる。**目の前の問題が重大すぎて、すべてがそこにかかっていると感じるなら、重要性を下げてみよう。たとえば、チームの次回の社外会議の完璧な場所を考えていたら、思考の麻痺を起こし、いつまでたっても決まらないかもしれない。しかし、場所の候補を十数個もリストアップすれ

ば、考えるまでもなく〝完璧〟な場所が見つかることもある。

制約があるからクリエイティブになる

「クリエイティブな制約」というと矛盾に聞こえるが、制約を設けるのは、クリエイティブな行動を促すひとつの方法だ。選べるとしたら、ほとんどの人はもちろん、もう少し多くの予算、もう少し多くのスタッフ、もう少し多くの時間がほしいと思うだろう。しかし、**制約を受け入れる自信さえあれば、制約が創造性や行動の刺激になることもあるのだ。**

組織に新しいイノベーション・プロセスを導入するという話を経営幹部の人たちにすると、彼らはたいていどこから手を付けていいのかわからないような反応を示す。ところが、「わずかな予算で1週間のうちにできることを考えてください」と伝えると、感心してしまうような名案が次々と飛び出してくるのだ。あるとき、エグゼクティブ教育ワークショップが終わったあと、投資会社のフィデリティ・インベストメンツの副社長が私たちのところにやってきて、「次回のプロジェクトでは、自由な思考を促し、すばやく反復的な改良をさせるために、厳しい時間制限を設けてみるつもりです」と言った（注12）。次の月曜日、半年間のプロジェクトの初回ミーティングが開かれた。新しいウェブ・サービスを開発する場合、2カ月間で計画を立て、2カ月間でワイヤーフレーム（基本的なページ・レイアウト、操作方法、機能などの設計）を作り、2カ月間で顧客向けのバージョンを準備するのが〝常識的〟なスケジュールだ。しかし、今回は違った。「月曜日のチーム会議で、今日じゅうにプロジェクトをすべて終わらせようと伝えるつもりです」と彼は話した。そうして、1日の最後に、1週間、そして次は1カ月間の〝延長〟を与えるのだ。完璧な製品を計画しようとするのではなく、たくさんアイデアを出して改良していくことに時間を割《さ》く方が、より強力で革新的な製品を作れるに違いないと彼は考えていた。

いくつか制限を定めるだけで、創造性が増すことはあっても、減ることはない。アクシャイとアンキットは、10週間という〝非現実的〟な時間の制約を課されなければ、製品をリリースするまでいったいいつまでかかっていただろう？　ジョン・キーフは自分にたった1日という期限を課した。そのおかげで、彼は約束を果たすため、既存のサービスやツールを使って寄せ集めのプログラムを書かざるをえなかったわけだ。また、前章で説明したとおり、制約は課題を形作るときにも役立つ。

『ゴッドファーザー』のような大ヒット映画だけでなく、低予算の〝インディーズ〟映画も生み出してきたことで有名な映画監督、フランシス・フォード・コッポラも、制約のメリットを理解していたひとりだ（注13）。ある日、コッポラはブエノスアイレスでトムと不意に一緒になったとき、「映画の予算が少なければ少ないほど、大胆な賭けができるんだ」と言って、最新の低予算の映画プロジェクトについて説明しはじめた。その映画の制作で、彼は大いに創造力を掻き立てられたという。マルタ共和国のとあるシーンでのこと。台本によると右ハンドルのタクシーが必要だった（マルタ共和国は左側通行なのだ）。ところが、ロケ地はルーマニアだったので、手配できるタクシーはみな左ハンドルだった。大規模な予算の映画だったら、年代物の右ハンドルのタクシーを探させて、イギリスから空輸させただろう。しかし、自分の映画の予算を自分で調達する情熱的な映画監督には、もっと創造性が必要だ。そこで、コッポラはメイクアップ・チームに頼んで、その日の撮影中だけ俳優の髪を反対側で分けてもらった。次に、小道具チームに頼んで、タクシーの屋根の看板とナンバー・プレートを左右反対に印刷してもらった。カメラが回りはじめると、彼は通常どおりシーン全体を撮影し、あとで映像を反転させた。彼の巧妙な――しかも超格安の――特殊効果に気づいた映画ファンは、ひとりもいなかったのではないだろうか。

だからみなさんも、建築家のミース・ファン・デル・ローエの「少ないほど豊かということ」（Less is more）という格言を胸に留めてみよう。どんな制約を設ければ、あなたの仕事は〝非現実的〟になるのか？　その制約を創造力の許可証、つまりいつもと違う考え方をするチャンスとして活かす手立てはないだろうか？

制約をすばやい行動へと結びつける方法を、いくつかご紹介しよう（注14）。

①問題の実行可能な部分に取り組む。行動を始めるには、まずいちばんやさしい部分に取り組むのが肝心だ。取り組みやすい課題を見つけるために私たちが用いている手法のひとつが、制限つきの投票だ。ブレインストーミングやアイデア創造セッションが

終わるころには、アイデアが書かれた100ものポスト・イットが壁を埋め尽くすこともある。ふつうは各々が色つきのシールを貼り、好きなアイデアに投票していくのだが、場合によっては実行可能かどうかに着目することもある。たとえば、プロジェクト・リーダーが「あと2時間で検討できるアイデアにシールを貼ろう」とか「週末までにプロトタイプ化できるアイデアを選んでほしい」と伝えるのだ。つまり、どうすれば今すぐに前進できるかに着目し、選択肢を狭めるわけだ。

②目標を狭める。 世界の飢餓をなくすという目標は大きすぎる。行動に移せるようなもっと小さくて実現可能な目標を定めよう。地域の炊き出し所で働く。カンボジアの子どものスポンサーになる。どう手を付けていいかが見えてくるまで、範囲を狭めること。

③中間目標を定め、社会的な協定と結びつける。 長期間のイノベーション・プロジェクトに取り組んでいる場合は、定期的な進捗の確認、ピア・レビュー、中間目標を設け、活動に〝リズム〟を作ろう。締め切りが迫ってくると、プロジェクト・チームのやる気や生産性は急上昇することが多い。だから、ひとつの巨大な締め切りを設けるのではなく、〝小さな締め切り〟をなるべくたくさん組み込んで、終始チームのやる気を最高潮に保つといい。3カ月間のプロジェクトともなると、途中で集中が切れてしま

うこともある。しかし、相談相手になってくれる同僚と毎週火曜日に電話をしたり、クライアントや意思決定者を相手に毎週金曜日に簡単なプレゼンテーションを行なったりすれば、1回きりではなく20回以上のピークを持ってこられるのだ。

したがって、大がかりなプレゼンテーションを準備している場合は、本番の数週間前にチーム全員で検証やリハーサルを行なおう。この生《なま》のプロトタイプを使えば、うまくいっている部分といっていない部分がわかる。次に、プレゼンテーションの週に、2回目の〝舞台稽古〟を行なおう。

学ぶために試してみる

プロジェクトで目標に向かって前進するベストの方法は何だろう？　私たちの経験からいえば、プロトタイプ、つまり早い段階で実際に動くモデルを作ることだ（注15）。プロトタイプは今やデザイン思考家の重要な道具になっている。会議でほかのみんながノートパソコンやメモ帳を持ってきているときに、あなたが面白いプロトタイプを持って現れれば、会議全体の注目があなたのアイデアに集まっても不思議ではない。

プロトタイプを作る理由は、ずばり実験できることにある。作ってみることによって、疑問が湧いてきたり、何か選択したりする。また、プロトタイプをほかの人に見せながら話をすることもできる。物理的なプロトタイプを作ることが多いが、アイデアを具現化したものなら何でもプロトタイプといえる。アクシャイとアンキットが「パルス」を開発したときには、ポスト・イットを使ってソフトウェアのインターフェイスを再現していた。また、寸劇で病院の救急救命室のサービス体験を演じてみてもよい。あるいは、まだ存在しない製品、サービス、機能について説明する簡単な広告を作るのだってプロトタイプだ。

実験しようと思ったら、ある程度の失敗は避けられない。だから、常に低コストで試せるよう、うまい方法を考えなければならない。「身軽」「低コスト」「早め」は、最高の失敗の条件だ。つまり、試してから学び、アイデアを改良する時間と予算がたっぷりと残っているような状態こそ、最高の失敗なのだ。プロトタイピングで何をどれくらいラフに作るかを決めるには技術がいる。たとえば、ソフトウェアのある部分の流れが合理的かどうかを知りたいなら、各ステップを表わすシンプルなワイヤーフレーム、つまり画面レイアウトの簡単な手書きのスケッチさえあればいいだろう。だが、ソフトウェア体験でユーザーがどう感じるかを確かめたい場合には、ある程度デザインされたスクリーンショットを作成した方がいい。『リーン・スタートアップ』の著者のエリック・リースは、このようなプロトタイプを「実用最小限の製品」(Minimum Viable Product、略してMVP)と呼んでいる(注16)。実用最小限の製品とは、必要最低限の労力をかけた実験によってフィードバックを得ることを意味している。

数年前、IDEOのチームは、あるヨーロッパの高級自動車メーカーの新しいデジタル機能をわかりやすく表現したいと考えていた。そのメーカーはキーと自動車の両方に知能を埋め込もうとしていた。そこで、ＩＤＥＯのチームは、改良された運転手の体験の見た目と感覚《ルック・アンド・フィール》を実演しようと考えた。まず、運転手が新機能を使っているフリをしながら従来の自動車を運転する様子を撮影した。次に、急ごしらえで作った物理的な小道具と、シンプルなデジタル効果を組み合わせ、新機能があたかも動作しているかのような演出を施した。こうして完成した動画クリップは、新しいデジタル・ディスプレイと操作性を備えた未来のダッシュボードの外観と機能を見事に再現していた。

　彼らが作ったのは、アメリカの特殊効果スタジオである「インダストリアル・ライト＆マジック」のような高度な特殊効果とはほど遠かった。それでも、たった1週間で制作できたし、チームのビジョンを見事に表現していた。おかげで、その自動車メーカーの経営陣は、新機能の方向性が正しいかどうかを十分に判断することができたのだ。「気に入ったよ」とある幹部は言った。といっても、彼が気に入ったのは新機能そのものではなく、新機能のテスト・プロセスの方だった。「前回、同じようなテストをしたときは、数カ月と１００万ドル近くを投じて、完成したシステムをダッシュボードに組み込み、動画を撮影した。でも君たちは、自動車の開発をすっ飛ばして、いきなり動画を撮影したわけだ」と彼は笑いながら言った。

　プロトタイプには、失敗したときに破棄しやすいというメリットもある。数多くのアイデアを試した方がクリエイティブなものができる。プロトタイプに労力を注ぎすぎて、〝完成〟に近づければ近づけるほど、それが欠陥のあるコンセプトでも見捨てるのは難しくな

ウェブカメラを利用して作成したiPhoneアプリのプロトタイプ。

るだろう。

すばやく低コストでプロトタイプを作成すれば、複数のコンセプトをなるべくあとまで残しておくこともできる。そうすれば、ひとつのアプローチに大きな賭けをするのではなく、複数のアイデアを並行して開発・テストできるのだ。最終的に方向性を決める段階になっても、より多くの情報をもとに判断を下せるので、成功する確率が高まるわけだ。

また、複数の選択肢があれば、アイデアに関して正確で率直なフィードバックも得られる。プロトタイプがひとつだけだと、選択肢は狭まってしまう。一方でプロトタイプがいくつもあれば、それぞれの長所と短所について、ほかのプロトタイプと比較しながら話し合えるのだ。

ふたりで製作した簡単でローテクなプロトタイプの舞台裏。

1時間でプロトタイプ

人は、見込みのありそうなアイデアでも、日々見過ごしてしまう。アイデアを行動に移すには時間や労力がかかりすぎると思い込んでしまったり、上司や関係者を説得できないとあきらめてしまう。だが、アイデアはもっと手軽に試すことができるものなのだ。

すばやいプロトタイプとは、どれくらいすばやいものなのだろうか？　時には、状況が差し迫っていて、一刻一秒を争うこともある。先日、おもちゃ発明家のアダム・スケイツとゲーム専門家のコー・リータ・スタッフォードは、セサミ・ワークショップと共同で「エルモのモンスター・メーカー」を開発するプロジェクトの中盤まで進んでいた。エルモのモンスター・メーカーとは、子どもが自分でモンスターをデザインできるｉＰｈｏｎｅアプリだ（注17）。すると、彼らは新しいダンス機能のアイデアを思いついた。シンプルな音楽に合わせてエルモにさまざまなダンスを踊らせる機能だ。ふたりはこのアイデアにすっかり興奮していたのだが、残りのチーム・メンバーはあまり乗り気ではなかった。そのため、ダンス機能は最終版からカットされようとしていた。

セサミ・ワークショップとの電話会議まであと1時間というときに、アダムとコー・リータは、手元にある材料でダンス機能のプロトタイプを作ることにした。アダムは大急ぎでｉＰｈｏｎｅの特大画像を印刷し、発泡スチロール板の上に貼り、画面のある位置を四角く切り取った。そして、彼は〝電話〟の後ろに立ち、〝画面〟から身体《からだ》をのぞかせた。一方、コー・リータはノートパソコンのウェブカメラをアダムに向けた。彼女はカメラを録画モードに切り替えると、撮影画面の中に片手を入れ、子どもがアプリを操作する様子を指で再現した。たとえば、アダムの鼻に触れると、ダンスが始まる。ウェブカメラを通して見ると、ｉＰｈｏｎｅはほとんど本物そっくりに見えた。そして、アダムはエルモっぽいダンスや反応をしてみせた。1回きりの撮影と簡単な編集の末、動画クリップは会議のほんの数分前に、セサミ・ワークショップのチーム・メンバーへと送られた。

アダムとコー・リータが撮った簡単な動画は、楽しくて心を惹きつけた。しかも、アイデアを言葉だけで説明するよりもずっと説得力があった。ふたりは「プロトタイプなしで会議に臨《のぞ》むなかれ」というボイルの法則を忠実に守っているのだ（ボイルの法則はIDEOのプロトタイピングの名人、デニス・ボイルにちなむ）（注18）。現在、iTunesストアで「エルモのモンスター・メーカー」をダウンロードすれば、ふたりがその日の午前中に1時間でプロトタイプを製作した機能がちゃんとあるのがわかるだろう。

簡単動画を撮影するためのヒント（注19）

IDEOの「トーイ・ラボ」（おもちゃラボ）チームは、簡単動画をたくさん撮影している。チーム・メンバーはこの簡単動画を使って、世界じゅうのおもちゃ会社に新しい発明を売り込んでいるのだ。この20年間で、おもちゃラボの創設者のブレンダン・ボイルは、必ずしもコストや時間をかけなくても、説得力のある動画は作れると痛感してきた。知恵を使い、見る者の心をわしづかみにするクリップを作れば、高い予算をかけた動画と比べて劣る部分を、カバーできるのだ。

トーイ・ラボで使われている心に響く動画プロトタイプの作成のコツを7つご紹介しよう。

①台本を用意する。ぶっつけ本番は禁物。印象的なフレーズはなぜ耳にこびりつくのか？　それはじっくりと言葉を選んでいるからだ。入念に考えた台本を用意すれば、結果的に時間を節約できるし、重要な要素をすべてきちんとカバーできる。

②ナレーションを利用する。テンポの速い動画の場合、意味や背景知識を伝えるのにいちばんうってつけなのが、ナレーションだ。ナレーションは編集の効率化にも役立つ。音声に映像を付け加える方が、その逆よりも簡単だからだ。

③撮影リストを準備する。アップ、広角、静止画など、動画に含めたいシーンをひとつひとつ念入りにイメージしよう。そして、撮影のし忘れがないように、リストを作って撮影中に項目を消していこう。

④照明と音に注意を払う。予算にある程度の余裕があるなら、ちゃんとした照明とリモート・マイクにお金をかける価値はある。そうすれば、平凡なホーム・ビデオとは比べものにならないような作品が完成するだろう。

⑤**視覚的なリズムとペースに注意する。**動画に命を吹き込むのはカメラ・アングルとスタイルの組み合わせだ。ひとつのカメラ位置にとどまりすぎないこと。ひとつの場面は数秒間もすればたちまち古くなる（視聴者が凝視するような重大なことが起きているなら別だが）。

⑥**早めのフィードバックを得る。**ラフに編集した状態のものを、動画を初めて見る人に見せ、気づいた点やわかりにくい部分、混乱した箇所を指摘してもらおう。全体的なフィードバックを求めること。たとえば、メッセージはちゃんと伝わっているか？　それを確かめるために、動画の内容をひとつのセンテンスで要約してもらおう。

⑦**短ければ短いほど良い。**動画をドキュメンタリーではなく短時間のコマーシャルのようなものとしてとらえよう。スーパーボウルのCMはほとんどが30秒間だ。動画が2分間を超えると、飽きっぽい視聴者は見るのをやめてしまう。カットする部分を探している場合は、10回連続で動画を見てみるといい。

共有体験をプロトタイプにする

良いプロトタイプには物語性がある。そして、見る人をその物語に巻き込むことができれば、プロトタイプはさらに説得力を増す。たとえば、アメリカ最大手の薬局チェーン「ウォルグリーン」との共同プロジェクト（注20）では、21世紀の小売薬局の存在意義について考え直しているうち、ある店舗設計のコンセプトを思いついた。ウォルグリーンを心と身体《からだ》の健康に関する確かな助言やサポートが得られる店へと変えてはどうだろう？　薬剤師をもっと身近な存在にするため、売り場の前面に立ってもらったらどうだろうか？

このコンセプトに対して社内での支持を得るため、プロジェクト・チームは発泡スチロール板を使って実寸大のプロトタイプを組み立てた。何百枚という白いパネルを切断しては接着し、店舗のレイアウト案をシンプルな3次元で表現した。建物の1階分をまるまる使ったこのプロトタイプは、店舗の新デザインがわかるだけでなく、チーム・メンバーが新しいサービスを実演する舞台にもなった。「プロトタイプのおかげで、顧客体験の新しいビジョンが実感しやすくなりました」とこのプロジェクトのデザイナーのひとりは話す。「店舗スペースを歩き回ることで、薬剤師を前の方に持ってくると雰囲気がどう変わるのか、はっきりと体験できたわけです」。こうして、本物の店舗を建てるよりもはるかに安いコストで、本来なら反対に遭《あ》っていてもおかしくないようなアイデアに、社内で多くの人に賛成してもらえた。そして、経営幹部の支持も勝ち取り、コンセプトを実現でき

発泡スチロール板を使って新しい薬局レイアウトのプロトタイプを原寸大で作ったことで、コンセプトに命が吹き込まれた。

たのだ。

社内の調査によると、「健康と日常生活」をテーマにしたウォルグリーンの新しい店舗形態では、薬剤師が相談に乗る顧客の数が4倍になった（注21）。この実寸大の中間プロトタイプこそ、コンセプトを実現に導くうえで重要なツールだったといえよう。3年後、新しい店舗形態はウォルグリーンの200以上の店舗で採用された。そして、ファスト・カンパニー誌はウォルグリーンをもっとも革新的なアメリカの医療会社のひとつに選んだ。それも2年連続で（注22）。その一因として、先ほどのようなクリエイティブな解決策が挙げられるだろう。

サービスをストーリーボードで表現する（注23）

製品なら工作機械や3Dプリンターでプロトタイプ化できるが、新しいサービスのプロトタイプを製作するとなれば、別の方法が必要だ。そのシンプルな方法といえば、ハリウッドの映画制作会社やピクサーのアニメーターがシーンの流れを描くために昔から使っている、「ストーリーボード」を作るというものだ。ストーリーボードでは、動作や会話を表わすコミック本のような一連のコマを使って、サービスのステップや顧客体験の要素をひとつひとつ描いていく。絵に自信がなくても心配は無用。線で人間を描くだけで十分だ。大事なのは、各ステップをじっくりと思い描き、アイデアや体験を形にすること。新しいコンセプトをストーリーボードに描くコツをいくつかご紹介しよう。

- プロトタイプにするシナリオや絵に描く体験を具体的に選び出し、絞り込む。
- 簡単なスケッチと説明文で、重要な場面をひとつずつ記録する。私たちの場合、ストーリーボード1コマにつきポスト・イットや紙を1枚ずつ使うことが多い。別々の紙に描くことで、順番を並び替えたり、ステップを追加・削除したりするのがラクになる。ストーリーボードはなるべく30分以内で完成させよう。

●ストーリーボードの第1稿ができあがったら、自分のアイデアに関する疑問点を3つ書き出す（注24）。ストーリーボードを見ていて浮かんだ新しい問題点をすべてリストアップし、体験全体の中で未解決の要素を挙げていこう。

●ストーリーボードを最初から最後まで見てくれる人を探す。言葉以外の反応によく注目し、感想にじっくりと耳を傾けよう。そして、相手のフィードバックを利用してサービスのアイデアやストーリーを磨こう。

ポスト・イットなどの紙に1コマずつスケッチしてストーリーボードを作る。順番を並び替えたり、ステップを追加・削除したりするのも簡単。

実験するために行動する

実験を繰り返すやり方の隠れた魅力は、評価を後回しにして、アイデアをもっと良くする時間が取れることだ。時には、もっともぶっ飛んだアイデア（私たちは「犠牲的なアイデア」と呼んでいる）が価値ある解決策につながることもある。非現実的に思えるアイデアに対して、あまりにも早い段階で批判してしまうと、実用的なイノベーションにつながるプロセスを不用意にストップさせてしまうこともあるのだ。

実験を受け入れる姿勢が画期的なイノベーションにつながった最近の例として、ニュージーランド航空のプロジェクトがある。ニュージーランドは南半球の中でもややぽつんと離れた場所にあるため、ニュージーランド航空のフライトは非常に長距離におよぶことも多い（オークランド発ロンドン着の便は、ロサンゼルスでの給油を含め、24時間もかかる）。そして、エコノミー・クラスの座席に数時間でも座った経験があるなら、改善の余地が多いことに気づくだろう。航空会社は座席の価格、重量、航空運賃といった要因と顧客の満足を天秤《てんびん》にかけた結果、快適とはいいがたい現状から長いあいだ抜け出せずにいる。「世界でもっとも長距離飛行が多い弊社には、ほかのどの航空会社よりも、乗客サービスを改善する大きな義務があったのです」と語るのは、当時のニュージーランド航空の国際線グループのゼネラル・マネジャーであるエド・シムズだ（注25）。「われわれは競合他社と自社を比較評価し、細部だけをちょこちょこっと修正しようとしていたんです。それでは意味がないですよね」

　そこで、ニュージーランド航空のCEOのロブ・ファイフは、座席を含め、長距離便の顧客体験を見直すようチームに指示した。彼はリスクを嫌う経営文化のせいで、ビジネスの商業的な面や製品的な面に関する実験がおろそかになってはいけないと訴えた。「私はふつうとは違うミスを犯すこともいといません。新しいチャンスや新しいアイデアを追求するうえで犯すミスならね」とファイフは話す（注26）。

　ニュージーランド航空のマネジャーたちは、思い切ってやっていいという許しを得て、IDEOのチームと力を合わせ、画期的なアイデアを生み出すためのデザイン思考ワークショップを開催した。ブレインストーミングを行ない、突拍子もない（そして一見すると非現実的な）アイデアのプロトタイプをいくつも作った。たとえば、立っている乗客を支えるハーネス、テーブルをはさんで向かい合わせになっている座席、さらには天井からぶら下がるハンモックまで。全員が積極的に参加していたので、評価を下されることへの恐怖はなかった。「厚紙、ポリスチレン、紙を用意して床に座り、座席のアイデアを切り出していくのは、爽快な感覚でしたね」とシムズは言う（注27）。チームが考えたコンセプトのひとつに、乗客が睡眠を取れる2段ベッドを備えつけるというものがあった。最初は有望なアイデアに思えたのだが、さらなるプロトタイピングの結果、問題が浮上した。乗客が段を上り下りする際、気まずくみっともない思いをする可能性があったのだ。

　常識を疑い、突拍子もないアイデアを受け入れたおかげで生まれたのが、「スカイカウチ」だ。スカイカウチは、乗客の長い苦痛を和らげる、ウソみたいにシンプルな解決策だ。乗客にとって最大の苦痛といえば、エコノミー・クラスでは横になれないという点だ。ふつうは、フラット・シートにするとどうしても広いスペースが必要になると思いがちだが（実際に世界じゅうのビジネス・クラスの客室はそうだ）、ニュージーランド航空はスカイカウチでその常識をくつがえした。スカイカウチの座席には、ふかふかのパッドが格納されていて、足置きのように上に跳ね上げることができる。すると、3人掛けシートが布団《ふとん》のような台に早変わりし、カップルや夫婦が一緒に寝そべることができる。航空業界では、この新しい座席配置は「カドル・クラス」（寄り添いクラス）と呼ばれるようになった。

ニュージーランド航空は、一定のリスクを冒して独自のカスタム・シートを開発し、このような大胆で実験的なアプローチを取り入れた。その努力は功を奏しつつある。ニュージーランド航空はこの座席デザインで数々の栄誉を勝ち取った。コンデナスト・トラベラー誌の「イノベーション&デザイン賞」を受賞したほか、エア・トランスポート・ワールド誌の「エアライン・オブ・ザ・イヤー」（年間最優秀航空会社）にも選ばれた。

リリースしてから学ぶ（注28）

すぐさま行動に移すという考え方をいったん取り入れたら、小さな実験は新しい知識や洞察を手に入れる貴重な情報源になる。成功する企業はどんな規模であれ、破壊的な流行の先を行き、市場の変化を牽引するために、実験の精神を取り入れている。実験は細かなデザインから新しいビジネス・モデルまで、あらゆる未解決の問題をすばやく検証するひとつの方法なのだ。

従来、ビジネスの世界における実験は社内でこっそりと行なわれていた。しかし、今日のイノベーティブな企業は、公開市場で「リリースして学ぶ」という手法を取っている。開発サイクルが終わるまで待つのではなく、リリースしてからもテストし、反応を見る。そのフィードバックを製品に活かし、改良を繰り返していくわけだ。

多くのスタートアップ企業がすでにこのやり方を採用している。常にベータ版の状態のままにして、開発を続ける。少しだけ設計しては、開発し、リリースし、簡単な軌道修正を行なってから、再度リリースする。そして不具合があるとわかれば、なるべく早く調整する。小さな実験で教訓を学ぶことにより、数年がかりで巨大な製品を完成させたあとでニーズがないことに気づく、といったリスクを避けられるわけだ。企業の研究開発（R&D）サイクルをもっと反復的なものにすれば、製品の出荷後も学習とイノベーションを続けられるのだ。

業界に変革をもたらした投資プラットフォーム「キックスターター」は、今や「リリースして学ぶ」のに打ってつけのサービスとなった。キックスターターを利用すれば、起業家は非常に初期の段階で自身のアイデアの市場性を検証し、「これを作ったら、顧客は集まるだろうか？」という疑問の答えを見つけられる。キックスターターでは、製品の開発者が融資を募《つの》るセールス・ピッチを行ない、世界じゅうの支援者が金銭的な援助を約束する。事前に決められた期限までに資金調達目標に到達すれば、そのベンチャー事業は融資を得られる。目標に到達しなければ、支援者は資金を融資しなくてよく、起業志望者は別の方策を試すしかない。設立から4年間で、キックスターターは3万5000を超えるプロジェクトに5億ドル近い資金をクラウドソーシングしてきた（注29）。そして、キックスターターで支持を得られれば、金銭的な支援を受けられるだけではなく、起業家は自分の新しいアイデアに対する需要の有無を確かめることもできるわけだ。

クリエイティブな考え方をすれば、リリースしてから学ぶさまざまな方法が思い浮かぶ。たとえば、ソーシャル・ゲーム会社「ジンガ」は、社内で「ゲットー・テスト」（ghetto testing）と呼ばれている手法を使って、新しいゲーム・コンセプトの需要を見積もっている（訳注：ゲットーは「少数民族居住区」「隔離された環境」などの意味合いを持つ）（注30）。ゲットー・テストでは、コードを1行も書かないうちに、人気のウェブサイト上にゲームのティーザー広告を掲載し、広告をクリックした潜在顧客の数をカウントするのだ。もうひとつ、似たような例がある。アマゾンがキンドル書籍のレンタル機能を発表した数日後、起業家精神に富むイギリスのあるプロダクト・マネジャーが、電子書籍の貸し手と借り手を結びつけるサイトにどの程度の関心が集まるかを調べるため、フェイスブック・グループを立ち上げた（注31）。4000人を超える登録メンバーを獲得すると、彼女は自信を持って独自のレンタル・サイトを設立した。そのわずか2週間後、現在のBooklending.comの運営が始まった。

IDEOのデザイン・ディレクターのトム・ヒュームは、「準備が整う前に、アイデアを世に放つべし」と説いている（注32）。たとえまだ開発作業が残っているとわかっていても、現実の世界での市場テストは貴重な洞察の源になりうるのだ。

行動を伝染させていく

小さな変化が積み重なって、最終的に巨大な影響を及ぼすこともある。小さく始めれば、静止した状態から運動する状態へと進むことができる。そこまで来れば、その先に待ち受ける難題に挑むための勢いが付きはじめたも同然なのだ。

dスクールにはかつて、「伝染する行動を生み出す」（Creating Infectious Action）という名前の熱気あふれるクラスがあった。このクラスの目的は、アイデアを伝播《でんぱ》させる、つまり文字どおり運動を始めることだった。というと手強そうに聞こえるが、ちょっとした指導といくつかのデザイン思考の道具さえあれば、学生たちは草の根のマーケティング活動から企業そのものまで、あらゆるもののプロトタイプを作ることができた。学生たちは（そして時には私たちも）、自分のアイデアが及ぼす影響の大きさに驚いた。

イラクやアフガニスタンで戦闘ヘリコプターの操縦経験を持つ元陸軍大尉《たいい》のデイヴィッド・ヒューズは、そのクラスのあるプロジェクトのエピソードを聞かせてくれた。彼と学生グループは、地域のガソリン消費量を減らすため、シリコンバレーのパロアルト中心部を歩行者天国に変える取り組みを始めた（注33）。8ブロックにわたって店舗やレストランが建ち並ぶユニバーシティ通り沿いは、渋滞が激しく、運転手たちがエンジンをアイドリングさせたまま、横を通り過ぎる歩行者たちを眺めていることも多い。そこで学生たちは、〝心に残る〟物語を考え、ソーシャル・ネットワークを活用した（たとえば、人気ブログを抱える教授に歩行者天国のアイデアを記事にしてもらうなど）。その結果、歩行者天国のアイデアは瞬く間《またたくま》に広まった。

2週間で1700を超える人々が嘆願書に署名したり、取り組みを支援するフェイスブック・グループに参加したりした。学生たちはパロアルトの元市長の賛同を取りつけ、店主たちは窓にステッカーを貼った。すぐに、彼らは市議会で演説を行なうため、市役所に招かれた。結局、歩行者天国のアイデアは実現しなかったものの、1カ月間というプロジェクトの制約を考えれば、想像以上の成果だった。

ヒューズはそれまで、自分をいちどもクリエイティブだと思ったことのない、マニュアル通りに行動するタイプの人間だった。しかし、学生たちが人々の意見や行動に大きな影響を及ぼすのを見て、刺激を受けた。彼は現在、陸軍士官学校で教えている。「昔は、会社や軍で変革を起こすためには、もっと出世して将軍にならなければと思っていた。でも、必要なのは、とにかく運動を始めることなんだ」と彼は語った。

「実験」と呼べば成功の確率が高まる

人材や予算が多いか少ないかにかかわらず、**実験すれば、イノベーションの活動に勢いを付けることができる。**実験は、その言葉のとおり、失敗率も当然高い。しかし、「失敗は許されない」という従来の考え方を見直し、一連の小さな実験を始めれば、長期的な成功率はむしろ増すのだ。

私たちの長年の戦略パートナーであるジム・ハケットはかつて、どうしても社内でやり遂げたいことがあった。ある日、スチールケース社のCEOである彼は、経営陣にこんな指摘をした。スチールケースは世界最大のシステム家具（いわゆる「パーティション・デスク」）のメーカーだというのに、その会社のトップたちが揃いも揃って、壁とドアの付いた従来型のオフィスで働いていていいのだろうか？　ジムは「ゆくゆくは全員オープン・オフィスに移行するつもりだ」と告げて、それまでの伝統を一気に断ち切ることもできたはずだ。ほとんどの組織では、こういう一方的な変革は猛烈な抵抗に遭《あ》っていたに違いない。幹部たちがひとりずつ、反対意見を言うためにCEOのところへやって来る。しかし、天性のリーダーであるジムは、そんな方法は取らなかった。代わりに、彼はひとつの実験を提案した。全員で6カ月間だけ、最新のオフィス家具とテクノロジーを備えた屋外の「リーダーシップ・コミュニティ」というスペースで働いてみるというものだった。

「ぐずぐず言うのはやめてほしい。真剣に試してみてほしいんだ。そして6カ月たって、うまくいっていないところがあれば、必ず改善を約束するよ」とジムは言った。ジムは非常に誠実なリーダーだ。そのため、全員が彼の言葉を信じた。6カ月間だけ参加してほしいと言われて、納得のいく断り方のできる人などいるだろうか？　誰もが途中で小さな問題が起こるかもしれないとわかってはいたが、大きな問題が起これば解決されると信じていた。その結果、熱気に満ちた環境が生まれ、屋外のスペースは会社を訪れる他社の経営幹部たちに向けた事実上のショーケースにもなった。それから19年後、ジム・ハケットと彼のチームは、いまだに〝実験〟の微調整を続けており、スチールケースの屋外のリーダーシップ・コミュニティは今もなお健在だ（注34）。現在の経営陣に聞けば、あの場所が大好きだと答えるだろう。そして、元の場所に戻るなんて考えられない、と。

何が言いたいのか？　みんなからの支持を得て、新しいことを始めたいなら、変革を実験として位置づけ直してみよう、ということだ。もちろん、失敗する実験もあるだろう（だからこそ「試行錯誤」というわけだ）。だが、実験の多くは、実験と呼ばれることで心理的なハードルが下がり、成功率が高まるだろう。

自分でニュースを作ろう

自分自身の創造力を信じれば、行動を起こす自信が湧いてくる。職場であれ、自宅であれ、世界全体であれ、周囲の環境を変える橋渡し役になれるという自信が湧く。アクシャイは、パルス・ニュースを開発し、創造力に対する自信《クリエイティブ・コンフィデンス》を手に入れるまでの道のりを振り返って、より効果的で革新的なアイデアを生み出すうえで大事なのは、行動を最優先する考え方なのだと訴えている。「分析的な頭脳の持ち主は、たいてい行動を二の次にしてしまいます。以前の僕も含めてね」と彼は話す。「アイデアを思いついても、頭の中で考えたり、話をしたりするだけで、行動を起こそうとはしませんでした。でも今では、アイデアを思いついたら、30分でも、4時間でも、1週間がかりでもかまわないから、すぐにプロトタイプを作るのが当たり前だと思うようになりました。何かに興奮したら、とにかく行動を起こすわけです」（注35）

みなさんも、じっと座ってなりゆきに任せたりしないでほしい。自ら行動を起こし、ほかの人の行動に影響を及ぼそう。私たちの好きなラジオ・ジャーナリスト、スクープ・ニスカーはかつて、毎回こんな言葉で放送を締めくくっていた。「ニュースがお気に召さないなら、ぜひ自分でニュースを作りに行ってください」

第5章
義務なんか忘れてしまえ

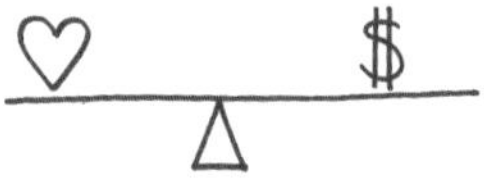

デイヴィッドと一緒に仕事をしたことがある人なら、彼が拍子抜けするくらいシンプルな線画をサッと描き上げるのを見たことがあるだろう。片方にハート・マーク、もう片方にドル記号が乗っかっているシーソーの絵だ。このハートとドルの力関係は、人生における大きなテーマだ。ハートは人間性の象徴であり、個人的な情熱や企業文化という意味での満足感や心の充足を表わしている。ドル記号は事業を維持する金銭的な利益やビジネス上の意思決定を表わしている。シーソーの絵は、意思決定の際には意識して立ち止まり、ハートとドルの両面を考えなさいというメッセージなのだ。特に、「良くは見えるけど、良いと感じられない」ような転職の機会に直面したときには、よくよく注意するべきだ。

トムは経営コンサルタントだった時代、ソーシャル・ワーカーをしている友人に、「経営コンサルタントはこんなに給与が高いのに、ソーシャル・ワーカーはそんなに給与が低いなんて気の毒だ」と嘆いたことがある。すると彼女は、一瞬の迷いもなく、「たくさん給与をもらわないと、誰も経営コンサルタントみたいな仕事をしないからよ。私はタダでもソーシャル・ワークをするわ。お金の余裕さえあればね」と答えた。彼女にとっては、ハートの方がドルよりもずっと重かったのだ。

結局、トムは経営コンサルタントの業界を去り、デイヴィッドとＩＤＥＯで働くことを選んだ。そう、ハートに従ったのだ。

数年後、トムのところに元上司から困り果てた様子で電話がかかってきた。彼は会社の運輸部門のカリスマ・リーダーだった。彼の会社は国際的な航空会社の巨大なコンサルティング・プロジェクトを勝ち取ったのだが、要《かなめ》の従業員が土壇場で辞《や》めてしまったという。すぐに代わりの適任者を見つけないと、数百万ドルの収益をみすみす逃してしまう恐れがあった。

「君の働いている小さなデザイン会社とやらの給与はどれくらいなんだ？」とトムの元上司はたずねた。お金に釣られると思ったのだろう。トムがうっかり本当の額を答えると、その3倍を出す、と提案してきた。

私たちはふたりで何時間もハートとドルのシーソーを見つめながら、人生の意味について話し合った。ふたりで一緒に仕事をし、肩を並べて面白い課題にチャレンジできるのは、私たちにとって大きな魅力だった。しかし、トムにとっては、それほど高額な給与を断るのは無謀に思えた。一方では、手っ取り早く大金が稼げるのは魅力的だったが、もう一方では、兄弟一緒に働けるのが幸せだったし、ＩＤＥＯの仕事は人生でもっとも楽しいことだと感じていた。結局、元上司に電話を折り返し、打診を断るまで、数日かかった。それでも、トムは断ったのだ！

デイヴィッドも、これまでのキャリアでは、お金よりも意義を優先するような意思決定をしてきた。彼は自身が創設して成功させたベンチャー・キャピタルを去り、気前の良いストック・オプションのオファーを何度も断り、大儲けの期待できる株式公開の可能性を退けてきた。その一方で、学生、クライアント、チーム・メンバーが創造力《クリエイティブ・コン》に対する自信《フィデンス》を獲得するのを後押しすることに、心から大きなやりがいを見出してきたのだ。

ハートとドルのシーソーのバランスを取るのは難しい。社会は裕福さや富のもたらす特権に大きな価値を置いている。しかし、おそらくみなさんの周りにも、お金に目がくらんだ結果、惨めな思いや身動きの取れない気分を味わった人がいるだろう。じんましんが出るほどのストレスを無視して、今の仕事にこだわりつづけるマンハッタンの有名な投資銀行のアナリスト。世界的に尊敬される会社でようやくＩＴ系の仕事を得たのに、仕事に幻滅し、人生が過ぎ去っていく感覚に襲われている若いＭＢＡホルダー。毎週末を家族や友人と過ごすのではなく、仕事の遅れを取り戻すのに費やしている弁護士。だからこそ、私たちはお金と心の兼ね合いで悩んだときには、両方とも考慮するのが理に適《かな》っていると考えている。**お金の方が価値を測るのは簡単だ。だからこそ、心の価値を測るには、少しだけ余分な努力が必要なのだ。**

経済学の研究によって実証されているように、お金は一定のしきい値を超えると、幸福度との強い相関関係が見られなくなる（注1）。ぎりぎりの生活を送っている人々には、自分が情熱を持てるものを追求したり、心を最優先したりする余裕はないかもしれない。しかし、大半の人々にとっては、情熱や心を無視する方が難しいのだ。

「良くは見えるけど、良いと感じられない」のワナ

両親がにんまりとし、大学の同窓会で再会したクラスメイトがうらやましがり、カクテル・パーティでウケがいいような、安定した立派な仕事であっても、自分に合っていなければ、不幸のもとになることもある。私たちのある知り合いは、音楽の奨学金を得てアイビー・リーグ（訳注：アメリカの8大名門私立大学の総称）の大学に進んだが、医者の方が安定した職業だと考え、医学の道へと転身した。現在、開業医の彼は、医療を単なる仕事としか見ておらず、心からのやりがいを感じられずにいる。

彼以外にも、私たちの知り合いの多くが、別の選択肢を考えることもなく、まっとうに見える職業を選んでいる。彼らは学校を出て仕事に就《つ》いた最初の日から、自分のキャリアの方向性をいちども疑ったことがない。そして今では、次の昇進のチャンスをつかむために、どんどん長時間働くようになっている。そもそもなぜ昇進したいのかを立ち止まって考えることもせずに。私たちの親友のひとりは、引退までの日数を文字どおりカウントダウンしはじめた。引退の日はまだ1年以上先なのだが。

研究者で教授のロバート・スタンバーグは、「人々は日常生活の些細な物事にとらわれすぎるあまり、とらわれる必要がないという事実すら忘れてしまうことがあります。子どものときによく遊んだ中国式フィンガー・トラップのようなものですよ。指を抜こうとすればするほど、どんどん動かなくなっていく。でも、いったん指を押し込むと、簡単に抜ける。時には、物事の見方を変えるだけでうまくいくこともあるんです」と私たちに話した（注2）。何歳になっても、情熱を追求することはできるのだ。

ジェレミー・アトリーは若いころ、分析能力と批判的思考に長《た》けていた。彼の天性の才能に気づいた就職アドバイザーたちは、良かれと思って、「君は法律、会計、物理学、金融のどれかの業界に行くべきだ」と助言した。彼はそのアドバイスに従い、20代半ばにして、財務分析を行なう高収入の仕事に就《つ》いた。

多くの人々と同じように、ジェレミーも気づけば〝有能という名の呪い〟をかけられていた（注3）。確かに、彼は仕事で求められることは何でもそつなくこなしていた。だが、仕事で心からの充足感を得たためしはなかった。懸命に働くというしつけを受けて育ったジェレミーは、「これから20年間、ずっと嫌な仕事をしていくしかない」という現実を受け止め、毎日オフィスに顔を出していた。

彼の会社は、ジェレミーのような社員に、数年間の休みを取ってＭＢＡを取得してほしいと考えていた。そこで２００７年秋、彼はスタンフォード大学経営大学院に進学した。在学中、彼は一般的なビジネス・スクールのカリキュラムに加え、気晴らしのつもりでd

スクールの入門クラス「ブートキャンプ」を受講した。授業は厳しかったが、彼はあいまいさと格闘し、自分のアイデアをプロトタイプ（試作品）にし、クリエイティブな判断を下していくうちに、やがて授業の楽しさに気づいた。「それまで、私はブートキャンプ・コースを〝遊びの時間〟くらいにしか思っていませんでした」と彼は言う。「ところが途中で、このクラスは今までやってきたことと同じくらい厳しいのに、ずっとやりがいがあると気づいたんです」

彼はその後もクラスを取りつづけ、ますます古い仕事観と新しい考え方の板挟みに悩むようになっていった。結局、彼はそれまでのキャリアの魅力的な給与と地位を捨てることを決意した。もちろん、2年間分の学費を会社に弁済するはめにはなったが。「会社に戻る気はまったくしませんでした。人生観が変わるような体験をして、新しい道を追求したいという気持ちが芽生えたんです」。こうして、彼はdスクールに特別研究員として在籍しつづけ、やがてはエグゼクティブ教育ディレクターにまでなった。思い直したことはないのかと聞かれると、彼はこう答えた。「いえ。今の状況に満足しています。自宅にいても楽しく安らげるようになりましたし。それは私にとって何より貴重なことなんです」。現在、ジェレミーの情熱は仕事ぶりに表われている。彼はdスクールでもっとも優秀な教師のひとりとして広く知られている。

ジェレミーは最近、自分が生計を立てている活動を説明するのに「仕事」という言葉を使わなくなったことに気づいた。友人から電話があって、今何をしているのかと聞かれると、彼は「スタンフォードにいる」とか「dスクールでうろちょろしているところだよ」と答える。だが、「仕事をしている」とはめったに答えない。

そして、これこそが重要なのだ。仕事といっても、義務としての〝仕事〟である必要はない。どんな活動にも、情熱、目的、意味を見出すことはできるはずだ。そして、そう見方を変えれば、無限の可能性が開けるのだ。

ボーイングはうんざり《ボーリング》

デイヴィッドは大学を卒業した直後、「良くは見えるけど、良いと感じられない」仕事に就《つ》いた。彼は1970年代にカーネギーメロン大学で電気工学の学位を取得して卒業すると、シアトルにあるボーイング社で747ジャンボ・ジェットを開発するエンジニアリング関連の職を得た。それは誰もがうらやむ仕事だった。当時、ボーイングはアメリカでもっとも権威あるメーカーのひとつと考えられていた（もちろん今でも）。私たちの父親は最後まで航空業界で勤め上げたので、デイヴィッドがボーイングに就職したのは、両親にとっても願ってもないことだった。

ただ、ひとつだけ問題があった。デイヴィッドは仕事がイヤでたまらなかったのだ。部屋いっぱいの200人のエンジニアが製図台の前で背を丸め、蛍光灯の下でせっせと作業に励む環境に、彼はなじめなかった。彼が「ライツ&サインズ」（照明と標識）グループ所属の機械エンジニアとして取り組んでいた最大のプロジェクトは、747型機の洗面所の「使用中」というサインの開発だった。それはチーム・プレーヤーとしての彼の強みを活かせる仕事ではなかったし、本当にしたい仕事への足がかりになるとも思えなかった。地位や報酬という点では確かにいい仕事だったが、デイヴィッドはうんざりしていたし、ちっとも楽しくなかった。

デイヴィッドの仕事に憧れるエンジニア志望者が何千人といるという事実も、申し訳ない気持ちを募《つの》らせるばかりだった。結局、デイヴィッドは仕事を辞《や》めた。自分にとってはつまらない仕事でも、製図台を引き継いだ次のエンジニアにとっては、心から満足できる仕事であってほしいと願いつつ。

私たちふたりがIDEOの仕事に対して感じている情熱と、デイヴィッドがボーイングで感じていた重苦しい義務感は、昼と夜くらい対照的だ。部屋いっぱいの他人の中で孤独を感じる代わりに、私たちは常に生き生きとして変化しつづける多様な環境の中で、友人や家族と仕事ができている。そして何より、仕事でありのままの自分をさらけ出すことができる。そのおかげで、より有意義な貢献ができるのだ。

労働？　キャリア？　それとも天職？（注4）

イェール大学経営大学院で組織行動学を教える准教授のエミー・ウェズニスキーは、仕事生活について幅広く研究するため、さまざまな職業の人々を調査してきた。その結果、人々は自分の仕事を「労働」「キャリア」「天職」の3つのうちのどれかととらえていることがわかった。この違いは重大だ。仕事がただの「労働」にすぎない場合、ちゃんと給料はもらえるが、ほとんど週末や趣味だけのために生きていることになる。仕事を「キャリア」ととらえている人々は、昇進や成功を目指し、より見栄えのする肩書き、大きなオフィス、高い給料を得るために長時間働く。つまり、より深い意義を追求するのではなく、目標をひとつずつ実現していくことに専念するわけだ。一方、仕事を「天職」と考える人々は、仕事を単なる手段とみなすのではなく、心からのやりがいを感じている。つまり、職業としてやっていることに、個人的な充実感も抱いているのだ。そして、そういう仕事は、より大きな目的に貢献している意識や、より大きなコミュニティに属している感覚をもたらすので、有意義であることが多い。ウェズニスキーが指摘するように、「天職」(訳注:英語ではcallingで、「神のお召し」という意味もある)という単語はもともと宗教に由来するが、仕事という世俗的な文脈でも同じような意味がある。つまり、より価値の高いもの、自分より大きなものに貢献しているという感覚だ。

しかし、仕事を労働ととらえるのか、キャリアととらえるのか、それとも天職ととらえるのかは、仕事をどう見るかによって決まる。必ずしもその職業自体の性質によって決まるわけではない。たとえば、1990年代初頭、トムの妻のユミコは、ユナイテッド航空の国際客室乗務員として働いていた。人生の大半を日本で過ごしたユミは、客室乗務員を国際的で名誉のある仕事と信じて育った。ユナイテッド航空に勤めるあいだ、その信念はいちども揺らいだことはなかった。確かに、仕事でへとへとになることもあるし、ストレスの溜まる労働環境でもある。しかし、彼女は自分を空の上の世話役だととらえていた。彼女は乗客に有意義な空の旅を楽しんでもらう手助けがしたかったのだ。トムは、あるクリスマスの朝、ソウル発の便でいちどだけ彼女の仕事ぶりを見たことがある。長距離便の乗客全員に満面の笑みで挨拶し、生き生きと客室を動き回り、ときどき立ち止まっては幼児を楽しませたり、出張客と雑談したりしていた。ほかの人が機械的で苦労の多い「労働」ととらえる仕事でも、ユミは他者の生活に良い影響を与えられる仕事だと感じていたのだ。

何が言いたいのか？　あなたのキャリアや地位に関していちばん重要なのは、他人が付ける価値ではない。あなた自身が自分の仕事をどう見るかだ。大事なのは、あなた自身の夢、情熱、天職なのだ。

ＩＤＥＯのパートナーであるジェーン・フルトン・スーリは、問題の解決から予防へと視点を切り替えたとき、天職を見つけた（注5）。ジェーンはもともと、怪我や死亡事故につながる製品設計上の欠陥を突き止める研究者だった。芝刈り機はどのように利用者を傷つけるのか？　車の運転者はどうして近づいてくるオートバイに気づかないのか？　メーカーが製品を安全に使えるよう最善の工夫を凝らしているにもかかわらず、馬力の強い道具やチェーンソーが事故を引き起こすのはなぜなのか？

科学的な事後分析を何年も繰り返すうちに、ジェーンは毎回毎回、手遅れになってから〝事件現場〟に到着することに嫌気が差すようになった。そこで、彼女は劣悪な製品の観察を通じて培《つちか》った調査スキルを活かし、優良な製品の開発に力を貸せる仕事を探そうと決意した。彼女は新しい役職に就《つ》くと、デザイナー陣とチームを組み、誰にでも使える釣具、より快適なベビーカー、より直感的に使える医療用具を開発した。彼女の会社には、問題を突き止めるのが得意な優秀な技術的頭脳の持ち主はすでにたくさんいた。しかし、ジェーンはどの解決策でも、常に利用者のニーズを最優先した。もちろん、分析的な仕事にも知的好奇心をくすぐられたが、彼女にとっては創造的な仕事の方がずっと充実感があった。そして、彼女の人間中心のデザインは、共感の価値を十分に実証し、会社のDNAに刻み込まれた。

時には、自分の専門分野を新しい視点で眺めることで、状況が一変することもある。ただし、自分の仕事に情熱があるというだけで、仕事がラクになるとはかぎらない。自分の役割を見直すためには、いっそうの汗と努力が必要なこともあるのだ。

モバイル決済会社「スクエア」のデザイン調査担当者であるエリック・モガは昔、プロのユーフォニアム奏者になるのが夢だった。子どものころ、彼はそのチューバに似た金管楽器を舞台上で演奏するのが大好きだった。ところが、彼は退屈でつらい練習が大嫌いだった（注6）。楽曲をマスターするために、同じ曲を何度も何度も演奏するのに耐えられなかったのだ。高校時代、彼は名チェリストのヨーヨー・マの演奏を見学した。幸運にも、彼は学生を代表して、その伝説的なクラシック音楽家に質問をする機会を得た。エリックはそのときに聞いた質問を思い出すと、苦笑いを浮かべる。「プロの音楽家になって、もう練習する必要がないなんて、晴れ晴れとした気分じゃありませんか?」

ヨーヨー・マは一瞬だけ間を置いたあと、エリックに悪いニュースを伝えた。業界のトップまでのぼり詰めたずっとあとも、ヨーヨー・マは1日6時間は練習を続けているというのだ。エリックはがっくりした。しかし、ヨーヨー・マの教訓は私たち全員へのメッセージでもある。情熱があれば努力がいらない、なんてことはないのだ。むしろ、情熱があればこそ努力が必要だ。しかし、最後にはきっと、努力した甲斐《かい》があったと感じる日が来るだろう。

情熱を求めて転身する

デイヴィッドはもともと、法科大学院の学生をより視野の広い弁護士に、MBAの学生をよりイノベーティブなビジネスパーソンにする手助けを行なうのが、dスクールの役目だと思っていた。そして、それは事実だ。しかし、時に私たちは、dスクール出身の学生たちが創造力《クリエイティブ・コンフィデンス》に対する自信を手に入れ、別の分野へと転身するのを見て、驚くこともある。

その典型的な例が、生物物理学の博士候補生のスコット・ウッディだ。

4年間、モーター・タンパク質やDNAの点突然変異について基礎研究を続けてきたスコットは、実験室にいい加減うんざりしていた。「僕はひとつの研究にひとりきりで取り組んでいました。そして数カ月おきに一息つき、誰かと会話を交わすのですが、すぐにまた元の環境に戻っていくんです」と彼は話す（注7）。「まるで雄バチですよ。自分の狭い研究範囲の外側にある物事は考える余裕がないような感じで、いよいよ精神的にまいりはじめたんです」。この心の落ち込みから抜け出すきっかけを探して、彼は実験室からなるべく遠いところにインスピレーションを探しはじめた。英文学セミナーやシンクロナイズド・スイミングのクラスに通うこともあった。そんなとき、彼はあるビジネス・ワークショップで「クリエイティブ・ジム」というdスクールのスタジオ・クラスの噂を聞いた（注8）。クリエイティブ・ジムの目的は、多種多様な経歴を持つ人々に、創造力の筋肉を鍛えてもらうことだ。

1回2時間のクラスでは毎回、「見る」「感じる」「始める」「伝える」「作る」「結びつける」「進む」「統合する」「刺激する」といった、創造性の基礎能力を磨くための実践的な演習を次々と行なう。その中には、遊び心あふれる演習や一見するとくだらない演習（たとえば、実際に身に付けられるジュエリーを、テープを使ってジャスト60秒間で作る演習）もあれば、非常に難しい演習（たとえば、正方形、円、三角形のみを使って嫌悪を感じる瞬間を表現する演習）もある。このクラスの目標は、自分の直感にもっと耳を傾けてもらい、周囲の環境に対する意識を高めてもらうことだ。

「僕はかなり大人しいタイプなのですが、あのクラスはずいぶんと楽しめました」とスコットは言う。「あのクラスにいるときだけは、少しハメを外して、好き放題できたんです。毎週、あの授業がいちばんの楽しみでした。クリエイティブ・ジムは、分析的な能力ばかりを磨くうちにずっと閉まりっぱなしになってしまった創造力の扉《とびら》を、いくつも開けてくれたんです」

クリエイティブ・ジムのクラスを修了すると、色々なアプローチを探ることはもう怖くなくなった。彼はうまくいく自信のない物事、成功する保証のない実験でも、積極的に挑戦するようになった。「多くの人は、新しいアイデアやスキルを開拓する勇気がありません。ですから、行動するだけでも、99パーセントの人々よりは勝《まさ》るわけです」とスコットは言う。実験室に戻った彼は、毎週のミーティングの新しい形態を提案した。それまでは、誰かひとりがパワーポイントのデッキを使って1時間の発表を行なうのが常識だったが、彼は気楽な話し合いを促すため、全員が1枚ずつスライドを準備して、最新の情報を手短に説明することを提案した。

その後、彼は起業やエンジニアリングの経験なしで、「ローンチパッド」クラスに申し込んだ（アクシャイとアンキットが「パルス・ニュース」を開発した例のクラスだ）。彼が就職活動中の友人にヒントを得て最初に考えた起業のアイデアは、色々な職に応募する際に使うレジュメのカスタム・バージョンが作れるツールを開発するというものだった。彼はクラスに合格する確率を高めるため、売り込み文句を磨くことにした。そこで、カリフォルニア州ペタルーマの大通り沿いの建物を戸別訪問し、経営者に突撃インタビューを敢行し、採用プロセスについて情報を集めた。「さんざんでしたよ」と彼は笑う。「ひとつ目に、ほとんどの人は口も利いてくれませんでした。ふたつ目に、僕自身がものすごく緊張してしまったんです」。無事クラスに合格すると、彼は今まで経験したことのない物事に挑戦しつづけた。クラスに招かれたベンチャー・キャピタリストにアイデアを発表する。潜在顧客にインタビューする。自分のデザインをすばやく繰り返し改良する。

創造力に対する自信《クリエイティブ・コンフィデンス》を手に入れ、科学研究は自分の天職ではないという確信を日に日に強めていくと、彼は新しい大胆な道へと歩み出す勇気を得た。名誉ある生物物理学の博士号を取得するまであと1~2年というところで、彼は実験室を離れ、博士課程を中止し、企業の人材獲得方法を一新するスタートアップ企業を設立することを決意した。実家では、その知らせを聞いた両親が猛反対していた。スコットの母親は、彼の決断が間違っていると信じきっていた。スコットにとっては聞くのがつらい言葉だった。というのも、母親の賛成があってもなくても、そうすると決めていたからだ。1カ月後、決意を知らされてから初めて息子と対面すると、母親はすっかり心を改めた。息子の表情は、もう何年も見たことがないくらい幸せそうだった。母親は「あなたの決断は間違っていないわ」と伝えた。2年後、スコットはベンチャー・キャピタルの融資を受け、スタートアップ企業「ファウンドリー・ハイアリング」を設立、CEOに就任した。企業の人材獲得プロセスの管理や分析をサポートする会社だ。スコットは後ろを振り返ったりはしないと話す。「仕事はつまらないもの、仕事はあくまで仕事なのだと思っていました。でも僕は今、大好きで楽しい仕事をしているんです」

ジェレミーやスコットのように、創造力に対する自信《クリエイティブ・コンフィデンス》を得て宙返りした人々は、新しい展望について話すとき、今までにない楽観主義や勇気に満ちた表情を浮かべる。世の中には、以前のスコットのように、ずっと仕事について意識的に不満を抱えている人もいる。しかし、私たちが出会うほとんどの人は、仕事への不満をはっきりと意識しているわけではない。ただ漠然と、やり方を変えられればもっと大きく貢献できるのにと思っている。仕事で本来の自分の半分しか出せていないと思っているのだ。

しかし、ハートを優先すれば——つまり仕事の中に情熱を見つければ——、心の中に蓄えられたエネルギーや情熱を活かし、解き放つことができる。そのためには、生活の中で自分が生き生きしていると感じる瞬間を書き留めるのもひとつの方法だ。そのとき何をしていたのか？　誰といたのか？　どんな点に喜びを感じたのか？　ほかの状況で同じ要素を再現できないだろうか？　追求したい分野がいくつか見つかったら、その分野でクリエイティブな体験の幅を広げるための小さな行動を、1日ひとつだけ行なってみよう。

スイート・スポットを見つける

情熱と可能性のスイート・スポットについて非常に説得力のある説明をしているのが、ベストセラー・ビジネス書の『ビジョナリーカンパニー』シリーズの著者であるジム・コリンズだ。何年も前、『ビジョナリーカンパニー2』が発売される直前のトーク・イベントで、トムは彼にばったり出くわした。ジムはトークで、パワーポイントもホワイトボードも使わずに、3つの円が重なり合うベン図を空中に描きはじめた（注9）。そして、頭の中に絵を描きながら話に付いてきてほしいと聴衆に伝えた。

3つの円は、あなたが自問すべき3つの質問を表わしている。①あなたの得意なことは？　②あなたがお金を稼げることは？　③あなたは何をするために生まれたのか？　得意なことだけに専念していれば、ばりばりとこなせるけれど充実感のない仕事に行き着くかもしれない。ふたつ目の円に関しては、「好きなことをしなさい。そうすればお金は自然と付いてくる」とよく言われるが、文字どおり受け取ってはいけない。デイヴィッドは自宅の工作室の上にあるスタジオでモノをいじくるのが好きだし、トムは世界じゅうを旅して色々な文化に触れるのが夢だ。今のところ、これらの活動に報酬を払ってくれるという人に出会ったためしがない。3つ目の円――何をするために生まれたのか――は、心からやりがいを感じる仕事を見つけるという意味だ。究極の目標は、得意であり、楽しむことができて、おまけに給料をもらえる仕事を見つけることだ。そしてもちろん、好きな人々や尊敬する人々と仕事をすることも大事だ。

その日の聴衆はみんな、同じ質問をしたくてうずうずしているようだった。「何をするために生まれたのか」なんてどうすればわかるのか？　その答えのカギを握るのは、ポジティブ心理学の分野の専門家であるミハイ・チクセントミハイのいう「フロー」だ（注10）。

フローとは、活動そのものに完全に没頭していて、時間がいつの間にか過ぎ去っているように感じるクリエイティブな心理状態だ。フロー状態にあるときは、周囲の状況が見えなくなり、完全に活動に集中している。

フローの感覚を生み出す物事を見つけるため、ジム・コリンズは自分で考えたユニークな自己分析を用いた。彼は幼いころオタクであり、少年時代は実験ノートを取り出してよく科学的な観察結果を書き留めたものだった。虫をつかまえ、瓶《びん》に入れ、何日間も観察し、虫の行動、食べたもの、動きをノートにひとつ残らず記録していった。大人になると、彼はヒューレット・パッカードでなかなかの仕事を得たのだが、満足できなかった。そこで、彼は昔よくやった方法に立ち返ってみた。少年時代に使っていたのと同じ実験ノートを1冊買い、タイトルに「ジム虫」と書いた。それから1年以上、彼は自分自身の行動や仕事ぶりを細かく観察した。1日の最後に、その日の出来事だけでなく、1日の中で最高の気分だった出来事も書き留めた。そうして1年以上、実験ノートをつけつづけると、あるパターンが浮かび上がった。彼は複雑なシステムに取り組んでいるときや、人に何かを教えているときが最高に楽しかったのだ。そこで、彼はシステムについて誰かに教える仕事をしようと決意した。彼はヒューレット・パッカードを辞《や》め、学界の道を選んだ。こうして、ジムは自分自身を成功に導く魔法の公式を見つけたわけだ。しかし、彼の残した最大の宝物とは、自分の宝物を見つける道具を私たちみんなに与えてくれたことなのかもしれない。

1日に点数を付ける

2007年末にがんの治療を無事に乗り切ると、デイヴィッドは文字どおり第二の人生を与えられた気がした。彼は精神科医のC・バー・テイラー医師のアドバイスに従い、とてもシンプルな方法を実践しはじめた。1日の出来事を振り返り、日々の生活をより豊かにする方法を探すのだ。

まず、毎晩の就寝前に、1日の感情の浮き沈みをざっと振り返る。次に、楽しさを基準に、1日を1点から10点までで評価し、カレンダーに書き込む。数週間分のデータが集まったら、C・バー・テイラー医師と一緒にカレンダーを見ながら日々を振り返り、得点に影響する活動を見つけるのだ。

その結果、意外なパターンが見つかった。1~2時間、自宅のスタジオ・スペース――納屋《なや》の上にある木造《きづく》りの屋根裏――にひとりきりでこもっていた日が、デイヴィッドにとっては充実して楽しい日だったのだ。特に、スタジオで大好きな音楽を大音量でかけながら、金属のブレスレット、オリジナルの木製家具、パピエマシェのハロウィーン衣装などを作っていた日には、得点が急上昇した。こうして、彼は仕事とプライベートの両方で、満足感や達成感がもっとも得られる活動を突き止めていった。また、満足感の低い活動も突き止めた。そのうえで、得点の高い活動を増やし、得点の低い活動をやめるようにしたのだ。

これは非常に単純なプロセスだった。それでも、意外な真実を知り、行動を変えるきっかけになった。今までわからなかった自分自身に関する新しい気づきが得られたわけだ。

ぜひみなさんも、あなた自身が満足感や充実感を抱ける物事を突き止めてみてほしい。そして、そういう物事をもっと生活に取り入れる方法を探してみよう。ほかの人を助けるのでも、運動を増やすのでも、もっと本を読むのでも、ライブ・コンサートに行くのでも、料理教室に通うのでもいい。IDEOのあるデザイナーは、スケジュール帳に楽しい瞬間、不安な瞬間、悲しい瞬間を表わすシールを貼っていた。その現代版は簡単に見つかる。たとえば、ムード・マッピング・アプリを使えば、日々の感情の浮き沈みを記録できる。そうすれば、どの活動を増やすべきなのか、どの活動を何としてでも避けた方がいいのかがわかる。この〝ムード・メーター〟は、仕事とプライベートの両方について考えるのに役立つだろう。

自分自身に関して新しい気づきを得るのに、難しいことをする必要はない。**毎日、「最高の気分だったのはいつだろう?」「仕事にもっともやりがいを感じたのは?」と自問する時間を設けよう。**そうすれば、仕事を豊かにする役割や活動を増やすきっかけになるし、最高の喜びや充実感が得られる物事がわかるはずだ。

本業以外の活動を試してみる

自分が何をするために生まれたのか、何が得意なのかは、どうすればわかるのか？　ひとつ考えられるのは、空き時間を使って自分の関心事や趣味を追求するという方法だ。ピアノを習うのでも、子どもとレゴでロボットをデザインするのでもいいから、新しい週末の活動に精を出せば、1週間をより生き生きと過ごせるだろう。

時に、週末の活動は同僚にも刺激を与える。私たちが一緒に仕事をしてきた会社でも、従業員が集まってランニングや読書会を始めたり、昼食時に今ハマっている活動や趣味の〝ハウツー〟を3分間ずつレクチャーしたりするケースがどんどん増えている。IDEOの場合、週末の趣味が職場にまで浸食し、サイクリングやヨガといった活動をするグループも生まれている。さらに、知識共有のための特別セッションも頻繁に行なっている。たとえば、強烈な匂いのチーズが大好きなエンジニアが主催する「カマンベール・チーズの作り方」講座もあれば、イタリアでジュエリー・デザインを学んだ「トーイ・ラボ」グループのメンバーが教える「ジュエリー制作」講座もある（注11）。

本業以外の活動は、それ自体やりがいのあるものだが、職場で創造力を発揮するきっかけになることもある。だから、週末の趣味と仕事生活をオーバーラップさせる方法がないか、探ってみよう。たとえば、スクラップブック作りや動画の編集が趣味なら、そのスキルを活かして、職場でより説得力のある資料を作れるかもしれない。趣味と仕事を結びつけるには、ある程度の創造的思考や努力が必要だが、あきらめなければ自然とその機会が開けることもある。

新しい分野で興味や能力を見つけるには、空き時間であれ仕事中であれ、色々な活動を試した方がいい。プロトタイピングの原則は、新しい役職を試すときにも使える。すばやく小さな実験は、その努力に見合う最高の価値がある。劇的な変化や全力投球の前に、別の分野や役職を味見してみる。色々な活動を試してみて、どれがいちばんしっくり来るかを確かめる。新しい職務を試してみたいと上司に相談する。別の部門の仲間に手を貸す。この短期間の活動のあいだ、自分が生き生きとしていた瞬間や、最高の状態だと感じた瞬間を覚えておこう。あくまでも、これは実験だ。1回目に試したことが好きになれなくても、がっかりしないこと。それぞれの活動のどこが気に入ったのか、どこが違えばもっと良かったのかを振り返り、その情報を活かして次の活動を決めよう。人生やキャリアをひとつの創造プロジェクトととらえるようにすれば、無数の可能性が開けてくるかもしれない。

色々な役割を試すうちに、自分が意外な役割に惹かれていると気づくこともあるだろう。

ほかの人が退屈だとかイライラすると感じる仕事を愛してやまない人々はたくさんいる。ほかの人を喜ばせるのが大好きなホテルのホスピタリティ・マネジャー。渾沌《こんとん》から秩序を導き出すことに誇りを感じている税理士。株式市場を複雑怪奇なパズルととらえているオプション・トレーダー。そんな彼らも、何も試さなければ、その仕事に密かな情熱を見出すことはできなかっただろう。

新しい役割を探すときには、面白そうな仕事関連のプロジェクトに参加する――または自分で提案する――のをためらってはいけない。そのプロジェクトがどう化《ば》けるかはわからないのだ。そして、その分野の経験が足りないと上層部の人々に思われているなら、まずは仕事以外でスキルをアピールしよう。「仕事で求められていることはきちんとこなすけれど、情熱のあるプロジェクトにも取り組みたい」という熱意を見せれば、強力なアピールになる。たとえば、トムは初の著書『発想する会社！』をほとんど夜と週末だけで書き上げた。ひとえに彼は文章を書くのが好きだったし、当時学んだイノベーションの物語や教訓を書き残しておきたいと思ったからだ。

個々の仕事関連のプロジェクトで培《つちか》ったスキルに、幅広い応用が見つかることは決して珍しくない。ほんの少しの運と強い忍耐力さえあれば、楽しい副業がだんだん本業に変わっていくこともある。たとえば、ダグ・ディーツが開発したGEの「アドベンチャー・シリーズ」は、最初に取り組んだときは彼個人の熱狂的な副業にすぎなかったが、のちに彼の本業になった。

トムは著書『イノベーションの達人！』で、大手食品会社「クラフトフーズ・グループ」のサプライ・チェーン担当責任者のロン・ヴォルペのエピソードを紹介している。ロンは主要クライアントのセーフウェイと共同のイノベーション・プロジェクトを開始した。その目的は、セーフウェイの倉庫や店舗におけるクラフトフーズ商品の複雑な流れを管理する新しい方法を考えることだった。このプロジェクトは当時のロンの役割からすればほんの一部にすぎず、彼自身も新しいコラボレーション方法に関する実験としか考えていなかった。しかし、このプロジェクトは運営面で数々の飛躍をもたらし、セーフウェイやスーパーマーケット業界全般から高い評価を受けた。

こうして、ロンはクラフトフーズの世界じゅうのチームにイノベーションを広めることに次なるキャリアを捧げることになった。ロンはたちまちサプライ・チェーン・イノベーション担当カスタマー・ヴァイス・プレジデントとなり、６大陸の多種多様な顧客とパートナー関係を築く新しい方法を探すようになった。彼の最近の話によれば、この新しい役割のおかげで、今までいちばん楽しく、面白く、やりがいのある仕事ができるようになったという。創造力に対する自信《クリエイティブ・コンフィデンス》を小売業者との関係に活かすことで、彼自身も顧客も、日々の取引という枠組みを超え、より大きくて持続可能なものを、力を入れて作れるのだという（注12）。

ロンは会社を辞《や》めなくても、個人的な面でも仕事の面でも生まれ変わることができた。熱意、楽観主義、意志だけで、職場での実験からやりがいのある新しい役割が得られたのだ。

勇気を出してジャンプする

誰もが莫大な創造力を秘めている。しかし、私たちの経験からいえば、仕事や生活でそれをうまく活かすには、さらに別のものが必要だ。それはジャンプする勇気である。勇気を何度も奮い起こさなければ、潜在的な創造力はやがて消えていってしまうだろう。

インスピレーションから行動へとジャンプするためには、小さな成功の積み重ねが大事だ。第一歩を踏み出すことへの恐怖のせいで、プロジェクトの開始地点で足踏みをしてしまうのと同じように、私たちはずっしりとのしかかる現状の重みのせいで、大きくキャリアを修正するのをためらってしまうのだ。みなさんも、「私なら作家になれたはずなのに」とか「医療業界で働けたらなあ」という思いを抱いていたのに、そこで立ち止まってしまった経験があるかもしれない。しかし、第一歩を十分に小さくすれば、目標に向かって少しずつ進むことはできる。必要なのは、その第一歩を踏み出すことなのだ。

小さな一歩から始めた企業のマネジャーとして思い出すのは、電気、医療、文具、清掃などさまざまな分野で製品を開発する３Ｍ社のモニカ・ヘレスだ（注13）。私たちが初めてモニカに会ったのは、数年前にドミニカ共和国で開かれたイノベーション会議でのことだった。モニカはずっと、出世するためには自分の創造性を抑えなければならないと感じていた。しかし、彼女はデザイン思考や3Mの成長志向リーダーシップ・クラスに刺激や自信をもらい、行動の旋風《せんぷう》となった。

3Mのフロアケア部門のグローバル・ポートフォリオ・マネジャーとして、彼女はイノベーション関連の書籍、ビジネス誌、数種類の日刊紙をむさぼるように読み、新しいインスピレーションの源を探した。毎週、大手百貨店チェーン「ターゲット」の近所の店舗を訪れ、通路をくまなく歩いては、飲料や口腔《こうくう》ケアといった3Mとは縁もゆかりもない商品カテゴリーから、新しいアイデアを得ていった。また、3M社内の技術パートナーとチームを組み、デザイン、技術、マーケティング、ビジネス、コンシューマー・インサイト、製造のスキルを持つ人を集め、分野の枠を超えたチームを築いた。彼女の3Mのオフィスは、無数の商品、プロトタイプ、ポスト・イットで埋め尽くされた。まるでデザイン・スタジオのようだった。

もともと、モニカには実地調査の予算は与えられていなかった。それでも、彼女は立ち止まらなかった。彼女は4人の子どもを持つ大忙しの母親だった。そのため、一般家庭が散らかった家をどう片づけるのかについて調べる機会がいくらでもあった。彼女はプロに頼んで自宅を掃除してもらい、携帯電話のカメラを使って、掃除の様子を撮影した。こうして撮影したビデオには、潜在的なビジネス・チャンスが山ほど眠っていた。そこで、モニカは世界20カ国の3Mチームに、同様のビデオを撮るよう依頼した。「私の心はすっかり大きくなりました」とモニカは笑いながら言った。「私は生まれ変わったんです」

それまで、モニカはいちども、自分が特許を申請するようなクリエイティブな人間だと思ったことはなかった。しかし、彼女はこの1年間で、10を超える特許を申請している。3Mの主なイノベーション指標に、「新製品活力指数」（New Product Vitality Index、略してNPVI）というものがある。これは、会社の売上全体のうち、過去5年間で発売された製品の占める割合を追跡する指標だ。モニカの事業部門のNPVIは、会社全体の昨年の平均値の実に2倍だった。彼女は3Mの消費者&オフィス・ビジネス部門のヒスパニック市場リーダーに昇進し、企業の新しいリーダーたちのお手本とみなされるようになった。クリエイティブな貢献をする自信を手に入れた彼女は、今までよりも仕事を楽しみ、3Mに高い価値を届け、周囲の人々の模範になることができたのだ。

モニカがインスピレーションを影響力へと変えられたのは、第一歩を踏み出す勇気と、最後までやり遂げる粘り強さがあったからだ。私たちの経験からいえば、声を出して誰かに宣言するだけでも、新しい道へと歩み出すのには有効だ。ぜひみなさんも、人生をどう変えようとしているのか、友人に宣言してほしい。建設的で継続的なサポートを与えてくれる人々に宣言すれば、いっそう効果的だ。

絶対にできないと思うものは、もうない

人生を単なる義務から真の情熱へと変えたいなら、まずは現状が唯一の選択肢ではない

と認めることだ。生き方や働き方は変えられる。失敗を新しい物事に挑戦するためのコストととらえよう。挑戦して失敗するのを恐れてはいけない。最悪なのは安全策を取ること。慣れ親しんだ現状にしがみつき、何にも挑戦しないことなのだ。

ローレン・ワインスタインはずっと、法科大学院のクラスメイトとは気が合わないと感じていた(注14)。クラスメイトたちは良い成績を取ることや判例を丸暗記することしか頭になく、いつも「前例からするとどうだろう?」としか考えていないように見えた。もちろん、ローレンは法の支配の重要性を理解していた。しかし、ふと気づくといつも別のことが気になっていた。この訴訟の当事者はどんな人物だったのか? その人の生い立ちは? それは訴訟の結果に影響を及ぼしうるだろうか? 彼女がこのような疑問を口に出すと、決まって仲間たちに変な目で見られるのだった。

彼女は初めてdスクールのクラスを受講したとき、何もかもがとても異質に感じたが、同時にとても開放的な気分になった。〝正解〟を導き出すために判例法を丸暗記するのではなく、実験し、より良い解決策を求めて改良を繰り返すことができる。自分を抑える必要もないし、〝間違った〟答えを出す心配もない。まるで肩の荷が下りたような気分だった。

クラスを受講する前、ローレンは自分自身を「少しクリエイティブ」な人間だと思っていたが、いざ自分の考えを主張する段になると、びくびくして煮え切らない態度になってしまう自分にも気づいていた。グループ形式のアイデア創造セッションで、100のアイデアを出すよう課せられると（たとえば、ベビーブーム世代向けの画期的な退職オプションなど）、彼女は自分がクリエイティブで、不確実性に対処する力を持っており、周囲の世界を変えられることを証明した。

この自信は最初、教室の中で花開いた。しかし、やがては法廷にも少しずつ浸透していった。dスクールのクラスを受講していたころ、彼女はパロアルト裁判所で開かれる模擬裁判で、裁判官と陪審員の前で主張を行なう準備もしていた。裁判は電車に轢《ひ》かれた建設作業員に関するもので、ローレンは犠牲者側の立場を主張することになった。状況が不利なのはわかっていた。これまで、この裁判で原告側が勝訴したケースは1回もない。鉄道会社側に有利な事実が揃っていたからだ。今までの模擬裁判では、まったく同じ内容がまったく同じように提示され、結果は毎回同じだった。

そこで、ローレンは新しいアプローチを考えた。その計画を裁判のパートナーに打ち明けると、相手は何とか思いとどまらせようとした。でも、彼女の決心は固かった。最終弁論で、彼女は陪審員席に詰め寄り、目を閉じてほしいと陪審員たちに伝えた。「悪夢を見ていると想像してください。その悪夢の中で、あなたは猛スピードで走る列車に閉じ込められています……」。彼女は電車の乗客だけでなく、轢かれた男性の視点からも、状況を想像させた。裁判はもはや、事実や判例の単純な朗読ではなくなっていた。建設作業員の体験にスポットライトが当てられたのだ。最終的に、陪審員は彼女に有利な評決を下した。裁判官はのちに、この模擬裁判で過去最高の弁論だったと話した。

彼女はいったいどうやって、今までとはまったく違うアプローチを試す勇気を奮い起こしたのか？　そう問われると、彼女は創造力に対する自信《クリエイティブ・コンフィデンス》を手に入れたことがその一因だと答えた。「私にとって、怖いと感じるもの、絶対にできないと思うものは、もう何もないんです」と彼女は話す。

このような可能性は、どの職業のどの年齢の人にも開かれている。たとえば、40年間の教職経験を持つ5年生担当のベテラン教師、マーシー・バートンを例に取ろう（注15）。彼女は子どもからどんどん創造性が失われていく現状に無力感を抱き、dスクールのデザイン思考ワークショップの門を叩いた。ワークショップを終えるころには、次世代のリーダーを育てるために、新しいことを試す覚悟ができていた。

マーシーは自分が教えるカリキュラム全体を一から組み立て直し、州の定める学習指導要綱をデザイン思考の課題へと編成し直した。マーシーの次の歴史の授業では、子どもたちはただ黙ってイスに座り、アメリカの植民地化の話を読んでいたわけではなく、机をひっくり返し、アメリカ大陸という新世界に旅立つ船に乗り込んだ。ただ黒板で数学の問題を解いたわけではなく、数学力を使って、アメリカ植民地のミニチュアを作るのに必要な縮尺模型の大きさを正確に計算した。その結果、生徒たちの標準テスト・スコアが著しく上昇しただけでなく、親たちはもっと重大な変化にも気づいた。子どもたちは自宅でより的確な質問をするようになり、周囲の世界とより積極的にかかわるようになったのだ。

もちろん、創造力に対する自信《クリエイティブ・コンフィデンス》を活かす機会があるのは教師だけではない。営業担当者、看護師、エンジニア――クリエイティブになる勇気さえあれば、誰でも新しい方法で問題を解決できるのだ。

「良くは見えるけど、良いと感じられない」ような立場や仕事から抜け出せずにいるなら、個人的な情熱と職場で実行できる選択肢とのスイート・スポットを探ってみよう。新しいスキルを学ぼう。**あなたの仕事生活の新しい物語を書きはじめよう。**良く見えるだけでなく良いと感じられる役割を探し、その役割を手に入れるために進みつづけよう。そこに到達すれば、天職が見つかったと思えるはずだ。きっと。

第6章
みんなでクリエイティブになる

私たちひとりひとりが持つ潜在的な創造力を解き放てば、世界に良い影響を与えられるのは確かだが、テーマによっては、集団の力が必要なこともある。大規模なイノベーションを実現するには、チームワーク、つまりリーダーシップと草の根の活動のちょうどいいバランスが必要なのだ。組織や機関の中では、たったひとりで変革を起こせることはめったにない。チームで日常的にイノベーションを起こしたいなら、クリエイティブな文化を根付かせなければならない。

たとえば、財務や確定申告関連のソフトウェアを販売する会社「インテュイット」では、デザイン・イノベーション担当副社長のカーレン・ハンソンが先頭に立って文化を変えた(注1)。インテュイットは1980年代、スコット・クックによって「シンプル」をモットーに設立された。主力製品の「クイックン」を足がかりに、現在ではおなじみの「クイックブックス」や「ターボタックス」などのソフトウェア・プログラムによって事業を拡大していった。しかし、やがて企業の成長に陰りが見えはじめると、経営陣は一歩ずつの改良ではなく大きな躍進を生み出す必要があると気づいた。そこでスコットは、新進気鋭のデザイン・ディレクターだったカーレンに、会社が初期段階で劇的な成功を遂げたときの成長とイノベーションのサイクルをもういちど取り戻してほしいと頼んだ。

彼女は新しいツールを求めて、dスクールの顧客中心イノベーション・コースを受講し、本書で説明してきたような原則を学んだ。さらに彼女は、ジェフリー・ムーア、フレッド・ライクヘルド、クレイトン・クリステンセンといった有力なビジネス思想家の考えを組み合わせた。こうして生まれたのが、インテュイットで「デザイン・フォー・デライト」(顧客を感動させるデザイン)と呼ばれているプロセスだ。社内では略して「D4D」と呼ばれている。インテュイットの従業員にとって、顧客を感動させるデザインとは、「顧客の期待を上回る安心と利点を届けることで、顧客にポジティブな感情をもたらし、商品をもっと買ってもらったり、体験をほかの人に伝えてもらったりする」ことを指している。そのための原則としては、①顧客に深く共感すること、②幅を広げてから絞り込むこと(すなわち、たくさんのアイデアを生み出してから、ひとつの解決策へと集約していくこと)、③顧客とともにすばやく実験を行なうこと、が挙げられる。

2007年、経営幹部を対象とした社外会議で生まれたD4Dは、多くの上級幹部たちの支持を集めた。しかし、カーレンは「トップの賛同は必要だが、それだけで成功が保証されるわけではない」とすぐに悟った。会社はカーレンのいう「話の段階」から抜け出せずにいた。つまり、多くの人々が言葉では支持を表明しているのに、実際の行動に表われない、または何の進展もない状況だ。「私たちは間違いを犯したんです。2回も」と彼女は言う。彼女が言っている2回目とは、1年後に開かれた2回目の社外会議のことだ。主要な経営幹部たちはみな、D4Dが会社の未来にとって重要だと認めていたし、D4Dを自身のグループに取り入れたいとも思っていた。それでも、D4Dは現実よりもビジョンに近いままだった。

そこで、2008年8月、カーレンは社内でもっとも優秀な9人のデザイン思考家を集め、「イノベーション・カタリスト」（イノベーションの促進者）という集団を作った。その目的は、クリエイティブな取り組みに火を点《つ》け、D4Dのアイデアを実行に移すマネジャーたちを指導することだった。カタリストたちはデザイン、研究、製品管理といった現場で活躍していた。その中でカーレンの直属の部下はふたりだけだったが、彼女はほかのカタリストたちの勤務時間の約10パーセント（月2日）を拘束することができた。とはいえ、この活動がカタリストたちの頭の中で占める割合はそれよりもずっと大きかっただろう。彼らは顧客を喜ばせ、イノベーティブな習慣を組織全体に広める機会を探した。

ある初期のプロジェクトで、5人からなるインテュイットのチーム（うち3人がカタリスト）は、確定申告書を簡単に作成して提出できる使いやすいモバイル・アプリ「スナップタックス」を開発した。チームは、スターバックスやチポトレなど、ターゲット顧客の行きつけの場所で、若者を何十人と観察した（注2）。カタリストとその協力者たちは、8

週間で8つのソフトウェアのプロトタイプ（試作品）を次々と製作した。毎回、顧客のフィードバックを集めては、より強力で使いやすいアプリとなるよう改良していった。

アプリを使用するには、「W-2」と呼ばれる1年間の源泉徴収書を写真に撮り、携帯電話上でいくつかの質問に答えるだけでいい。それだけで、提出用の申告書が完成するのだ。では、スナップタックスはインテュイットが掲げる「顧客を感動させるデザイン」の定義とどれくらい合致しているだろう？　ポジティブな感情を生み出しているか？　イエス。顧客の期待を上回っているか？　イエス。使いやすいか？　イエス。消費者に明確なメリットを届けているか？　イエス。

消費者を感動させるためのデザインを始めると、インテュイットにイノベーション文化が戻りはじめた。つまり、彼らの創造プロセスは伝染していったのだ。「楽しみというのは自己強化されていくものです。顧客を感動させるという目標こそが、会社を成長させ、従業員を惹きつけるのです」

わずかな人数で始まったカタリスト集団は、200人近くまで成長し、社内全体へと広まり、何百人もの人々とメンタリングやコラボレーションを行なうまでになった。カタリストたちは自身のプロジェクトに取り組む一方で、マネジャーにイノベーション・プロセスの指導も行なっている。たとえば、ブレインストーミングをサポートしたり、ユーザー・インタビューの実施を手助けしたり、プロトタイプを開発したりしている。

カタリスト・グループはまだ展開途中だが、すでに効果が表われはじめている。収益、利益、時価総額だけでなく、ネット・プロモーター・スコア（訳注：製品、ブランド、企業をどれくらい他人に勧めるかを顧客にたずね、平均を取った数値。顧客の満足度を測るひとつの基準として、よく用いられている）のような顧客ロイヤルティの指標も上昇しているのだ。トロント大学ロットマン・スクール・オブ・マネジメント学長のロジャー・マーティンは、近年のインテュイット社の業績を調べた結果、インテュイットが新しいビジネス・チャンスを従来よりもすばやくつかんでいる事実を発見した（注3）。また、提供するモバイル・アプリの数は2年足らずでゼロから18個まで増えたこともわかった。2011年、インテュイットは、フォーブス誌が毎年発表する世界でもっとも革新的な企業のトップ100入りを果たした。カーレンは「2015五年までにD4DをインテュイットのDNAに刻み込みたい」と話すが、そのころには「イノベーション・カタリスト」という明確な集団すらいらなくなるだろう。

カーレンや同僚たちは、いかにして新しいアイデアを行動に移す創造力に対する自信《クリエイティブ・コンフィデンス》を持つ集団を築いたのだろうか？　彼らは少なくとも次の6つの点をうまくやった。

●経営幹部たちの幅広い支持を集めた。その結果、カタリスト・プログラムが組織の境界を超えて広まった。

●草の根の活動を始めた。従業員の勤務時間のほんの一部だけを利用することで、中間管理者は全力を傾けずにすんだ。

- 「シンプル」という会社の基本原理を活かし、「顧客を感動させるデザイン」という具体的なコンセプトを掲げることで、新しい命を吹き込んだ。
- プログラムに弾みを付けるため、最初の数人のカタリストを厳選した。カタリスト・グループが軌道に乗ったら拡大すればいいとわかっていたのだ。
- 社内のほかの部署や部門が所有する巨大で複雑な製品は避けた。代わりに、新規市場で手っ取り早く一定の成功を収めるため、小さな実験を始めた。
- 数年間というタイム・フレームを定めた。本格的な文化の変革が大組織の内部に広まるのには時間がかかるとわかっていたからだ。

インテュイットのカタリスト・プログラムは大成功を遂げている。しかし、そこに至るまでのどのステップでも、多くの実験や努力、立ち直る力が必要だった。創造力に対する《クリエイティブ・コン》自信《フィデンス》を持つ組織は、一夜にして作られるわけではない。カタリスト・プログラムのような成功した取り組みであっても、〝キャズム〟（深い溝）を越え、組織の主流な文化になるまでには、一連の段階を踏まなくてはならないのだ。

大手食品・飲料会社「ペプシコ」の最高デザイン責任者のマウロ・ポルチーニは最近、企業がイノベーション能力を高めていくうえで体験する段階について、意見を聞かせてくれた（注4）。

私たちがマウロに初めて出会ったのは、彼が3Mのグローバル戦略デザイン担当責任者を務めていたときだった。彼は3Mの本社があるミネソタにミラノ人らしいセンスをもたらしていた。10年間にわたり、3Mでイノベーションやデザイン思考の進化を見届けてきたマウロは、企業が創造力に対する自信《クリエイティブ・コンフィデンス》を獲得していく過程で5つの段階をたどると考えている。

第1段階は、マウロによれば、「純粋な否定」だ。経営幹部や従業員が「われわれはクリエイティブではない」と口を揃えるのだ。これは従来型の企業にありがちな考え方だったが、今では変わりつつある。IDEOの初期の時代、私たちのクライアントはほとんどといっていいほど、プロジェクトの最終結果にしか興味を示さなかった。それが今では、私たちと肩を並べて作業している。ほとんどのクライアントが創造力に対する自信《クリエイティブ・コンフィデンス》を自社の文化に刻み込む方法を学ぶため、私たちの仕事の仕方を熱心に観察しようとするのだ。

第2段階は、マウロの言葉を借りれば「内心の拒絶」だ。この段階では、経営幹部のひとりが新しいイノベーションの方法論を熱心に勧め、応援する。ほかのマネジャーたちは口々に賛成するが、本気では実践しようとはしない。これはインテュイットの経験した「話の段階」と似ている。経営幹部たちが支持しているからといって、本格的な前進に結びつかないケースは多いのだ。つまり、組織はおなじみの「知識と行動のギャップ」にはまり込んでしまうのだ。

行動を変えるのは難しい。言葉が行動に結びつかない原因として、色々なものがありうる。新しい方法がうまくいくと心から信じていない。変化に抵抗感がある。アイデアを実践できるほどアイデアを深く理解していない。マネジャーが上司の指示でいったんプロジェクトを開始したものの、だんだん関心が薄れていくケースもあるだろう。あるいは、ある従業員からこんな話を聞いたこともある。CEOが人間中心のイノベーションを奨励したとたん、全員がCEOへのプレゼンテーションの際、必ずエンド・ユーザーに関するスライドを入れるようになった。ところが、従業員は内心ではエンド・ユーザーと話をする価値を理解していなかった。つまり、彼らはCEOが重視する項目にチェックマークを入れていたにすぎなかったわけだ。

「内心の拒絶」の段階を乗り越えるには、現場の従業員が創造力に対する自信《クリエイティブ・コンフィデンス》の原則を自ら体験しなければならない。デザイン思考のサイクルを初めて体験し終えると、イノベーション手法を自身の仕事に取り入れればどれだけ役立つのか、わかってくることもある。直接体験の重要性は、心理学者のアルバート・バンデューラによる「自己効力感」の研究結果とも一致している。上級幹部が「イノベーションを促進しよう」と伝えるだけでは、効果は限られている。創造力に対する自信《クリエイティブ・コンフィデンス》を高めるのにもっとも強力なのは、「指導つきの習熟」（guided mastery）だ。ゴルフでフェアウェイのど真ん中にボールを運ぶ方法を学ぶときと同じように、日常的にイノベーションを行なう方法を学ぶのにいちばん効果的なのは、練習と指導なのだ。

クリエイティブな組織を築くためには、カギを握る人物それぞれに、創造力に対する自信《クリエイティブ・コンフィデンス》を築いていく必要がある。イノベーション・リーダーのクラウディア・コチカは、P&Gにデザイン思考を広める役割を果たした。彼女は、みんなにデザイン思考の方法論を直接体験してもらうことが重要だと考えていた。「私はよく〝口で説明するのではなく実際に見せて〟と言います。重要なのは、なるべく多くの人にデザイン思考の方法論を体験してもらうことです。いちど体験するだけで、考え方ががらりと変わりますから」とクラウディアは説明する（注5）。多くのクライアントは、人々を創造力に対する自信《クリエイティブ・コンフィデンス》の状態へと導く訓練を積んだイノベーション・コーチを社内に置くことが重要だと話している。インテュイットには「イノベーション・カタリスト」がいるが、ほかの会社にも同じような役職はある。「ファシリテーター」や「共謀者」など、名前はさまざまだ。

組織が創造力に対する自信《クリエイティブ・コンフィデンス》を手に入れるための第3段階は、マウロのいう「信頼」だ。この段階では、権力や影響力を持つ立場の人物が消費者を第一に考えるデザイン思考の価値を認め、プロジェクトを実現するための資源やサポートを与える。プログラム専用のスペースや資源を与えれば、「たとえ失敗したとしても、リスクを冒し、能力向上に励んでもらいたい」という明確なメッセージになる。

第4段階は、マウロのいう「自信の探求」だ。この段階では、組織が本格的にイノベーションに取り組み、企業目標を実現するためにクリエイティブな資源を活かす最善の方法を模索する。私たちが仕事をするクライアントの多くはこの段階にあり、イノベーションの最初の成功事例を社内全体で使える方法論へと変えようとしている。

第5段階は、マウロのいう「総合的な認識と統合」だ。この段階では、イノベーションや継続的な改良が繰り返され、顧客体験を念頭に置いたデザインが会社のDNAに刻み込まれ、チームは目の前の課題にクリエイティブなツールを日常的に活かすようになる。一言でいえば、組織レベルの創造力に対する自信《クリエイティブ・コンフィデンス》だ。

イノベーション文化を築きはじめるには、トップとボトム――dスクールのジェレミー・アトリーの言葉を借りるなら「地上部隊と航空支援部隊」(注6)――の両方からのサポートが必要だ。ボトムアップで始まった活動は、経営幹部が乗り気でなければ長続きしないだろう。しかし、トップダウンの命令だけでも、これまで見てきたように、熱狂的な行動は生まれない。あらゆるレベルの人々が、企業文化に影響を与え、変革を促す方法を理解しなければならないのだ。

本章の残りのセクションでは、イノベーション文化やイノベーション・リーダーシップとはどんなものなのかについて話していこう。「リーダーシップ」と「文化」は、創造力《クリエイティ》に対する自信《ブ・コンフィデンス》を持つ集団を築くうえでは欠かせない、密接に絡み合ったふたつの要素なのだ。

職場にカラオケ・コンフィデンスを築く

クリエイティブな活動に安心して参加できるようにするにはどうしたらいいだろう？　最初はうまくいかないかもしれないとわかっていながら、新しい物事に挑戦する勇気を奮い立たせるには？　幼児のころは、みんな歩くのが下手だった。それでも、歩くのをあきらめた方がいいと言う人はいなかった。子どものころ、ほとんどの人は自転車を乗りこなすのに苦労した。それでも、あきらめるなと言われた。若いころ、私たちは自動車の運転が思いのほか難しいことに気づいた。それでも、運転免許証を取得するために、技術を磨く理由はいくらでもあった。それなのになぜ、職場で創造力に対する自信《クリエイティブ・コンフィデンス》を磨くという活動は、こんなに危険に満ちているのだろう？　なぜ私たちは難しいという理由だけで、クリエイティブな活動を早々とあきらめてしまうのだろうか？

ほとんどの人は、みんなの前でひとりきりで歌うのをためらう。しかし、歌うのにふさわしい状況さえあれば、進んでマイクを取るのだ。トムが初めてカラオケの機械を見たのは、1985年ごろ、タバコの煙の立ち込める東京都心部のバーでのことだった。酒に酔ったビジネスマンが音程を外しながらシナトラの曲を歌っていた。初めてそのカラオケ店を訪れた客なら、そのビジネスマンが〝酒の力〟を借りて歌う勇気を奮い起こしたのだと思うかもしれない。飲み放題の酒というのは、カラオケでマイクを握るほぼ必須の条件のように思える。しかし、アルコールを大量に飲めても、誰も歌わないバーやレストランはいくらでもある。そこで、私たちはそれ以来、みんなで気楽にわいわいと歌う楽しみや、その根底にある文化的現象のことを、「カラオケ・コンフィデンス」と呼ぶようになった。カラオケ・コンフィデンスは、創造力に対する自信《クリエイティブ・コンフィデンス》と同じで、失敗や評価に対する恐怖のない状況で生まれる。しかし、カラオケ・コンフィデンスを手に入れるには、必ずしも天性の歌唱力や目先の成功が必要なわけではない。実際、カラオケ経験の長い人なら誰でも認めるように、聴いている人が歌唱力に気づく（さらにはコメントする）こともないわけではないが、耳障りでも夢中で歌っている初心者に対しては、応援や拍手が送られることも多いのだ。聴衆が心から応援してくれていると感じると、その人はもういちど歌いたくなる。そして、次はもう少しうまく歌えるようになる。

　カラオケ・コンフィデンスにはいくつかの重要な要素があるようだ。そして、その要素は、どんな組織でもイノベーション文化を築くのに欠かせないものだと気づいた。そこで、次回のカラオケ体験――そして自社のイノベーション文化――を向上させる5つのコツをご紹介しよう。

- ユーモアのセンスを忘れない。
- ほかの人のエネルギーを活用する。
- 上下関係をなるべくなくす。
- チームの仲間意識や信頼を重視する。

●評価を（少なくとも一時的に）後回しにする。

現在、私たちはこの原則や考え方をほとんどの活動に活かしている。グループ内で創造《クリエイ》力《ティブ・コンフィデンス》に対する自信を育てるには、チームの社会生態学的な側面を考えるといい。人々は安心してリスクを冒し、新しいアイデアを試すことができるか？　全員にとって耳の痛いことでも率直に話せる雰囲気がグループ・メンバー内にあるか？　アイデアは企業階層の上下へと自由に流れているか？　それとも組織が〝正規のルートを通す〟よう奨励しているか？

ＩＤＥＯやｄスクールでは、「それは悪いアイデアだ」「うまくいかないだろう」「前にも試したことがある」とはまず言わない。他者のアイデアに賛成できないなら、「もっと良くするには？　どんな要素を加えれば名案になるだろうか？」「このアイデアを参考に新しいアイデアを生み出せないか？」と自問するようにしている。そうすることで、アイデアの流れを断ち切るのではなく、創造力の勢いを保つわけだ。ほかの人の貢献に冷や水を浴びせれば、会話がぷつんと途切れかねない。新しい場所や予想外の場所に到達するためには、アイデアのキャッチ・ボールが欠かせないのだ。

ほかの人のアイデアを土台にするという考え方を受け入れれば、あらゆる種類の創造力を解き放つことができる。すると、次のようなことが起きる。

ある日、ＩＤＥＯの４人のチーム・メンバーは、ユーザーの実地調査という長い１日を終え、車でホテルに戻っているところだった。すると、ポスト・イットがなくなりかけていることにふと気づいた（注7）。ＩＤＥＯのオフィスの写真や動画をご覧になったことがあるならお気づきだと思うが、私たちにとってポスト・イットは、インタビュー結果を書き留めたり、アイデアのブレインストーミングを行なったり、プロセスのステップを記録したりするのに欠かせない道具だといっても過言ではない。私たちはほとんどどんなことでもポスト・イットに書き込み、壁やボードに貼る。オフィス全体がポスト・イットで埋め尽くされているのだ。そのため、チームはこんな夜遅くに、一刻も早くポスト・イットをどこかで調達しなくてはならなかった。

　するとあるチーム・メンバーが、強烈な冗談と皮肉の中間くらいの意味を込めて、「使用済みのポスト・イットを再利用すればいいのさ。前と同じアイデアが出たら、使用済みのやつをまた貼るんだ」と言い、全員が大笑いした。笑いが収まると、このアイデアをきっかけに新しい案が次々と飛び出してきた。全員が前の人のアイデアを発展させたり、新しいアイデアを思いついたりして、会話に加わった。ポスト・イット回転式名刺整理器《ローロデックス》、ポスト・イット・ビンゴ、ポスト・イット・マップ……。市場にはすでに４０００種類くらいのポスト・イット商品が存在している（注8）。それでも、彼らは遊び半分でアイデアのキャッチ・ボールを続け、とうとう新しいポスト・イットを発明した。カーボン紙が挟み込まれているポスト・イット・パッドだ。ポスト・イットにアイデアを書き込み、ボードに貼ったとしても、パッド内にカーボン紙が残っている。いっさい余分な手間なしで、アイデアの流れ《フロー》がパッド自体に記録されるわけだ。彼らはすぐに新しいポスト・イットを「フロースト・イット」と名づけた（ポスト・イットと韻《いん》を踏んでいる）。車を運転していたIDEOのチーム・メンバーは笑いが止まらなくなり、わざわざ車を停めたくらいだった。

おそらく、「フロースト・イット」が商品化されることはないだろう（プロトタイプを作ってみたデザイナーはいたが）。しかし、このアイデアが生まれた経緯を見れば、創造のコラボレーションが真価を発揮するとどうなるのかがわかる。評価や失敗に対する恐怖を感じることのない、信頼し合える集団の中でアイデアを交換するのは、時として刺激的だ。あなたのアイデアがほかの人のアイデアを刺激する。あなたひとりで同じアイデアを思いつくのは難しかっただろうし、思いついたとしてももっと時間がかかっていただろう。しかも、みんなで考えるほど楽しくはなかったに違いない。これまで、私たちは世界でもっとも厳しい要求を抱える会社と何千回もイノベーション・プロジェクトをこなしてきた。その経験からいえば、全体は部分を足し合わせたものよりもずっと大きいのだ。

この種のイノベーション・チームを機能させるには、みんなが共有する解決策に向かって一緒に取り組むという考え方を受け入れなければならない。最終結果は誰かひとりの手柄ではない。全員の貢献のおかげなのだ。そう考えれば、ひとりひとりが〝自分のアイデア〟を守ったりアピールしたりするのではなく、グループ全員がアイデアを共有することに満足できるようになる。最近、私たちのあるプロジェクトのチーム・メンバーたちは、クレジットを明確にするために、アイデア創造セッションでポスト・イットの1枚1枚に発想者の名前を書いてほしいとクライアントに頼まれた。これにはかなり苦労した。アイデア創造セッションでは、私たちは他者のアイデアを直接土台にして、流動的にアイデアを発展させていくことに慣れきっている。そのため、「これは私のアイデアです」と言うのは、まったく企業文化に反するような気がしたのだ。

コラボレーションが特に効果を発揮するのは、色々な経歴や見方を持つチーム・メンバーがいるときだ。だからこそ、私たちはエンジニア、人類学者、ビジネス・デザイナーに、外科医、食品科学者、行動経済学者を織り交ぜたプロジェクト・チームを作るわけだ。分野の枠を超えた多様なチームを組んで作業することで、ひとりではとうてい到達できないようなところに到達できる。さまざまな人生経験や異なる見方をひとつに集めることで、創造性に張りが生まれ、より革新的で面白いアイデアが生まれることも多いのだ。

dスクールの過激なコラボレーション

dスクールでは、学問分野の垣根を超えた議論を促し、教室内の体験を向上させるため、チーム・ティーチングをよく用いている。従来の教育アプローチでは、教授は昨年や一昨年と変わらない講義を行ない、学生が一字一句を書き留めようとする。講義のあとに少しだけ議論を行なうこともあるが、学生も助手も批評的《クリティカル》な意見を述べることは少ない。こうして、教授は車に乗り込み、自宅に帰る。今日もうまくできたという満足感に浸りながら。

しかし、ほかの学部の教授や業界の実践者を教室で融合させれば、とたんに集団的な力学が生まれる。デイヴィッドが初めてdスクールにチーム・ティーチングを導入する考えを発表したとき、教授たちは順番に短い講義を行ない、最後にちょっとした議論をするのだと思っていた。しかし、実際の内容はそれとはだいぶ異なる。dスクールの教授たちはお互いの考えに疑問を投げかけ、積極的に意見の対立を求め、活発に議論する。さまざまな見解が表明される。学生たちは演壇上でたったひとりの教授が話す〝正解〟に耳を傾ける代わりに、批評的に考え、質問をし、自分の立場を明らかにしなければならない。教員チームのメンバーたちが意見について話し合い、反論を交わすあいだ、彼らや学生たちは新しい解決策や考え方を見つけ出していく。つまり、これは学生が自ら創造的思考を発揮できる教育モデルなのだ。こうして学生たちは、イノベーションにはたいてい答えがいくつもあるという事実をじかに体験するわけだ。

多様な考えの持ち主を集めるという方法は、複雑で多次元的な課題に直面しているときに特に役立つ。アメリカのジェットブルー航空は、2007年にカスタマー・サービスの悪夢を体験すると、その教訓を痛感した（注9）。着氷を伴う暴風雨でジョン・F・ケネディ国際空港が6時間閉鎖されると、ジェットブルー航空の業務上の欠陥が露呈し、6日間にわたって航空便の混乱が続いた。10時間にもわたって滑走路上に取り残された乗客もいた。この混乱の影響で、ジェットブルー航空は推定3000万ドルの損失を被《こうむ》り、取締役会は創設者兼CEOのデイヴィッド・ニールマンを解任せざるをえなくなった（注10）。

ジェットブルー航空の回復が遅れた根本原因は複雑であり、いくつもの要因が絡んでいた。問題の診断と解決に当たるため、ジェットブルー航空はまずコンサルタントを雇い、100万ドル以上をかけて長大な報告書をまとめた。それでも何の改善も見られないと、空港・人材計画担当責任者のボニー・シミーは、上司に別の戦略を提案した。ボニーはトップダウンの視点に頼る代わりに、分野の枠を超えたチームを築き、ボトムアップ型のアプローチを試してはどうかと提案した。この斬新な見方が生まれたのは、彼女の多彩で非凡な経歴のおかげだろう。彼女はあるときはオリンピック選手（サラエボ、カルガリー、アルベールビルのリュージュ代表）、あるときはスポーツ・キャスター、そしてあるときはユナイテッド航空の操縦士として活躍していた。

ボニーは、操縦士、客室乗務員、運航管理者、乗務員スケジュール担当者など、第一線の業務に当たるあらゆる人々に、1日だけ時間をもらう許可を得た。彼女は、悪天候などで〝運航の乱れ〟が生じている最中に起こる出来事の複雑な相互作用を洗い出してもらおうと考えていた。初めは、このアプローチを疑問視する声が多かった。「部屋にいる人の4分の3は疑っていて、残りの4分の1はバカにしていました」とボニーは語る。

それでも、やってみることにした。彼らは雷雨の影響で40便が欠航になったという想定で、運航回復のために取る行動のあらゆるステップを黄色のポスト・イットに列挙していった。そして問題が見つかった場合は、ピンク色のポスト・イットに書き込んだ。その結果、たとえば管理者によって、欠航する便を一覧する表計算ソフトのシートの形式が違うことがわかった。データの表示方法の違いが、伝達ミス、混乱、そして最終的には違う便の欠航につながっていたのだ。

1日が終わるまでに、1000枚を超えるピンク色のポスト・イットが書き込まれると、ボニーはその中でももっとも重要な問題に対処する特別部隊を組むことを認められた。その後の数カ月間で、彼女はジェットブルー航空の120人の従業員と仕事に当たった。その大半は有志で参加した時間給労働者だった。業務の流れを変える権限を手に入れた人たちは、活動を支える「驚くべき伝道者」になったのだとボニーは言う。

集団に答えを求めたことで、ボニーはひとりきりでは成し遂げられなかったことを実現した。報告によれば、ジェットブルー航空が大規模な混乱から回復するのにかかる時間は、40パーセント短くなったという。「オフィスに座ったまま問題を解決することなんてできないとわかります。外に飛び出して、顧客であれ現場の従業員であれ、実際に問題に対処している人と話をすることが必要なんです」とボニーは言う。

どんな組織でも、分野の枠を超えたグループを築くことで、企業構造や企業階層の壁を乗り越え、新しいアイデアの画期的な融合を生み出すことができる。このような他家《たか》受粉の機会は、オープン・イノベーションを用いて会社の境界を乗り越えればいっそう広がる。社内の人材のみと協力するのではなく、オープン・イノベーション・サイトに問題や課題を投稿し、世界じゅうのクリエイティブな頭脳の持ち主たちに、解決の手助けをしてもらうのだ。独自のオープン・イノベーション・プラットフォームを構築して会話を始めてもいいし、「イノセンティブ」のような他社のサイトを利用する手もある。

私たちは数十年間にわたり、IDEOチームやクライアント・チームの創造力だけを頼りにしてきたが、もっと大規模に他者のアイデアを利用し、オープン・イノベーション・プラットフォームを社会的利益に活かせるよう、「OpenIDEO」というデジタル・コミュニティを設立した（注11）。OpenIDEOは、2010年の開始以来、経験豊富なデザイナーから興味のある初心者まで、ありとあらゆる経歴や業界の人々を惹きつけてきた。現在では、世界の大半の国から4万5000人近い人々が参加している。実際に顔を合わせることはないかもしれないが、不景気に喘《あえ》ぐ都市の活性化から、コロンビアの妊婦向けの超音波サービスのプロトタイピングまで、数々の取り組みで大きな役割を果たしてきたのだ。

イノベーション・チームを育てるには（注12）

多種多様な経歴を持つ人々と働くのは貴重な機会だが、だからといって簡単とはかぎらない。創造力同士がぶつかることもあるからだ。しかし、対立する意見や見方を乗り越えてこそ、斬新なアイデアが生まれることもあるのだ。

チームの創造性を最大限に働かせるためには、スタンフォードdスクールの臨床心理学者（通称「dシュリンク」）のジュリアン・ゴロツキーと、元学生のピーター・ルービンがdスクールで開発した原則を覚えておくといい。彼らは、メンバー同士が協力的で、正直で、共感的で、オープンで、互いに心を割って話せるチームを築くため、この原則を生み出した。もちろん、その目的はクリエイティブなアイデアを促すことだ。

①**お互いの強みを知る。**チームをスーパーヒーロー集団ととらえてみよう。ひとりひとりがユニークな特殊能力や弱点を持っている。チームの効率を最大化し、それぞれの強みを活かせるような役割分担をしよう。

②多様性を活かす。異なる見方同士に生まれる緊張関係こそ、多様なチームを創造性の宝庫にする。一方で、それは対立や誤解の原因にもなりうる。しかし、多様性を本当に重視するチームは、リスクのある会話を避けようとするよりも、むしろ積極的に求めようとするのだ。

③プライベートをさらけ出す。私生活を仕事と切り離すと、創造的思考に支障が出る。仕事でありのままの自分をさらけ出そう。チーム会議の冒頭で、ひとりひとり順番に「調子はどうだい？」と確認するのもいいし、単に「何か個人的な話を聞かせてくれ」とたずねるのもいい。ひとりひとり違った人生経験があるはずだ。

④「仕事上の関係」の「関係」の部分を重視する。私たちがdスクールのチームに、「今から5年後に振り返ったとき、もっとも大事だと思うものは何だろう？」と聞くと、単なるプロジェクトの成果ではなく、たいていは「チームメイトとの関係」という答えが返ってくる。全体像の中で物事をとらえるクセを付けよう。

⑤チームの体験を事前に構築する。今後どのように助け合っていくつもり

か？　どのような原則に従いたいのか？　今回のプロジェクトで、個人的な面と仕事の面で何を達成したいのか？

⑥楽しむ！　一緒に時間を過ごし、お互いをよく知ることを優先しよう。楽しみを共有すれば、コラボレーションの効率は増す。チームでハイキングに行く、夕食会を開く、ゲームをする、汗を流すなど、何でもＯＫだ。

場所の持つ力

創造性の価値を心から信じているなら、創造性を会社の構造やあらゆるコミュニケーションに盛り込むべきだ。創造性を採用プロセスや人事評価の考慮対象にし、会社のブランドの一部にしよう。

イノベーション文化を強化する機会として、ひとつ見落とされているのは、物理的なスペースだ。つまり、仕事の日に活動時間の大部分を過ごす職場環境に、イノベーション文化を組み込むという視点が抜け落ちているのだ。オフィス環境次第で、職場は生気を失うこともあれば、活気にみなぎることもある。チーム――特にチーム・リーダー――は、平凡なスペースを非凡なスペースに変える機会をいくらでも探すことができる。トムは著書

『イノベーションの達人！』で、「舞台装置家」と呼ばれる人材が創造力を最大限に発揮できる職場を築いていく様子について説明している（注13）。実際、私たちは常にそのような職場を築く新しい方法を模索しているのだ。

ある最近のIDEOプロジェクトで、私たちはアメリカのロック音楽界の定番ブランドと共同で、ファンにずっと大事にしてもらえるような収集品を開発した（注14）。ヨーロッパのデザイナーのヨーグ・ステューデントとエルガー・オーバーウェルズは、「エアストリーム」にインスピレーションを求めた。エアストリームといえば、チャールズ・リンドバーグ操縦の「スピリット・オブ・セントルイス号」の設計者が生み出した、アルミニウム製のキャンピング・トレーラーだ。すると、彼らはアイデアを思いついた。アメリカ誌に残る傑作である年代物のエアストリーム・トレーラーを手に入れ、プロジェクト・スペースとして活用し、当時の時代精神に浸ってみてはどうだろう？

チームは1969年製のエアストリーム「ストリームライン・プリンス」（流線型の王子）を探し出し、構内に駐車場所を見つけた。定番のピンク・フラミンゴを外に置き、壁に古い写真を貼ると、トレーラーはたちまちアットホームな雰囲気になった。ふたりのデザイナーには少し窮屈《きゅうくつ》だったが（エルガーは身長1メートル90センチ、ヨーグは1メートル95センチもある）、チームの創造性を狭めることはなかった。「この特別なスペースのおかげで、今まででいちばん刺激的で楽しいプロジェクトになりましたよ。やる気や集中力がみるみる増したんです」とヨーグは話す。みなさんの会社には、年代物のエアストリーム・トレーラーを置くスペース（や、その必要）はないかもしれない。それでも、周囲の環境にちょっとした追加や変更を行なって、現在のプロジェクトのインスピレーションの源に変えることはできないだろうか？

私たちが実験的に試しているもうひとつの創造スペースは、「デジタル・ユルト」と呼ばれるものだ（訳注：ユルトはモンゴル人などの遊牧民が用いる移動式テント）。これは私たちがスチールケース社の友人から長期的に借りているものだ。パロアルトにあるＩＤＥＯのデザイン・スタジオのロビーに入ると、いやがおうでも目に飛び込んでくるのが、このユルトだ。純白のデジタル・ユルトは、上下が内側にすぼんだ直径４メートル弱の円筒形をしていて、小さな宇宙船が床の上に浮いているようにも見える。デジタル・ユルトは少人数向けの楽しい半個室の打ち合わせスペースであり、何世紀も前からモンゴルで使われている芸術的なテントにヒントを得て作られた。

デジタル・ユルトでは、カジュアルなビジネス上の会話が数えきれないほど交わされてきた。しかし、ＩＤＥＯの文化をいっそう強化している私たちお気に入りの要素といえば、ユルトそのものではなく、真ん中に置かれている白い丸テーブルだ。子どものころ、「家具に落書きしちゃいけません」と母親に教えられた覚えはないだろうか？　これは、私たちが現代社会の〝行儀の良い〟一員として心に刻み込んでいる無数のルールのひとつだ。しかし、ひとたびユルトの中に座ると、いつもとは違う行動を取ってもいい場所なのだという明確なメッセージを受け取る。実際、ほとんど全員がユルト内に置かれている白い丸

デジタル・ユルトに座ると、つい色鉛筆を手に取って描いてみたくなる。

テーブルに何かを描きはじめるのだ。それも無断で。

いったい何が〝常識〟をくつがえさせているのか？　まず、テーブルの表面はすべて紙でできている。ドーナツ型の白い紙が膝くらいの高さまで積み重ねられているのだ。直径は車のタイヤとほぼ同じで、文字や絵で埋まったら、破り取ることができる。この丸テーブルの中心には巨大な器が置かれていて、太い色鉛筆が何十本も入っている。つまり、このユルト内の環境は、明確な非言語メッセージを送っているわけだ。紙はよくいわれる「白紙状態《タブラ・ラーサ》」である。つまり、好きなように書き込める空白のスペースの役割を果たしている。そして、使い古しの色鉛筆は、もちろん単なる見せかけのために置いてあるわけではない。多くの人は、前の人が描いた絵を見たとたん、「ここでは古いルールを忘れて、新しく描きはじめてもいいのだ」と気づく。

スペースはこれほど影響を及ぼすものなのだ。パーティにふさわしい雰囲気が「心の中のパーティ熱」を呼び覚ますのと同じで、職場にふさわしい環境は、時として潜在的な創造力を呼び覚ます。オープン・スペースはコミュニケーションや透明性を促す。幅の広い階段は別の部門の人々同士の偶然の会話を促す。ホワイトボードのように書き込めるスペースがあれば、自然発生的なアイデア創造セッションを促す。専用のプロジェクト・スペースはチームの結束力を高める。

だから、職場のスペースを意図的に選ぼう。大半の組織にとって、職場のスペースは人件費に次いで2番目に大きな出費だ。したがって、職場のスペースにもっと賢くお金を使うべきなのだ。**賢くクリエイティブなチームを築き、非凡な成果を成し遂げてもらいたいなら、平凡で冴《さ》えないスペースで働かせてはいけない。**

dスクールの設立当時、私たちはすぐに常設のオフィスを構えられたわけではない。4年連続でキャンパス内の4つの場所に移転せざるをえなかった。初めのころ、見通しは間違いなく暗かったのだが、今にして見れば、このころに貴重な教訓を学んだ。

dスクールは、キャンパスのはずれにあるおんぼろのダブルワイド・トレーラーで始まった。私たちは壁を取り壊し、ツー・バイ・フォー材と透明なポリカーボネート材を使って新しい壁を作り、台の上にドアを乗っけてテーブルを作った。学生たちは何でも好きなことができた。たとえば、目に入った面に片っ端からドリルで穴を開けることも。それから、dスクールはコンピューター端末がずらりと並ぶオフィス・スペースへと移転した。私たちは床に敷かれた安っぽくて無機質なカーペットを剥がし、コンクリートの床をむき出しにした。次は、周囲に博士たちのオフィスが立ち並ぶ流体力学の実験室に移転した。そして最後が、現在のdスクールがある場所だ。ここはかつて製図スタジオとして使われていた。

dスクールはこれほど頻繁に移転を余儀なくされたため、何度もスペースのプロトタイプを作り直し、毎年数百人の学生とともに改変やテストを繰り返さなければならなかった。入居してしばらく集中的にスペースを利用するうちに、順調な部分とそうでない部分のリストが自然とできあがり、次にスペースをデザインする際の参考になった。移転は確かに一苦労だったし、ストレスも多かったが、一からやり直すたびに色々なことが改善されていくのを見るのは、快感でもあった。つまり、現在のdスクールのスペースは、それまでのすべてのスペースの洞察を形にしたものなのだ。

私たちがその過程で学んだ教訓をいくつかご紹介しよう（一部の内容はdスクールの「環境コラボラティブ」共同ディレクターのスコット・ドーリーとスコット・ウィットフトの著書『メイク・スペース』でも説明されている）。（注15）

●**人々の関係を保つ。ただし密接すぎてはダメ。** 私たちは密接なコラボレーションを求めていた。しかし、教職員全員をひとつのテーブルに集めるのは、密度が濃すぎた。現在では、ひとりひとりにデスクがあるが、全員が仕切りのないオープン・スペースに集まっている。

●**音に留意する。** トレーラーに木材とポリカーボネートの間仕切りを設けたのは、オープンな雰囲気やコラボレーションしやすい雰囲気を作り出すためだった。しかし、いざ利用しはじめると、音のプライバシーは重要だとわかった。間に合わせの壁でエリアを区切ってはいたものの、音が漏れて集中しづらかったのだ。

●**適所に柔軟性を加える。** チームはソファ、テーブル、間仕切り、ホワイトボード、備品用のカートまで、あらゆるものにキャスターを付けた。この柔軟性のおかげで、色々な用途にすばやく切り替えることができた。しかし、柔軟性にも限度があることもわかった。度を超えると、自由よりも混乱の方が大きくなってしまう（たとえば、コピー機がグラグラするなど）。

●体験に合ったスペースを作る。スタッフたちはdスクールにいくつかの〝ミクロな環境〟も作った。このクロゼットほどの大きさのスペースは、アイデアを創造するための〝無菌室〟から高級ラウンジまでさまざまなものがあり、色々な仕事の仕方を提案している。そして、チームは現在の活動に合ったスペースを選べるようになっている。

●実験が許される雰囲気を作る。dスクールでは、ほとんどの表面が未加工の合板、発泡スチロール板、コンクリート、ホワイトボードでできており、入念な仕上げはまったくといっていいほど行なわれていないので、「大事に扱わないと」という感じはいっさいしない。粗雑な素材は、「取扱注意」ではなく「ご自由に実験を」というシグナルになる。というと当たり前に思えるが、実際の企業の世界ではあまり実践されていない。トムは何年も前に、高名なフォーチュン500の大企業のできたてほやほやの学習センターで、ワークショップを開催したことがある。ところが、私たちがワークショップで使う貼り紙を壁に貼ろうとすると、誰かが止めに入ってきて、「塗装面にモノを貼ってはいけないという規則があるんです」と言われた。学習センターの壁が学習プロセスの妨げになっているとしたら、考え直した方がいいかもしれない。

- **巨大なスペースのプロトタイプでも躊躇せず作る。**お金をかけなくても実寸大のプロトタイプを製作することはできる。新しいスペースのレイアウトをチョークで描く。ひもや長いブッチャー・ペーパー（訳注：直訳すると肉屋の紙。包装や工作に使われる安価なクラフト紙）を使って壁を再現する。安い素材でも、新しいスペースを視覚的に表現することはできる。そうすれば、入居を予定している人々は、色々な選択肢を試したり、その場所の〝雰囲気〟を思い描いたりできるのだ。

- **演出を施す。**大々的にリリースする前に、まずは小さな実験を行ない、精度の低い実寸大のプロトタイプで体験してアイデアに慣れてもらう。人々を集め、新たな始まりを祝う。たとえば、シャンパンを開けて新しい建物の命名式を行なってもいいし、新しいスペースに入居するグループを集めてカギの贈呈式を行なうのもいい。

たとえば、年に1回移転するというような制約を自分で課すのは、バカバカしくも聞こえだろう。だが、グループのみんなが常に気を抜くことなく自分を変えていく努力を後押しすることにもなる。だから、物事をかき混ぜる機会を探そう。スペースのリフォームを予定しているなら、現在の場所でも仮の場所でもいいから、新しいスペースのアイデアをプロトタイプ化してみよう。新規のプロジェクトを抱えているなら、そのプロジェクトに合わせて周囲の環境を調整できないか探ってみよう。職場環境を変えるのが習慣になれば、より組み替えやすい動的な職場環境が自然と生まれるだろう。だから、惰性や現状維持ではなく、柔軟性を重視したスペースをデザインしよう。

言葉が思考を作る

言語は思考の結晶だ。しかし、人々が選んで使う言葉は、その思考パターンを表わすだけではない。言葉が思考パターンを形作るのだ。私たちの発言や言葉遣いは、企業文化に大きな影響を与えることもある。人種差別や性差別と闘っている人なら誰でも、言葉にどれだけ影響力があるかを理解している。**考え方や行動を変えるには、まず言葉遣いを変えるのが有効なのだ。**同じことは、イノベーションにも当てはまる。新しいアイデアに関する会話に影響を与えれば、より幅広い行動パターンにも影響を及ぼせる。ネガティブな考え方や敗北主義的な考え方は、ネガティブな言葉や敗北主義的な言葉を生む。その逆もまたその通りだ。

数年前、私たちはジム・ウィルテンスを招待した。彼は無類のアウトドア好きであり、作家、冒険旅行家でもある。また、講演家として、北カリフォルニアの学校の才能ある子どもたちを対象に、独自のプログラムでも教えている。彼は自身のプログラムで、ポジティブな言葉の威力を訴えている(注16)。そして、ジムは率先してその模範を示している。ジムの口から「できない」という言葉が出てくることは、文字どおりいちどもない。彼はこの恐ろしい言葉を発しないようにするため、できる物事を強調するような前向きな言い回しを使っている。たとえば、「〜ならできる」という具合に。実際、彼が「できない」と口走っているところを咎《とが》めたら100ドルを払うと生徒たちに約束しているほどだ。

ジムのやり方は大人には少し単純すぎるって？　早合点《はやがてん》してはいけない。キャシー・ブラックは、大手出版社「ハースト・マガジンズ」の社長に就任したとき、ネガティブな会話パターンが原因で、新しいアイデアの生まれにくい環境ができあがっていることに気づいた(注17)。この会社に近い人物の話によれば、まず否定してかかるというのが、経営幹部たちの皮肉な信条になってしまったのだという。そこでブラックは、上層部の人々に、「それは前にも試しました」とか「それはうまくいかないでしょう」と言うたびに10ドルの罰金を科すと伝えた。（企業幹部と教師の違いに注目してほしい。ビジネスパーソンは自分自身ではなく他人《ひと》に罰金を科すのだ。）10ドルは幹部たちにとっては微々《びび》たる額だったが、人は同僚たちの前で恥をかきたくないものだ。

この規則を何度か実行しただけで、社内で先ほどのような否定的な表現は聞かれなくなった。それどころか、よりポジティブな言葉遣いに変えたことで、もっと大きな影響も表われた。ブラックは、ハースト・マガジンズの社長就任中、出版業界のもっとも厳しい時代を乗り切り、コスモポリタン誌をはじめとする旗艦《きかん》ブランドの好調を維持しただけでなく、オプラ・ウィンフリーの『O』誌のような新しいメガヒットも生み出した。一方で、ブラックはアメリカのビジネス界でもっとも有力な女性のひとりにまでのぼり詰めた。

ネガティブな会話パターンに代わる表現のひとつといえば、「どうすれば～できるだろうか？」（How might we...、直訳すると「私たちはどのように～しうるだろうか？」）という言葉だ（注18）。これはsalesforce.domの現プロダクト・デザイン担当上級副社長を務めているチャールズ・ウォーレンから数年前に教わった言葉であり、世界の新しい可能性を探すときに役立つ楽観的な表現だ。この表現はものの数週間でＩＤＥＯじゅうに広まり、それ以来すっかり定着している。これは拍子抜けするくらいシンプルな表現だが、クリエイティブな集団に対する私たちの見方を見事にとらえている。「どのように」（how）の部分は、常に改善が可能であり、残るは「どのように成功させるか」の問題だけだと暗《あん》に示している。「しうる」（might）の部分は、一時的にハードルを少し下げている。そのおかげで、最初から自分に歯止めを利かせるのではなく、突拍子もないアイデアや非現実的なアイデアを考え、大きな躍進の可能性を高められるわけだ。そして、「私たちは」（we）の部分は、課題に挑むのが誰なのかを示している。しかも、課題に挑むのが単なる集団ではなく、私たちの集団であるという意味合いも込められているのだ。この10年間でＩＤＥＯと仕事をした経験のある人や、ＯｐｅｎＩＤＥＯのソーシャル・イノベーション課題に参加した経験のある人なら誰でも、間違いなくこのオープンな質問を耳にしたことがあるはずだ。

しかし、この表現を使うのは、単なる意味上の問題ではない。思考は言葉に変わり、言葉は行動に変わる。したがって、言語の部分を正せば、行動に影響が出るのだ。現状を守ろうとする人はたいてい、「私たちはずっとこのやり方でやっている」とか「そんな風にやる人はいない」と言う。「なぜ」という質問を繰り返せば、8歳の子どもでさえこういう言い訳を論破できるだろう。しかし、大人は言葉のシンプルな威力を忘れてしまうこともある。ぜひみなさんも、自分のグループの言葉遣いを見直し、言葉遣いが文化に及ぼす良い影響を確かめてみてほしい。

イノベーションを起こす増幅型リーダー

これまで、イノベーション文化を生み出すさまざまな方法を紹介してきたが、いずれもトップに立つリーダーたちの影響をもろに受ける。リーダーは文化を押しつけることはできないが、育《はぐく》むことならできる。創造性やイノベーションが生まれやすい状況を作ることもできる。たとえるなら、創造の文化を開花させ、成長させるための熱、光、水分、養分を与えることはできるのだ。また、有能な人々の最善の努力を集約させ、イノベーティブで優秀な集団を築くこともできる。

幸運にも、私たちはIDEOの仕事を通じて、官民を問わず数々のCEOやビジョナリー・リーダーたちと頻繁に会ってきた。もちろん、ひとりひとりに独自の流儀があるのだが、全員に共通しているのは、チームの人々の持つ能力を見抜き、発揮させる力だ。この特質は単なるカリスマ性や知能の域をはるかに超えている。つまり、周囲の人々を育て、最高の力を発揮させるコツを身に付けたリーダーたちがいるのだ。

このようなリーダーを表わす言葉のひとつとして、「増幅型リーダー」(multiplier) というものがある（注19）。この言葉は、私たちが作家でエグゼクティブ・アドバイザーのリズ・ワイズマンと話をしているときに聞いたものだ。組織行動論を学んだ経験を持ち、オラクル・コーポレーションで何年にもわたって国際人材担当の幹部を務めてきたリズは、著書『増幅型リーダー：最高のリーダーはいかにして全員を賢くするのか？ (Multipliers: How the Best Leaders Make Everyone Smarter)』の執筆調査の一環で、4大陸の150人を超えるリーダーにインタビューを行なった。その結果、すべてのリーダーは「消耗型リーダー」と「増幅型リーダー」のあいだのどこかに属することに気づいた。消耗型リーダーとは、厳しい管理体制を敷き、チームの創造力を十分に活かしきれないリーダー。一方、増幅型リーダーとは、やりがいのある目標を定め、従業員に自分でもできると思っていなかったような劇的な成果を生み出させるリーダーのことだ。全盛期のスティーブ・ジョブズは、かの有名な「現実歪曲《わいきょく》空間《フィールド》」を持つ増幅型リーダーだった。彼は周囲の人々に不可能なことはないと認めさせ、魔法のごとくやってのけさせる力を持っていた。そして、誰でも1回くらいは、消耗型リーダーのもとで働いた覚えがあるだろう。つまり、どんなに努力しても何の意味もないと感じさせるようなリーダーだ。

チームの影響力を増幅させるには

リズによれば、増幅型リーダーはチームや会社の成果を倍増させ、その過程で士気を向上させるという。以下に、増幅型リーダーになるコツをご紹介しよう。

- 有能な人材を惹き寄せる〝磁石〟（タレント・マグネット）になる。非常に優秀でクリエイティブな人材を惹きつけて維持し、潜在能力を最大限に発揮させる。
- やりがいのある挑戦や課題を見つけ、人々の思考を精一杯に働かせる。
- さまざまな意見を表明し、検討できるような活発な討論を奨励する。
- 成果に対する当事者意識をチーム・メンバーに持たせ、彼らの成功に投資する。

ぜひみなさんも、増幅型リーダーの戦略を使って、グループ内の人々に潜在的な創造力を発揮させせよう。それから、次世代を担うクリエイティブなリーダーを常に探すことも忘れないこと。まだ組織内でそこまでの権限がないなら、思想のリーダーになろう。権限のある幹部たちの逆メンターになるのもいい。

リーダーシップ術に関する現代の有力な思想家のひとりであるウォーレン・ベニスは、長年を費やして、ウォルトが存命中のウォルト・ディズニー・スタジオ、ゼロックスのパロアルト研究所、ロッキードのスカンクワークスといった画期的なグループについて調べた（注20）。彼の研究結果の要点は次のとおりだ。

- グレート・グループは、神から与えられた使命を担っていると思っている。単なる金銭的な成功の枠を超えて、世界をより良い場所に変えられると心から信じている。
- グレート・グループは、現実主義というよりも楽観主義である。今まで誰もやったことのないことを実現できると信じている。「そして、楽観主義者たちは、たとえその楽観主義に根拠がないとしても、大きな成果を上げられる」とウォーレンは記している。

●グレート・グループは、必ず世に出る。「アイデアを生み出すためだけにできたシンクタンクや、精神生活を深めるリトリートセンターと違い、グレート・グループは行動するための場所である」とウォーレンは記す。彼は自身の研究をもとに、成功するコラボレーションは「期限つきの夢のようなもの」だと述べている。

ウォーレンのいう「グレート・グループ」（偉大なグループ）が大きな情熱を持ち、高い生産性を発揮することは、ＩＤＥＯやｄスクールの人々なら全員が理解できる。そのひとつの理由は、学校のプロジェクトであれ、会社の新しいイニシアチブであれ、私たちがたいてい「われわれ」というひとつの集団で物事に取り組んできたからだ。強くてクリエイティブなチームに属するというのは、仕事生活の中でも特にやりがいのある側面だ。そして、最高のチームの一員であるというワクワク感をいったん味わうと、誰もがもういちどそんなチームに属したいと願うものなのだ。

巨大組織の文化を変える

強力なリーダーシップをもってしても、大きな組織の中で文化を変えるのは難しい。では、組織の内部で一から創造力《クリエイティブ・コンフィデンス》に対する自信を築くにはどうすればいいのか？　そのわかりやすい例として、家庭用品、化粧品、ヘルスケア商品、食品などの製造・販売を手がける会社「Ｐ＆Ｇ」のエピソードをご紹介しよう。Ｐ＆Ｇは、Ａ・Ｇ・ラフリーがＣＥＯに就任して1期目に、劇的な変身を遂げた（注21）。その中でも強力なリーダーとして、とりわけ重要な役割を果たしたのが、デザイン・イノベーションおよび戦略担当副社長のクラウディア・コチカだ。

「文化の錬金術師」という呼び名もあるクラウディアは、巨大な企業全体に創造力に対す《クリエイティブ・コン》る自信《フィデンス》を広めるための忍耐力、粘り強さ、人格力をバランスよく兼ね備えている（注22）。彼女は世界最大の消費財メーカーであるＰ＆Ｇで数々の功績を残してきた。その中でもとりわけ目を惹くのは、ファスト・カンパニー誌の表現を借りれば、「〝どろどろしたものをよりたくさん効率的に〟販売するのが得意な会社を、顧客の生活に喜びをもたらす製品の販売会社へと変えた」ことだった（注23）。そして何より、彼女はデザインの学位がなくてもデザインの方法論を活かせることを実証している。Ｐ＆Ｇにやってくる前、彼女は公認会計士としてキャリアをスタートさせたのだ。

Ａ・Ｇ・ラフリーは、初めてＣＥＯに就任すると、デザインを会社のＤＮＡに刻み込んでほしいとクラウディアに頼んだ。それまで、クラウディアはＰ＆Ｇで主にマーケティングやゼネラル・マネジメントに携わり、社内のサービス事業を成功に導いてきた。その過程で、彼女はデザインの方法論を用いるやり方を模索したのだ。ラフリーは、「Ｐ＆Ｇは〝単なる技術企業〟にすぎない。だが、技術だけでは十分とはいえない」と彼女に伝えた。

彼は総合的な顧客体験を築きたかったのだ。クラウディアは10万人の従業員を、創造力《クリエイティブ・》に対する自信《コンフィデンス》を持つデザイン思考家に変えるのは難しいとわかっていた。デザイン思考について初めて読んだとき、彼女はこんな感想を持った。「うわあ、私たちのやり方とはかけ離れているわ。どうすればここに到達できるのだろう？　どうすればデザイン思考を学べるのだろう？」

彼女は試してみることにした。P&Gのビジネス・リーダーたちにメッセージを送信し、解決に力を貸すので、今の最大の問題を教えてほしいと伝えた。受信トレイは満杯になった。次に、保守的なP&Gの経営幹部たちをIDEOに送り、デザイナーと肩を並べて難問に取り組んでもらうため、イノベーション基金を設立した。

文化を変えるのは厳しい道のりだった。P&Gの従業員たちの大半は、今まで経験したこともないようなデザイン・サイクルに取り組んでいたからだ。あるとき、あるマーケティング幹部がデザイン・スタジオからクラウディアにパニック状態で電話をかけてきて、「この人たちにはプロセスというものがまるでない！　P&Gのやり方を教えなきゃ」と言った。クラウディアは彼女をなだめ、もう少しだけ付き合ってやってほしいと頼んだ。彼女はその言葉に従った。そして最後には、新しいイノベーション手法の熱烈な支持者になった。

その後、クラウディアはイノベーションの実践者を招き、P&Gでワークショップを実施した。最終的には、従業員が自分たちでワークショップを進行できるよう、従業員にワークショップ・プロセスのファシリテーター（進行役）としての教育を積ませた。あるワークショップで、オレイ・チーム（訳注：オレイはＰ＆Ｇのスキンケア・ブランドのひとつ）はある問題に取り組んだ。消費者はオレイ・シリーズの各種商品の違いがわからずに困っていたのだ。もともと、チームはパッケージのデザインを変更する予定だったのだが、ワークショップを実施した結果、その案を白紙に戻した。というのも、消費者が店舗の棚にやってきたころには、すでに手遅れになっているとわかったからだ。望みの商品がどれなのか事前にわかっていなければ、店舗に来たところでわからないのだ。そこで、チームは問題の枠組みをとらえ直すことにした。その結果、「オレイ・フォー・ユー」（あなたに合ったオレイ商品）というウェブサイトが設けられた。このサイトを利用すれば、店に行く前にどの商品を使えばいいかを確認し、ひとりひとりに合ったオススメを受け取れるのだ。

Ｐ＆Ｇは同じような方法で、着実に製品を開発してきた。しかし、クラウディアにとってそれよりもはるかに貴重なのは、Ｐ＆Ｇの経営幹部たちがデザイン・サイクルを通じて創造力に対する自信《クリエイティブ・コンフィデンス》を手に入れたことなのだ。

そのワークショップとはどんなものだったのか？　3日間の短期集中型のワークショップで、従業員たちはブレインストーミング、エンド・ユーザーの調査、プロトタイプの構築、コンセプトの具体化というプロセスを活かし、目の前の問題に取り組んでいった。上級幹部たちの多くは、ワークショップに到着するとまずパワーポイント・プレゼンテーションが待っているのだろうと期待していた。「開始早々、私たちは幹部たちを消費者と組ませます。すると幹部たちは混乱して、〝予定表を見せてくれ〟と言います。でも、〝ごめんなさい、ないんです〟と答えます。ワークショップはものすごい速さで進むので、プロセスに疑問をはさむ暇はありません。そして、すぐに没頭してしまうんです」とクラウディアは話す。P&Gのある副会長は、今までに経験した中で最高の研修だったとクラウディアに語った。研修を受けている感じがしないし、自分のグループにとって重要な真の問題を解決しようとするものだったからだ。

「ワークショップは毎回成功でした。参加者は自分が期待すらしていなかったヒントを持ち帰ることができたんです」とクラウディアは言う。さらには、A・G・ラフリーまでもがクラウディアのところに問題を持ち寄ってきた。どうすれば事業部門を個々のプロフィット・センター（訳注：収益とコストが集計される独立した事業単位）として孤立させることなく、互いに連携させることができるのか？　というものだ。

実験する許可を得たクラウディアとP&Gは、この組織変革の最中に、次のようないくつもの点を学んだ。

● **指標や成果だけでなく、証言にも説得力がある。**新しいイノベーションの方法論を体験した人々の話やお墨付きは、その価値をほかの人に納得してもらううえで重要な役割を果たした。「ワークショップに時間をかけるだけの価値があると信じなければ、誰も参加しようとしなかったでしょう」とクラウディアは言う。

●プロトタイピングは、イノベーションの道具としても文化的な価値としても強力である。

「すべてはプロトタイプです。ですから、私は全員に〝これはプロトタイプですから〟と言いました。これにはふたつの意味合いがあります。ひとつは、失敗が許されるということ。もうひとつは、うまくいっていないところがあればフィードバックをくださいということです」とクラウディアは話す。その結果、アイデアは神聖なものではなくなった。アイデアが却下されても、気を悪くしたり、アイデアがつぶされたと感じたりしなくてすんだのだ。「一言でいえば魔法です。とんでもない効果があるんです。人々が何かにとらわれていると、そこから連れ出すのは大変ですし、どうしても気持ちを傷つけてしまうからです」

●あらゆる分野の人々を教育することで、広まりやすくなる。購買、サプライ・チェーン、市場調査、マーケティング、研究開発、さらには財務まで、あらゆる分野の人々に教育を施すことで、組織全体に創造力に対する自信《クリエイティブ・コンフィデンス》を吹き込むことができた。「財務部の人々は驚くほどクリエイティブです。彼らはワークショップで初めて消費者と話をしたのですが、一発で夢中になってくれました。その結果、何て言ってくれたと思います？これからは仕事に全身全霊を捧げるつもりですと言ってくれたんです」とクラウディアは話す。こうして、組織じゅうにファシリテーター（推進役）が生まれた。「人事担当者がイスに座りながら〝女性のつなぎ留めに関してはどう対処しよう?〟と言うと、ファシリテーターのひとりが〝解決に手を貸しましょう〟と言うようになったんです」

クラウディアはできるだけ多くの人々に自分で成功を体験してもらうことで、P&Gに創造力に対する自信《クリエイティブ・コンフィデンス》を広めた。現在、P&G全体で300人のファシリテーターがいて、組織のあらゆる面にイノベーション思考を取り入れる方法について、従業員に教育を行ないつづけている（注24）。

A・G・ラフリーはクラウディアがP&Gを退社する際、彼女についてこう話している。「クラウディアのリーダーシップのもと、たった7年間で、P&Gに世界トップクラスのデザイン能力を築くことができた。彼女はデザインやデザイン思考を会社のイノベーション方法や運営方法に刻み込んでくれた。デザインの威力を信じる彼女の熱意は、われわれのブランドやビジネスを強化してきたのだ」（注25）

みんなが秘めている創造力を活かす

創造力を秘めた人材であふれるこの世界では、名案を導き出すのはトップの人々だけだと決めつけるのは危険だ。それでも、私たちはこの考え方のもとで運営されている世界的企業をいくつも目撃してきた。肩書きに「C」（最高○○責任者）と付く経営幹部たちがマスター・プランを練り、組織の残りの人々はそれをひたすら実行するだけ。CEOが企業の成長を永遠に維持できる名案を抱えているなら、組織のほかの人々は自分の才能を活かす必要はないかもしれない。しかし、21世紀のもっとも革新的な企業は、従来の指揮統制型の組織から、コラボレーションやチームワークを重視する参加型のアプローチへと、変わってきた。こういう会社は、社内の全頭脳を結集させ、どこからでも最良のアイデアや洞察を集める。第一線で業務を行なう人々の声に積極的に耳を傾ける。アイデアが組織の上へと浸透していくよう、チーム・メンバー全員に対してイノベーション精神を植えつけるのだ。

フランク・ゲーリーは、もっとも偉大な存命中の建築家のひとりだ。彼は象徴的な建物をいくつも設計してきた。たとえば、波のようにうねるチタンの外壁が印象的な、スペインのビルバオにあるグッゲンハイム美術館などが有名だ。キャリアを開始した当初、彼は南カリフォルニアの小さな空港で飛行機の清掃の仕事をしていた(注26)。フランクの話によれば、彼はその単純な仕事が気に入っていたそうで、誰かが飛行機の操縦方法さえ教えてくれれば、仕事を続けていたかもしれないという。考えてもみてほしい。その小さな航空会社の経営者は、この100年間でもっともクリエイティブな建築家のひとりに、自分の飛行機を清掃させていたのだ。しかし、経営者も周りの従業員も、とてつもない創造力が滑走路の上で解き放たれるのを待っていたのを、知る由《よし》もなかった。

あなたの会社にも、経理部で表計算ソフトをいじくっている天才的な創造力の持ち主はいないだろうか？　営業チームにフォーチュン500の大企業のCEOになれそうな人物はいないだろうか？　組織に数十億ドルの価値をもたらす絶好の機会やパートナーを待っている従業員はいないだろうか？　こういうイノベーターの卵にアイデアを表明してもらえるような参加の仕組みやプロセスを築いてみてはどうだろう？　チームや組織の人々に創造力の許可証、つまり潜在能力を最大限に発揮できる機会をもっと与えてみてはどうだろう？　チーム・メンバーの中にイノベーターが見つかれば、会社全体の利益になる。人々にスキル磨きの機会を与えよう。そうすれば、大成する可能性を持った意外な人材が見つかるかもしれない。トヨタが世界最高の自動車会社として君臨しつづけているのは、従業員ひとりひとりにイノベーションを提案する権限を与えているだけでなく、それを仕事の自然な一部にしているからだ。私たちの知る非常にクリエイティブな企業はみな、会社のあらゆるレベルで創造力を促すような組織構造を築いているのだ。

組織の創造力に対する自信《クリエイティブ・コンフィデンス》を育《はぐく》むには、まずイノベーション文化を築くことだ。分野の枠を超えたチームの力を活かし、他者のアイデアを土台にするようみんなに促し、組織全員の能力を増幅させるリーダーになろう。dスクールのエグゼクティブ・ディレクターのジョージ・ケンベルはときどきこんなことを言う――イノベーションを高めるひとつの方法は、イノベーターを育てることなのだ。

第7章
チャレンジ

第4章で、行動することが重要だと話した。もしあなたが私たちのワークショップに参加したなら、とっくに外に飛び出して人々の未解決のニーズを観察したり、新しいアイデアをプロトタイプ（試作品）にしたり、話を聞いて回ったりしているだろう。少なくとも、ワークショップの目的に合わせて部屋の模様替えくらいはしているはずだ。だからみなさんも、今すぐこの本を置いて、外に走り出し、あなたが温めているアイデアを行動に移してみてほしい。さあ早く。ここで待っているから……

……さて、どうだっただろう？　行動を起こすのが難しいことはわかっている。しかし、内に秘めた創造力を解き放つのは、ほかの色々な物事と何ら変わらない。そう、練習すればするほど上達していくのだ。本章では、創造力に対する自信《クリエイティブ・コンフィデンス》を手に入れるための橋渡しとして、創造的思考を解き放つ練習をするのに役立つツールを紹介していきたい。

それぞれの演習では、イノベーションに関する問題や課題がひとつ定められている。無理にぜんぶを試す必要はない。テーマがあなたの抱えている問題と無関係だと感じるなら、たぶん紹介しているツールも役立たないだろう。

最初に、今すぐにひとりきりで始められる演習をいくつかやってみよう。残りの演習は、次にグループやチームで集まる機会があったときに使ってみてほしい。まずは何個か試してみて、創造力の筋肉が鍛えられているかどうかを確かめてみよう。

紹介するテクニックの中には、信じられないくらいシンプルに見えるものもある。気軽に参加できるということなので、これはいいことだ。少なくともひとつはアイデアを試してみてほしい（必要に応じて、アイデアを同僚とシェアしてみよう）。ただし、重要なのはアイデアそのものではなく、行動することだ。

チャレンジ①

意識的に思考の幅を広げ、クリエイティブに考える

思考の幅を広げたり、常識にとらわれずに考えたりする演習を積極的に行なうことで、次々とアイデアを生み出せるようになる。自分ひとりでイノベーティブな解決策を探している場合は、マインドマップが大いに役立つ。マインドマップは、アイデアを生み出したり、目の前のテーマについて見通しを良くしたりするのに打ってつけの万能ツールなので、私たちはいつも使っている。家族旅行のアイデアを練るのであれ、週末に片づけなければならない家の仕事をピックアップするのであれ、マインドマップはありとあらゆる問題解決に使えるのだ。また、ひとつのアイデアを中心として、思考の奥の奥まで描き出すのにも役立つ。マップの中心から離れれば離れるほど、隠れたアイデアが見つかるだろう。

ツールの名称：マインドマップ
参加者：通常はひとり
所要時間：15〜60分
用意するもの：紙（大きいほど良い）とペン

手順

①大きな白紙を用意し、紙の真ん中に中心的なテーマや課題を書き込み、丸で囲む。たとえば、「友人たちをもてなす楽しいディナー・パーティ」など。

②中心から枝分かれさせていく感じで、メイン・テーマから連想するものをいくつか書き出す。「ほかにこのテーマと関連するものをマップに書き加えられないだろうか？」と考えよう。ディナー・パーティの例でいえば、「全員でキッチンに立つ」「オリジナルのパフェを作る」と書けば、ふたつの思考経路が生まれるだろう。途中、ひとつのアイデアを中心にしてまったく新しい広がりができそうになったら、そこが中心であることを示すために、長方形や楕円形でざっと囲もう。

③それぞれの線について、新しいアイデアを生み出していく。たとえば、「オリジナルのパフェを作る」の次に、「先にデザートを食べる」「テーブルの上で料理する」などと書く。

④同じことを繰り返す。ページ全体が埋まるか、アイデアが尽きたら終了。ウォーミング・アップにはなったけれどまだやり足りないと感じる場合は、メイン・テーマを言い換え、新しい視点でもういちどマインドマップを作り直してみよう。十分に

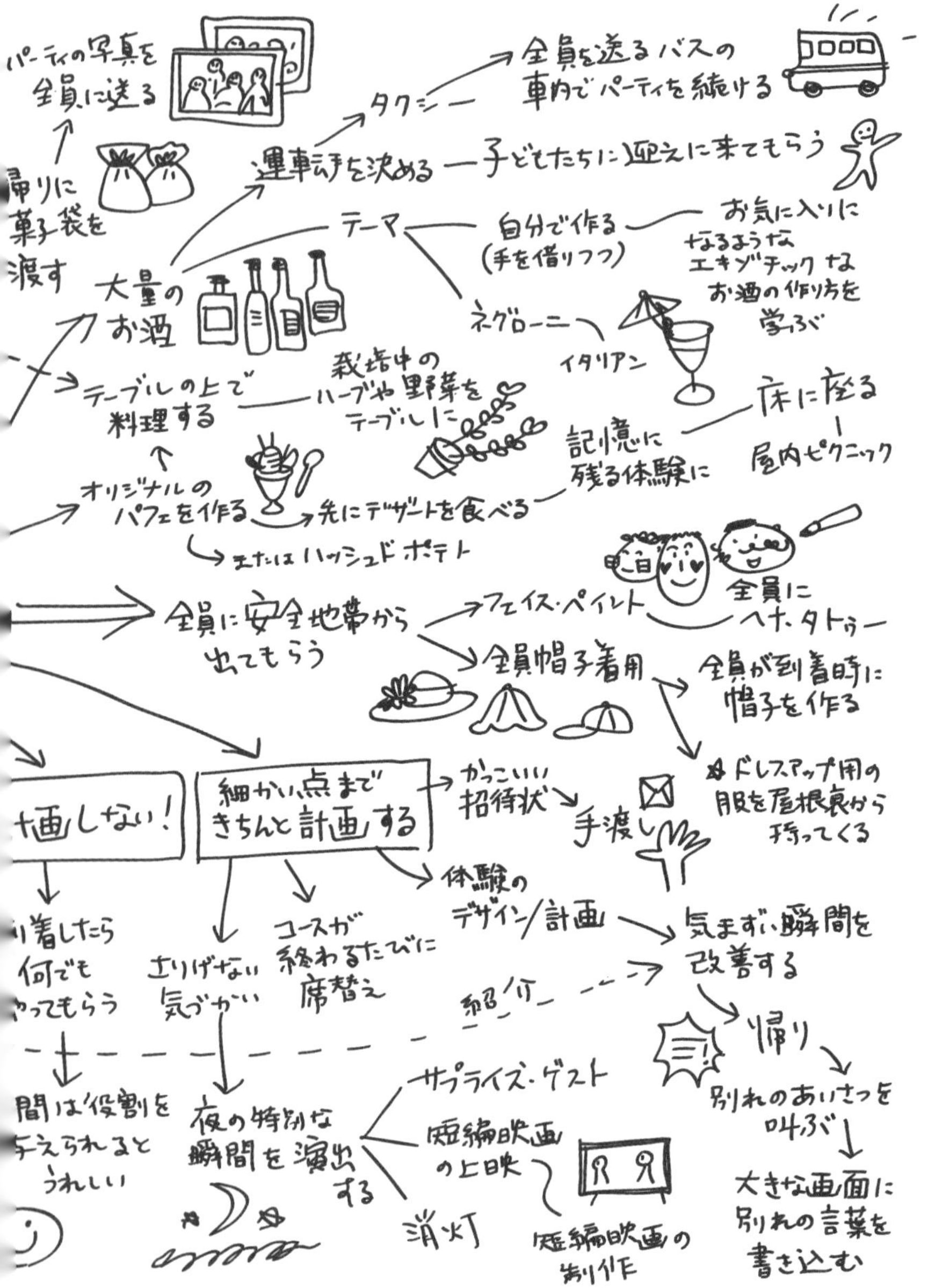
パーティの写真を全員に送る
帰りに菓子袋を渡す
タクシー
全員を送るバスの車内でパーティを続ける
運転手を決める
子どもたちに迎えに来てもらう
テーマ
自分で作る（手を借りつつ）
お気に入りになるようなエキゾチックなお酒の作り方を学ぶ
大量のお酒
ネグローニ
イタリアン
テーブルの上で料理する
栽培中のハーブや野菜をテーブルに
床に座る
屋内ピクニック
記憶に残る体験に
オリジナルのパフェを作る
先にデザートを食べる
またはハッシュドポテト
全員に安全地帯から出てもらう
フェイス・ペイント
全員にヘナ・タトゥー
全員帽子着用
全員が到着時に帽子を作る
ドレスアップ用の服を屋根裏から持ってくる
画しない！
細かい点まできちんと計画する
かっこいい招待状
手渡し
体験のデザイン／計画
気まずい瞬間を改善する
紹介
帰り
別れのあいさつを叫ぶ
大きな画面に別れの言葉を書き込む
着したら何でもってもらう
さりげない気づかい
コースが終わるたびに席替え
間は役割を与えられるとうれしい
夜の特別な瞬間を演出する
サプライズ・ゲスト
短編映画の上映
短編映画の制作
消灯

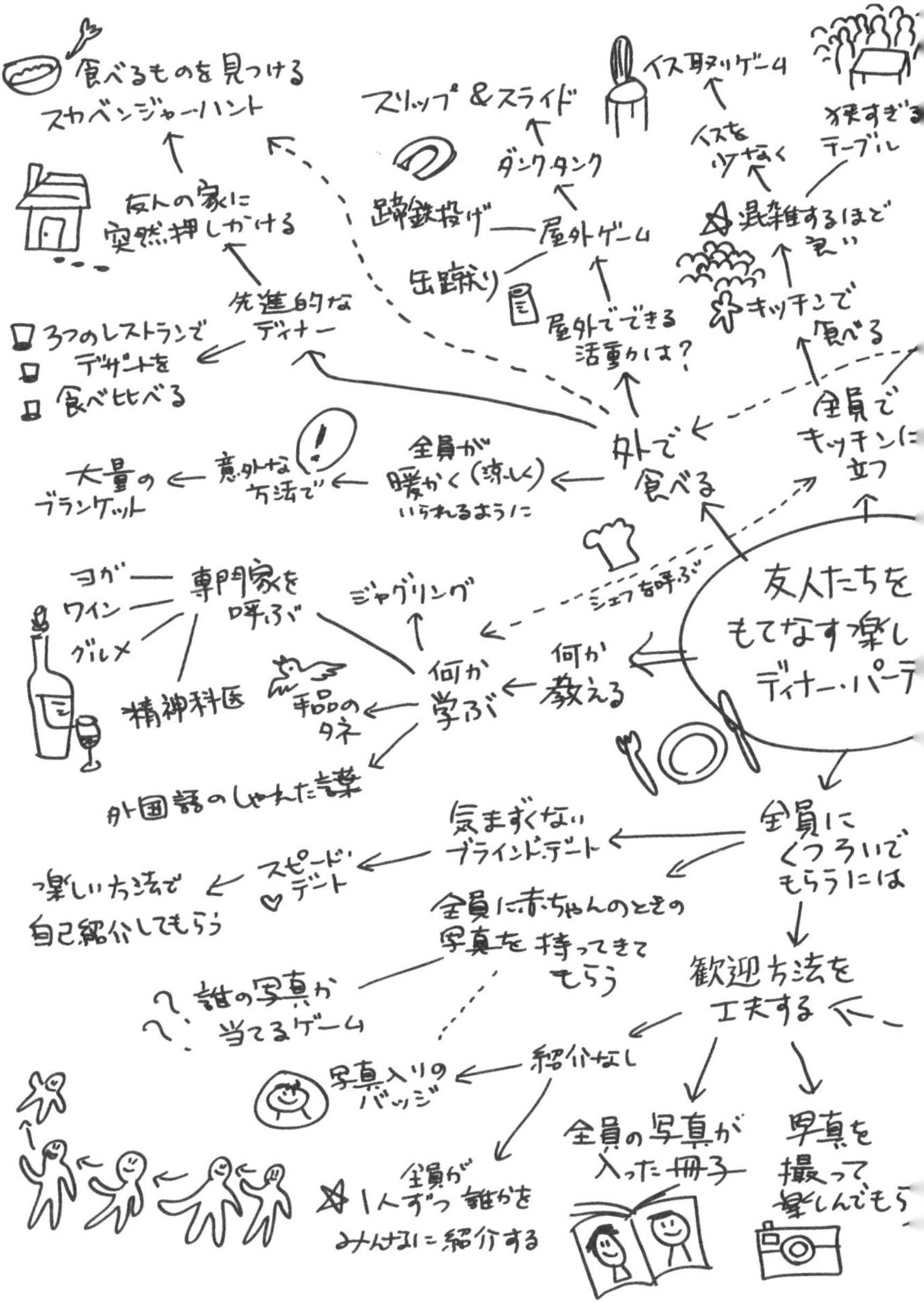
友人たちを
もてなす楽し
ディナー・パーテ
外で食べる
全員が暖かく（涼しく）いられるように
意外な方法で
大量のブランケット
先進的なディナー
3つのレストランでデザートを食べ比べる
友人の家に突然押しかける
食べるものを見つけるスカベンジャーハント
屋外でできる活動は？
屋外ゲーム
蹄鉄投げ
缶蹴り
ダンクタンク
スリップ＆スライド
全員でキッチンに立つ
キッチンで食べる
混雑するほど良い
イスを少なく
イス取りゲーム
狭すぎるテーブル
シェフを呼ぶ
何か教える
何か学ぶ
ジャグリング
専門家を呼ぶ
ヨガ
ワイン
グルメ
精神科医
手品のタネ
外国語のしゃれた言葉
全員にくつろいでもらうには
気まずくないブラインドデート
スピードデート
楽しい方法で自己紹介してもらう
全員に赤ちゃんのときの写真を持ってきてもらう
誰の写真か当てるゲーム
歓迎方法を工夫する
紹介なし
写真入りのバッジ
全員が1人ずつ誰かをみんなに紹介する
全員の写真が入った冊子
写真を撮って楽しんでもら

アイデアが出尽くしたと感じたら、どのアイデアで行くかを考える。デイヴィッドは、先ほどのマインドマップを描いたあと、盛大なディナー・パーティを開いた。招待客たちはコースを終えるたびに席を替え、部屋の全員と会話したのだ。マインドマップを描くたびに、新しいイノベーションの機会が待っている。

実践的なアドバイス

中心から枝分かれした直後のアイデアは、陳腐や当たり前と感じるものが多い。これは誰もが経験することだ。そのアイデアはもともとあなたの頭の中にあって、紙に書き出される寸前だったからだ。しかし、マップが広がるにつれて、頭は柔らかくなっていき、大胆で予測不能でまったく異なるアイデアが見つかっていくだろう。

マインドマップを試していくうちに、どんな創造活動でもマインドマップを活用できることに気づくだろう。デイヴィッドの元同僚のロルフ・ファスティは、マインドマップには次の利点があるとよく話していた（注1）。

①とにかく行動を起こし、白紙の状態に対する恐怖を克服できる。
②パターンを探すことができる。
③目の前のテーマの構造を明らかにできる。

④自分の思考プロセスをマップ化し、アイデアの変遷を記録できる。(新しい洞察を求めて、あとで線を逆向きにたどることも可能だ。)
⑤アイデアとプロセスの両方を他者に伝え、自分とまったく同じ心の旅に案内できる。

マインドマップがふつうのリストよりも効果的なのはどんなときだろう? と考えている人もいるかもしれない。リストは忘れたくない物事を記録するには効果的だ。ところが、ToDo(やること)リストには、どんな項目を載せるべきかわかっているという前提がある。一方、マインドマップを開始した時点では、どこに行き着くのかまだわからない。リストはすでに頭の中にある考えの中から、最善の答えを見つけるのに適しているのに対し、マインドマップは思考の幅を広げたり常識にとらわれない考えを促したりするのに適している。つまり、マインドマップはアイデアを生み出すのに効果的なのだ。そういうわけで、マインドマップは創造プロセスの初期の段階で特に有効だ。リストはもっとあと、つまり生み出したアイデアを記録して、その中から最善の解決策を探している段階の方が役立つ。本書のすべての章はマインドマップから始まった。そのあとで、紡ぎ合わせたい物語やアイデアをリストにまとめていった。新しいものを作ろうとしているなら、マインドマップを使ってアイデアを生み出し、リストを使って最善のアイデアをまとめるといいだろう。このふたつを組み合わせれば、強力なコンビになりうるのだ。

チャレンジ②

創造力のアウトプットを増やす

夢について研究している人なら誰しも認めるように、夢を覚えておきたいなら、ベッドの真横に夢日記を置いておく必要がある。そして、起きた瞬間（夜中でも朝でもかまわない）、忘れないうちに夢を書き留めるのだ。同じことは、起きている最中に見る〝夢〟についてもいえる。漠然とした考えでも、完璧に固まった考えでも、遠くにちらりと見える未来像でもかまわない。創造力のアウトプットを最大化したいなら、短期記憶を当てにしてはいけない。

アンディ・ウォーホルは「誰でも15分間は有名人になれる」と述べたが、たとえそれは無理だとしても、ふとした拍子に名案を思いつくことなら、誰にでもあるだろう。名案をひらめいたときには、その場でアイデアを記録するようにしよう。というのも、脳の短期記憶には15～30秒間しか思考が記憶されないからだ。したがって、アイデアの貯蔵量を増やすには、思い浮かんだ矢先に記録するようにするのがシンプルな方法なのだ。

ツールの名称：15秒間のひらめき
参加者：ひとり
所要時間：1日10分間

用意するもの：紙とペン、またはデジタルのメモ・ツール

手順

アイデアをひらめいたり面白いものを見つけたりしたら、すぐに記録する。常に身につけられるものであれば、アイデアを記録する実際の手段は何でもいい。次を参考にして、あなたのライフスタイルや生活に合った方法やテクノロジーを選ぼう。

●デジタル・ツールは優秀だが、紙は今もなお効果抜群だ。トムはいつもペンを持ち歩き、後ろのポケットに折り畳んだ簡単な紙を入れている。また、ベッドサイド・テーブルには小さなメモ帳と暗闇でも文字が見えるペンを常備している。おかげで読書中や真夜中でも、妻を起こす心配なくアイデアを書き留められる。

●前にも話したとおり、デイヴィッドは浴室にホワイトボード・マーカーを常備し、頭をよぎったアイデアが消える前に書き留めている。

●IDEOパートナーのブレンダン・ボイルは、アイデアを記録する目的に特化したさまざまな〝アイデアの財布〟を試している（注2）。

●ｉＰｈｏｎｅのソフトウェア「Ｓｉｒｉ」を使えば、頭の中で浮かんだことを簡単に言葉で記録できる。ほかのプラットフォームでも、使えるツールはどんどん増えている。

●ノートパソコンやタブレットにはさまざまなメモ帳アプリケーションが搭載されているが、アイデアを記録することに特化した「エバーノート」のような専用プログラムの方が、機能性は高いと思う。

ぜひみなさんも、できるだけアイデアを無駄にしないようにしてほしい。突然のひらめきを書き留める努力をするだけで、名案がどんどん溜まっていくことに驚くだろう。人間の脳は、人々、モノ、アイデアに遭遇したとき、絶えず関連づけや連想を行なっている。この偶然のひらめきを無駄にしないこと。

チャレンジ③

アイデア創造セッションをジャンプ・スタート！

創造力の筋肉のウォーミング・アップにふさわしい手軽でシンプルな演習をご紹介しよう。これはデイヴィッドがプロダクト・デザインを学んでいた学生時代に、彼の師であるボブ・マッキムから教わったものだ。「サーティ・サークル」（30個の円）という演習で、ひとりでもグループでもできる。演習の目的は、超短時間のあいだに円を図柄に変え、創造性を試すことだ。

ツールの名称：サーティ・サークル
参加者：何人でも
所要時間：3分間（＋討論タイム）
用意するもの：紙とペンをひとり1セットずつ。（紙にだいたい同じ大きさの空白の円を30個描いておく。ふつうは、特大の紙に同じサイズの円を事前に印刷しておくが、白紙を配って、それぞれ自分で30個の円を描いてもらってもかまわない。）

手順

①30個の円が描かれた紙と筆記用具を参加者にそれぞれ配る。

②3分間でなるべく多く、円を図柄に変えてもらう（時計、ビリヤード・ボールなど）。

③結果を比べ合う。まずは量を比べよう。アイデアはスムーズに出たか？　10個、15個、20個、それ以上の円が埋まった人は何人いるか？（30個すべて埋まる人はまずいない。）次に、アイデアの多様性や柔軟性を比べよう。アイデアは似たものばかりか（バスケットボール、野球のボール、バレーボール）、それともひとつひとつ違うのか（惑星、クッキー、笑顔）？　ルールを破って、ふたつ以上の円を組み合わせた人はいないか（雪だるま、信号）？　ルールは明確にされていたのか、それとも参加者が自分で決めつけてしまったのか？

実践的なアドバイス

サーティ・サークルは、ウォーミング・アップに打ってつけの

第7章
チャレンジ

演習であるだけでなく、アイデア創造について手軽な教訓も教えてくれる。人はアイデアを生み出すとき、スムーズさ（アイデアを出す速さや量）と柔軟性（まったく性質の異なるアイデア）のふたつの目標のバランスを取っているのだ。私たちの経験からいえば、アイデアを出せば出すほど、名案が生まれやすい。しかし、ひとつのテーマを変形させただけのアイデアばかりだと、実は真のアイデアはたったひとつで、残りの29個はそのバリエーションにすぎないこともある。スムーズさと柔軟性をうまく組み合わせれば、豊富なコンセプトを生み出し、その中からいいものを選び出すことができるのだ。

チャレンジ④
人間の行動を観察して学ぶ

イノベーションや創造的思考の基本原則は、共感を出発点にすることだ。白紙の状態から洞察へと至る過程で、その次の「統合」の段階に役立つ道具が必要なこともある。知識を求めて外に飛び出し、現場の人々と会い、懸命に観察したり話を聞いたりしても、そうやって集めたすべてのデータを統合する段階になると、どう手を付けていいのか少し戸惑うこともあるだろう。

そこで、「共感マップ」を使って現場の観察結果を整理し、はっきりと把握しよう。共感マップは、IDEOが考案し、dスクールが発展させたツールだ（注3）。

ツールの名称：共感マップ
参加者：ひとりまたは2～8人のグループ
所要時間：30～90分間
用意するもの：ホワイトボード（または大きめのフリップ・チャート）、ポスト・イット、ペン

手順

①ホワイトボードまたは大きめのフリップ・チャートに、上下左右の4つのエリアからなるマップを描き（左の図を参照）、それぞれのエリアに「SAY」（言う）、「DO」（する）、「THINK」（考える）、「FEEL」（感じる）と書く。

②マップの左半分に、あなたの個々の観察内容を書いたポスト・イットを貼っていく。観察内容ひとつにつき、ポスト・イットを1枚使うこと。人々がしていること（DO）に関する観察内容を左下に、人々が言っていること（SAY）に関する観察内容を左上に貼る。観察内容を色で分けるとわかりやすい。たとえば、ポジティブな内容には緑、ポジティブでもネガティブでもない内容には黄色、不満、混乱、苦痛を表わす内容にはピンクや赤のポスト・イットを使うといいだろう。何もかも記録しないこと。特筆すべきものだけを書き込もう。

③左側に貼る観察内容やスペースがなくなったら、こんどは右側をポスト・イットで埋めていく。人々が考えている（THINK）と思われることを右上に、感じている（FEEL）と思われることを右下に貼ろう。人々のボディ・ランゲージ、口調、言葉選びによく注意すること。

④一歩下がって、マップ全体を眺める。そして、書き留めた内容や話し合った内容を参考にして、いくつか洞察や結論を導き出そう。斬新だと思う点や意外だと思う点は？　4つのエリア内やエリア同士で矛盾やギャップはないか？　予期せぬパターンは存在しないか？　人間の隠れたニーズが潜んでいないか？　これらの疑問は、洞察について話し合うきっかけになる。

実践的なアドバイス

人間の行動観察から価値を引き出すポイントは、真の洞察を導き出すことだ。それは難しいこともあるが、時間と労力をかけるだけの価値はある。自信が付いてきたら、「これは真の洞察だろうか？」と自問しよう。目の前のトピックやテーマを新しい視点で眺められるようなものを探すのがコツだ。斬新と感じるものをいくつか考えてみよう。目の前のトピックやテーマをほかの人々と一緒に探るうちに、パターンが浮かび上がってくるだろう。洞察の中には、ほかのものよりも重要なものがあるはずだ。

チャレンジ⑤
建設的なフィードバックを促し、受け入れる

チームで創造力に対する自信《クリエイティブ・コンフィデンス》を実践するには、たとえ完成とはほど遠い初期の段階であっても、チーム・メンバーが自由に試せる環境が必要だ。しかし、そのような実験から学習するためには、失敗の原因を突き止め、次回に修正できるよう、ある時点でフィードバックが必要になる。私たちは誰でも、建設的な批評が必要だと直感的にはわかっている。それでも、フィードバックに耳を傾け、吸収するのは、難しいこともある。自尊心や自己防衛の感情に振り回されることなく、貴重な教訓が潜んでいるかもしれないメッセージに耳を傾けるのは大変なのだ。

その点、「I like/I wish」というツールは、建設的な批評をイノベーション・プロセスに取り入れるのにとても効果的だ。「I like/I wish」はフィードバックが必要なときならいつでも役立つ。少人数でコンセプトを検討するのにも使えるし、大人数で授業やワークショップの体験に関するフィードバックをやり取りするのにも使える。フィードバックには一定の形式があり、まずは「I like...（良いと思う点は……）」で始まるポジティブな文章を使って、素直に相手を褒める。次に、「I wish...（希望を言うとすれば……）」で始まる文章で、改善点を提案するのだ。

ツールの名称：I like/I wish
参加者：何人でも
所要時間：10〜30分間
用意するもの：フィードバックを記録する手段。たとえば、大人数の場合、私たちはワープロソフトの文書を開いたまま、リアルタイムでメモを入力していくことが多い。少人数の場合は、ポスト・イットやインデックス・カードでも十分だ。

手順

①建設的な会話をしやすい雰囲気を作り、「I like/I wish」の手法について説明する。たとえば、こんな風に説明しよう。「今回のワークショップ体験について、ぜひ感想をうかがいたいと思っています。〝良いと思う点は……〟〝希望を言うとすれば……〟という形式で、意見を聞かせてください。たとえば、〝良いと思う点は、毎朝予定どおりに始まったことです。希望を言うとすれば、午後に30分間の休憩があれば良いと思います〟という感じで」。実際に「I like/I wish」の例を実演し、いいフィードバックの見本を示すと効果的だ。

②参加者が順番に「I like/I wish」の文章を発表するあいだ、ファシリテーターが発

言を記録する。たとえば、開発中の新しい資産管理ソフトウェア・ツールについて検討しているなら、「良いと思う点は、最新の資産状況を閲覧する方法が5種類も用意されていることです」などと言って、良い点を挙げよう。ほかにもいくつか良い点を述べたら、「希望を言うとすれば、初めて利用するユーザーでももっと簡単にウェブサイトを操作できるといいと思います」「数カ月単位の短期的な視点ではなく、数年単位の長期的な視点で資産状況を確認できるといいと思います」などと述べよう。フィードバックを受け取る人々は、黙って聞くこと。弁解や反論をするための時間ではないのだ。全員に黙って聞いてもらい、善意のフィードバックとして受け入れてもらうこと。詳しい説明や議論はあとからでもできる。

③参加者が「I like」と「I wish」の両方を言い尽くしたら終了。

実践的なアドバイス

まず「I like」の意見だけを集めてから、次に「I wish」の意見を発表してもらうといいだろう。ただし、グループによっては、「I like」「I wish」の意見を有機的に織り交ぜる方が理に適《かな》っているかもしれない。お好きな形式を試してほしい。

「I like/I wish」という形式は、フィードバックが単なる個人的意見であって、絶対的なものではないというシグナルになる。「誰かを非難しているわけではなく、個人的な見方や見解を述べているにすぎません」というメッセージになるわけだ。フィードバックを受け取る人々に守りの姿勢を解いてもらい、必要によっては別のアイデアを客観的に検討したり、受け入れたりしてもらうのが目的だ。私たちは誰でも、自然と自分のアイデアに肩入れし、弁護しようとしがちだ。しかし、創造的な文化では、同僚がわざわざ丁重にありのままのフィードバックを伝えてくれるということは、それだけ関心を持ってくれているサインといえる。こういう率直なメッセージは、「そんなのうまくいかないよ」とか「それは前にも試したけどダメだった」というネガティブな言い方をしなくても、はっきりと伝えられるものなのだ。

チャレンジ⑥
グループの雰囲気を盛り上げる

創造性は自由気ままな社会的交流の中で高まる。部屋いっぱいの赤の他人たちにイノベーションを行なってもらうには、まず社会的な壁を壊すことから始める必要があるだろう。この演習がうまくいけば、部屋は会話や笑いに包まれ、参加者は次の活動にもっとオープンな気持ちで取り組めるだろう。

ツールの名称：スピード・デート
参加者：ペア（何組でも可）
所要時間：1回につき3分間、合計15〜20分間
用意するもの：質問のリストが印刷された紙（人数分）。質問が重複しないよう、質問のリストは数セット用意する。

手順

①参加者ひとりひとりに、自由回答式の質問が書かれたリストを配る。同じ質問ばかり連続してされないように、部屋のすべてのテーブルに質問リストを数セット用意

するとよい。

質問の例：
- いちばん近い家族があなたのことを説明するとしたら、どんな風に言うでしょう？
- 人類のために1億円を使えるとしたら、何に使いますか？
- 親に言ってもらいたかった言葉は？
- あなたが感動したライブ・パフォーマンスやショーは？　その理由は？

②よく知らない人や初対面の人とペアを組むよう参加者に伝える。必要に応じて、立ち上がって席を移動してもらう。

③ペアのうちのひとりが、リストから質問を読み上げる。もうひとりが3分以内で質問に答える。

④役割を交代し、同じことを繰り返す。リストにある別の質問をすること。

⑤新しいパートナーを見つけるよう全員に伝える。同じことをあと何回か繰り返す。

実践的なアドバイス

うまく総当たりになるように、テンポよく演習を進行しよう。時間の管理をきちんとすること。誰かに進行役や時計係を任せよう。少し遊び心を加えるために、ブザーやゴングを使って時間終了を告げるといい。

スピード・デートの終了後に行なうセッションの性質に応じて、自由回答式の質問の一部に工夫を加えることもできる。セッションのテーマと軽く関連している、インスピレーションのもとになるような質問を選ぶのだ。たとえば、ミーティングの目的が未来の職場について話し合うことなら、「今までに働いたことのある刺激的な職場は？」と質問をするのもいい。

質問のタイプについても少し配慮しよう。哲学的な質問や最上級（もっとも～、最高の～、最悪の～）を含む質問をすると、言葉に詰まったり、何も思いつかなかったりするかもしれない。いちばんの目的は交流だ。だから、質問を聞いて相手が一瞬でも戸惑ってしまうようなら、いい質問とはいえない。グループで使用する前に、誰かに質問を試してみるといいだろう。

演習のタイトルに「デート」という言葉が入っていると、参加者が気まずい思いをしそうなら、「スピード・ミーティング」と呼べばいい。これまでの経験からいえば、ノーベル賞受賞者にも効果抜群だ（注4）。

チャレンジ⑦

上下関係をなくして、アイデアの流れを活発化する

スピード・デートは人々がお互いをよく知らない状況で有効だが、グループ・ミーティングの場合、正反対の問題に直面することもある。つまり、お互いを知りすぎているケースだ。より具体的にいうと、グループ内の上下関係がすっかりできあがっていて、後輩のメンバーが遠慮をし、最善のアイデアを出すのではなく経営幹部たちの意見に従ってしまうケースだ。

上下関係（会話の妨げになる）や遠慮（これも同じくらい妨げになる）をなくすために、dスクールでは最近、「ニックネーム・ウォーミング・アップ」という手法を試している（注5）。インストラクターが事前に準備した個性的な名前を使って、創造セッションの最中などで、一時的に上下関係を取り払うのだ。参加者ひとりひとりに、新しい行動をお試しできるペルソナを与えるわけだ。

ツールの名称：ニックネーム・ウォーミング・アップ
参加者：ファシリテーターひとりあたり6〜12人のグループ
所要時間：ひとりあたり数分間
用意するもの：仮の名前が書かれた参加者全員分の名札。ファシリテーターひとりに

つき帽子とボールをひとつずつ。

手順

①参加者がそれぞれ帽子に手を入れ、名札を取り出し、身に着ける。遊び心のある名前や感情を掻き立てる名前を選ぼう。最高の成果は楽しんでいるときに生まれるものなのだ。一般受けのするような名前もあれば、若僧、ミスター太っ腹、ぶきっちょエンターテイナー、うぬぼれ屋など、変わり者をイメージさせるニックネームもある。

②グループの人々に輪になってもらい、ファシリテーターがボールを投げる。ボールをキャッチした人は、自分の新しいニックネームを使って自己紹介を行ない、子どものころにどうしてそのニックネームを付けられたのか、（即興で）簡単なエピソードを紹介する。

③自己紹介を終えた人は別の人にボールを投げる。全員が新しいニックネームとエピソードを紹介し終えるまで続ける。

④ワークショップの残りの時間も、自分自身やお互いの名前を呼ぶときに、このニックネームを使うこと。

実践的なアドバイス

名札は効果的だろうか？　これは比較的新しい演習だが、これまでの経験からいえば答えはイエスだ。最近の経営者向けのイベントでは、ある世界的なホスピタリティ企業のCEOが「若僧」のニックネームを引いた。すると、彼がどんな反応をするのだろうとうかがうかのように、その場が一瞬凍りついた。しかし、ワークショップの残りの時間、彼は正々堂々とそのニックネームを使い通した。主催者たちは、このニックネームが自由に発言できるオープンな雰囲気を生み出すのに一役買ったように感じた。

目的は上下関係をなくすことなので、部屋にいる上級職の人々に参加してもらうことが重要だ。上の者が率先して模範を示せば、自由気ままなコラボレーションを妨げている壁が自然と壊れるのだ。

チャレンジ⑧
顧客、従業員、エンド・ユーザーに共感する

顧客により深く共感し、顧客に関する新しい洞察を得るひとつの方法は、商品やサービスという狭い定義だけを見るのではなく、顧客体験全体について考えることだ。顧客体験を広く定義すればするほど、改善のチャンスを見つけやすくなるのだ。

たとえば、あなたは家の内装用のペンキを開発している。その場合、ペンキがなるべく垂れないようにするとか、たった一塗りで壁をまんべんなく塗れるようにするなど、製品そのものの特徴だけに目を向けることもできる。しかし、一連の顧客体験について考えれば、イノベーションの機会はもっとたくさん見つかるはずだ。寝室を塗り直すという単純な作業を取ってみても、おそらく十数ものステップがあるだろう。そのひとつひとつにイノベーションの機会がある。たとえば、塗り直しが必要だと顧客に気づいてもらう。色選びをサポートする。準備や清掃の時間を短縮する。将来的に修繕が必要になったときに参照できるよう、どの壁にどの色を塗ったのかを記録する、など。

カスタマー・ジャーニー・マップ（顧客のたどる旅の地図）を作れば、顧客（内部顧客または外部顧客）が製品やサービスを利用する際にたどるステップを体系的に考えられる。私たちはマップを使って、インタビューや観察で得た教訓をまとめている。（または、実地調査の際、エンド・ユーザー自身にカスタマー・ジャーニー・マップを描いてもらう手

もある。）

ツールの名称：カスタマー・ジャーニー・マップ
参加者：ひとりまたは2～6人のグループ
所要時間：1～4時間
用意するもの：ホワイトボードまたはポスト・イット

手順

①マップにしたいプロセスやジャーニーを選ぶ。

②一連のステップを書き出す。一見すると些細に思える小さなステップも抜かさないこと。目的は、普段なら見逃しがちな体験の細部について検討することなのだ。

③ステップをマップ化する。ふつうはステップを時系列順に並べるが、カスタマー・ジャーニーの別の道筋を示すために、途中で枝分かれを設けてもかまわない。また、一連の写真を使うなど、お手持ちのデータに合う方法なら、どんな方法を使ってもかまわない。

④洞察する。どんなパターンが浮かび上がるか？　意外な点や不思議な点は？　各ステップが生じる理由は？　どうしてその順序なのか？　各ステップにイノベーションの機会はないか、自問しよう。

⑤できれば、そのカスタマー・ジャーニーになじみのある人々にマップを見せ、見落としている点や順番の違う点がないかたずねる。

実践的なアドバイス

この手法を使った例を紹介しよう。

病院の救急救命室への旅について考えてみよう。もちろん、もっとも大事なのは治療の瞬間、つまり医師が診断を下したり処置を施したりしている瞬間だ。ところが、人々が救急救命室の体験について文句を言うのは（または、珍しいケースではあるが、絶賛するのは）、ふつうはその医師のスキルに関してで

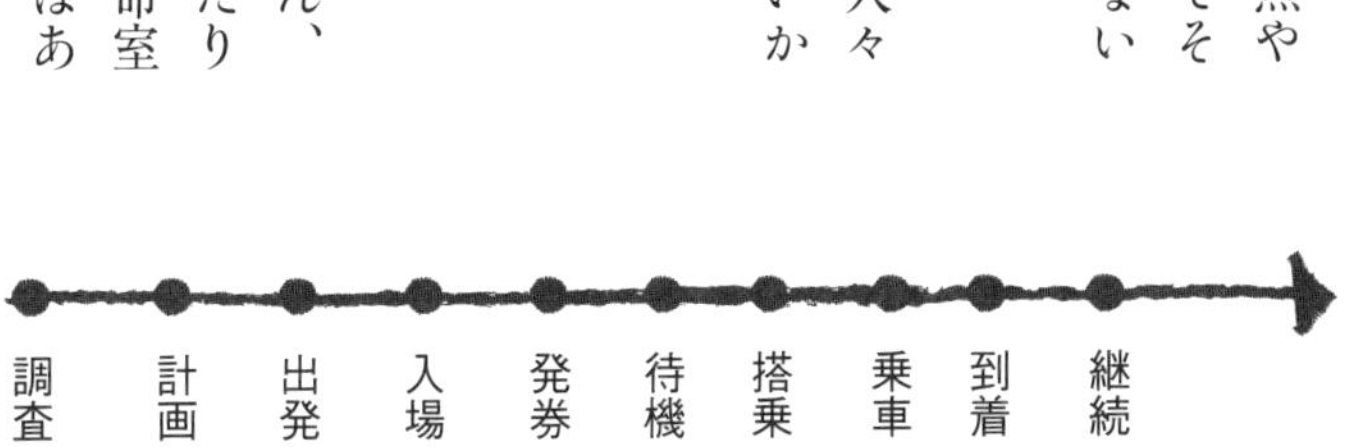

飛行機や列車による旅のカスタマー・ジャーニー・マップの例。

はない。単純化すれば、患者の旅は次のような瞬間からなるだろう。

●痛みを感じる、または症状に気づく。
●家で治療するか、病院に行くかを検討する（行く／行かないの判断）。
●病院に行く交通手段を決める。
●病院に到着して駐車する（またはタクシーに料金を払う、など）。
●病院に入り、救急救命室を見つける。
●トリアージ・ナース（訳注：病気の重篤度に応じて診察順を決める看護師）を見つける。
●保険関連の書類に記入する。
●待つ。そしてまた少し待つ。
●救急救命室に入る。
●着心地の悪い病衣に着替え、また少し待つ。
●何人かの看護師や技師に予備的に診《み》てもらう。
●医師の診察を受け、場合によっては予備的な診断を受ける。
●追加の血液検査、X線検査などを受ける。
●より確実な診断を受ける。そのうえで、在宅治療、外来治療、薬の処方、一般医か専門医による経過観察の予約、入院などの指示を受ける。

ステップをひとつひとつ挙げながら、低コストでイノベーションを行ない、平凡な体験を非凡な体験に変える方法がないか、考えてみよう。

救急医療はかなりの不安を伴うので、この先にどんな旅が待ち受けているのかをきちんと説明した方が、患者にとっては安心だということがわかった。私たちはこれを「ジャーニー化」(journifying)と呼ぶこともある。とらえどころのないプロセスや恐怖心を煽《あお》るプロセスを細かくし、とらえどころがあって予測の付くステップへと変えるわけだ。「ジャーニー化」は、救急救命室の患者にとってだけでなく、赤ちゃんを病院から家に連れて帰る、手術を受ける、新しい治療計画を始めるといった、さまざまな医療の場面でも役立つことがわかっている。

チャレンジ⑨

取り組む問題を定義する

イノベーターは、どの課題に取り組むか、与えられた課題をどう形作るかという問題に直面することが多い。ＩＤＥＯでは、問題を完全に定義する前に行なうすべての活動を表わすのに、「フェーズ・ゼロ」（第０段階）という言葉を使っている。

問題について話すだけでは、必ずしもアイデアを思いついたり、行動する意欲が湧いたりするとはかぎらない。希望的観測だけでもダメだ。その点、「夢と不満」セッションを使えば、単なる話し合いを、実際に取り組むことのできる創造的思考の課題へと変えることができるのだ。「夢と不満」ツールは、ＩＤＥＯがリバーデイル・カントリー・スクールと共同で開発した「教育者向けデザイン思考ツールキット」（Design Thinking for Educators Toolkit）の演習のひとつを脚色したものだ。

ツールの名称：「夢と不満」セッション（注６）
参加者：ペア（何組でも可）
所要時間：15～30分間
用意するもの：ペンと紙

手順

①話し合うトピックを決める。夢と不満は、企業文化のような社内の問題に関するものでも、接客のような社外の問題に関するものでもかまわない。

②ペアを組み、先に演習を行なう人（パートナー1）を決める。

③パートナー1は、5～7分間で自身の夢と不満を発表し、パートナー2は聞きながらメモを取る。

例：

夢「顧客にマニュアルをちゃんと読んでもらえるといいんだけど……」

不満「ここはうるさすぎて集中できない」

④パートナー2は、相手の夢と不満の枠組みをとらえ直し、イノベーション課題としてふさわしい自由回答式の質問へと変える。通常、私たちは「どうすれば～できるか？」（How might we...）というフレーズで始める。解決策を示唆してしまうほど具体的な質問は、いい質問とはいえない（たとえ名案だとしても）。最初は、焦っ

て解決策の候補を出すのではなく、問題を理解することに専念しよう。また、アイデアを生み出すのではなく、アイデアの流れを妨げてしまうような漠然とした質問も、いい質問とはいえない。いい質問とは、すぐにアイデアが10個くらい浮かぶような質問だ。

パートナー2は、3~5つのイノベーション課題を練り、パートナー1に伝えよう。

例：

不満「ここはうるさすぎて集中できない」

とらえ直しが不十分な質問：どうすれば騒音を抑えて集中できる環境を築けるか？

具体的すぎる質問：どうすれば従業員がもっと集中できるような個室を作れるか？

漠然としすぎている質問：どうすれば集中できるようになるか？

適切な質問：どうすれば色々な働き方に対応できるスペースをデザインできるか？

夢「従業員が経費報告書の提出期限を守ってくれるといいんだけど……」

とらえ直しが不十分な質問：どうすれば従業員に経費報告書の期限を守ってもらえるか？

具体的すぎる質問：どうすればスマートフォン・アプリを使って経費報告のプロセスを迅速化できるか？

漠然としすぎている質問：どうすれば期限というものをもっと尊重してもらえるか？
適切な質問（＋従業員への共感）：どうすれば経費報告のプロセスを単純化し、もっと早く記入できるようになるか？

⑤役割を交代し、パートナー2が夢と不満を発表する。パートナー1は話を聞き、「どうすれば〜できるか？」という形式のイノベーション課題を提示する。

⑥（省略可）グループで演習を行なっている場合、各ペアのイノベーション課題のリストを比べる。そして、パターン、テーマ、共通の問題を探そう。そうすれば、議論の照準が定まり、次にどんなイノベーション課題に取り組む余地があるかがわかるはずだ。

チャレンジ⑩

グループにイノベーション思考を理解してもらう

dスクールのクラスやエグゼクティブ・プログラムに参加すると、たいていは初日に「デザイン・プロジェクト・ゼロ」（略してDP0）と呼ばれるハイペースな実践演習を行なうことになる。DP0では、私たちのイノベーション・プロセスを言葉で説明するのではなく、小規模な形でイノベーションを実体験してもらい、全体像を理解してもらう。簡単なイノベーション課題を与えられた参加者は、およそ90分以内で、人々に共感し、新しいアイデアを生み出し、ラフなプロトタイプを作る。DP0プロジェクトのテーマは、プレゼントを贈る体験からラーメンを食べる体験まで、あらゆるものがある。ここで簡単に紹介するのは、最初に考案されたDP0プロジェクトだ。名づけて「ウォレット・エクササイズ」（お財布演習）だ。

この演習では、ほとんどの人が持ち歩いているシンプルなモノを小道具として使い、ニーズを見つけ出し、解決策のデザインとプロトタイピングを行ない、ユーザーのフィードバックを受け取る。つまり、全員が人間中心のデザイン・プロセスをざっと一通り体験できるのだ。

ツールの名称：ウォレット・エクササイズ

参加者：ペア（何組でも可）
所要時間：90分間＋準備時間
用意するもの：ファシリテーション・ガイド（dスクールのウェブサイトdschool.stanford.eduから入手可）には、手順、ワークシート、プロトタイピング用の材料の一覧が網羅《もうら》されている（注7）。手順とワークシートは、印刷して参加者全員に配ってもいいし、スクリーンに映してもかまわない。また、プロトタイピング用の材料（原則的には、マーカー、色紙、アルミホイル、テープ、針金モールなどの基本的なクラフト用品）を配付する。

手順

①参加者はペアになり、ひとりがインタビュアー（人類学者）、もうひとりが見込み客の役を演じる。インタビュアーは数分間かけてもうひとりのことを理解し、共感する。顧客役の人は自分の財布を取り出し、財布に入っている品物やその品物が持つ意味合いについて話をする。インタビュアーは質問をしながら、その財布が顧客の生活の中でどんな役割を果たしているのかを探る。特に、財布にまつわる問題や悩みを探ろう。たとえば、「財布をなくした経験は？」「海外旅行をするとき、財布の使い方は変わりますか？」「いちばん頻繁に取り出すものは？」など。数分間

たったら、ファシリテーターは時間終了を告げ、ペアは役割を交代する。つまり、1回目でインタビュアーだった人が2回目では顧客になる。

②参加者が顧客やその財布について理解したら、次は財布に関する潜在的なニーズや、見落とされている機会について、一定の見解を立てる。ニーズに基づく見解を立てるのがポイントだ。たとえば、「私の顧客は○○○（意味や感情）と感じるような形で○○○（ユーザーのニーズ）できる方法を求めている。なぜなら、○○○（インタビューで得た洞察）だからだ」という形式の文章を使うといいだろう。

例：
「私の顧客は安心感を抱けるような形で財布の中味を管理できる方法を求めている。なぜなら、財布をなくしたとき、財布の中のお金がなくなる不安よりも、何がなくなったのかわからない不安の方が大きいこともあるからだ」

③各参加者はミニブレインストーミング形式で、ステップ②で突き止めた顧客ニーズを満たす新しいモノのアイデアをいくつか考える（物理的な財布とはかぎらない）。

④参加者は究極にラフなプロトタイプを作り、自分のアイデアに命を吹き込む。この

ステップは、ウォレット・エクササイズの中でももっとも幼稚園に近い段階だ。工作用紙、ガムテープ、針金モール、バインダー・クリップなど、バラエティに富んだ材料を使って、プロトタイプを作っていく。アイデアを形にし、目の前の見込み客からフィードバックを得られる程度の粗雑なものでかまわない。

⑤一部の参加者を選び出し、話術を使って自分の顧客（または部屋にいる全員）に対して新しい財布のアイデアを〝売り込んで〟もらう。

実践的なアドバイス

ウォレット・エクササイズで大事なのは、行き先ではなく旅そのものだ。ウォレット・エクササイズについていくら読んでも、体験学習はできない。重要なのは実践なのだ。

この演習で特にタメになるのは、グループ全員でウォレット・エクササイズを振り返っているときだ。何組かのペアに頼み、グループ全体にプロトタイプを紹介してもらおう。その際、「今すぐほしくなるくらいすばらしい解決策をパートナーが考えてくれた人はいませんか？」「資金調達サイトで絶対に投資が集まると思うような名案は？」「びっくりするほど個人的な解決策をデザインした人は？」と聞くといいだろう。そのうえで、それぞれのペアに前に来てもらい、自分の突き止めたニーズや製作したプロトタイプについて説明してもらうのだ。この話を全員で共有して、共感やプロトタイピング、早めにたくさんフィードバックを得ることの重要性などについて、教訓を学び取ろう。

このハイペースな演習形式は、さまざまな種類の課題に応用できる。いったんこれをマスターしたら、日々の通勤の見直しやエクササイズ計画の見直しなど、ほかの課題も考えてみてほしい。

新しい習慣を作る

一部の心理学者の主張によると、新しい行動を21日間実践すれば、習慣として定着しはじめるという。キーワードは「実践」だ。何週間、何カ月間、何年間、新しい行動について考えても、まったく意味はない。だから、ぜひみなさんも本章の中から好きなものを実践してほしい(もちろん、自分で新しい実験を考えてもかまわない)。新しいスキルを羽ばたかせたいなら、今すぐ滑走路を走り出そう!

第8章 その先へ

ほとんどの人は考えてもいないし気づいてもいないが、人間の作るものの中で、どこにもデザイン上の意思決定が含まれていないものなどないのだ（注1）。

――ビル・モグリッジ

私たちの親友でＩＤＥＯ共同創設者のビル・モグリッジは、ほとんどの人は自分で思っているよりもはるかにクリエイティブで有能だと心から信じていた。そして、私たちもずっと同じ考えでやってきた。私たちは周囲からの圧力や企業の規範によって、〝まとも〟なアイデアや行動、期待されるアイデアや行動を選びがちだ。しかし、創造性や個性は、追求する努力に見合うだけの見返りを与えてくれる。スティーブ・ジョブズはいつも私たちに「めちゃくちゃすごい《インセインリー・グレイト》」ことをしなさいと言っていた。存命中、彼はこの言葉を自ら実践し、世界屈指の価値ある企業を築き、率いてきた。そう、「ふつう」はあまりにも過大評価されているのだ。しかし、生まれ持った創造性を活かせば、誰でも並外れたものを生み出すチャンスがある。

　本書で紹介したアイデアをきっかけに、みなさんが新しい考え方へと歩み出せることを願っている。とはいえもちろん、創造力に対する自信《クリエイティブ・コンフィデンス》は、それについて読んだり考えたり話したりするだけで身に付くものではない。私たちの経験からいえば、**自分自身の創造力《クリエイティ》に対する自信《ブ・コンフィデンス》を手に入れるには、いちどに一歩ずつ、行動するのがいちばんだ。つまり、小さな成功を積み重ねていくことが大切なのだ。**心理学者のアルバート・バンデューラも、「自己効力感」や「指導つきの習熟」に関する研究で、同じことを発見している。

　子どもは初めてすべり台をすべり降りるときに恐怖を感じるが、1回やってみると恐怖がたちまち喜びに変わる、という話をした。私たちがあなたを説き伏せ、創造力に対する《クリエイティブ・コンフィ》自信《デンス》を手に入れる旅へと無理やり歩ませることはできる。しかし、最終的には、あなた自身がこの先に待ち受ける不確実な道のりを受け入れ、試してみる必要があるのだ。だから、こう自問してみよう。あなたには行動を変える覚悟があるのか？　今日から取れる行動は？　今すぐ実行する準備が整っていることは？

　行動を起こすためには、自分自身の創造力に対する自信《クリエイティブ・コンフィデンス》を築くことを最初の創作課題としてとらえるのも、ひとつの考え方だ。本書で紹介してきたイノベーターを思い出してほしい。みな創造力に対する自信《クリエイティブ・コンフィデンス》を手に入れる独自の道のりを見出したのだ。

●GEのダグ・ディーツは共感を出発点にした。そして、子どもが彼の傑作マシンを怖がっていることを発見すると、有志のグループを集めて巧妙な再デザインを行なった。その結果、ある患者は、こんなことを言ってくれた。「ねえ、お母さん。明日もこれに乗れるの？」

●生物物理学の博士候補生であるスコット・ウッディは、研究ではなく仕事に情熱を見つけた。デザイン思考によるイノベーションにあまりにも魅了されたため、博士課程を放棄し、ベンチャー企業を設立した。

●エンジニアのアンキット・グプタとアクシャイ・コタリは、10週間で会社を立ち上げるという課題に圧倒されたが、いちどに1歩ずつ進んだ。ふたりはカフェに陣取り、行動を最優先し、プロトタイプ（試作品）やユーザー・テスト・サイクルを通じて、すばやく改良を繰り返した。その結果、洗練されたデザインのiPadアプリ「パルス・ニュース」が誕生し、これまでに2000万人以上の人々にダウンロードされている。

●「エンブレイス・インファント・ウォーマー」の開発チームは、安全な居場所から飛び出し、ネパール行きの飛行機に乗り、低体重児について学んだ。母親や家族など、関係者全員に共感することで、大事な洞察が得られた。その結果、低価格な保育器から乳児を温める装置へと、プロジェクトの枠組みをとらえ直すことができた。

- クラウディア・コチカは、P&Gでデザイン思考のプロセスを体験するワークショップを開催した。そうすることで、人々に方法論とちょっとした経験を与え、自分でデザイン思考を試す自信を付けてもらうことができた。

状況は人それぞれだ。自分にぴったりの戦略を見つけてほしい。評価を下されることへの恐怖を抑えるには？　あなたの行動を妨げている要因をもっと深く理解するには？　さまざまなアプローチを実験するには？

まずは、創造活動に関する目標を立てよう。たとえば、今後1カ月間、1日1個以上、新しいアイデアや思いつきを日記に書き留めるのでもかまわない。自分に歯止めをかけないこと。評価を後回しにし、大胆なアイデアをとにかくたくさん生み出し、あなたにとっていちばん大事なものに飛び込むチャンスととらえるのだ。ただし、それは第一歩にすぎない。創造活動の目標が何であれ、体験を次なるステップの土台にすることが重要だ。恐怖や惰性に足を取られないこと。アイデアを紙に書き出し、その最初のハードルを超えるだけでも、大きな進歩だ。そうしたら、次の一歩を踏み出す準備はもうできている。「ひとつずつ、ひとつずつ」こなしていこう。たちまち、創造力に対する自信《クリエイティブ・コンフィデンス》が増していくのを実感するはずだ。

何より、行動を最優先しよう（注2）。進行中のプロジェクトやアイデアがあるなら、今すぐデスクの上にある材料で試してみて、形にしてみよう。または、今週中にプロジェクト用のプロトタイプを3つ作るという目標を立てるのもいい。今すぐに誰かに評価してもらう必要はない。上司やクライアントには徐々に見せていけばよく、まずはほかの人に見てもらいながら作っていこう。会議で、ほかの同僚が何ページもあるパワーポイント・スライドを用意しているなら、たった1枚の画像を使って、説得力のある物語を作ってみよう。あるいは、アイデアに命を吹き込むプロトタイプや簡単動画を作れればもっといい。もっと小さく始めたいなら、次回の会議でホワイトボードにスケッチを描き加えてみるのでもいいし、「できません」と言うのを丸1日禁止し、「できます。ただし～」とか「～ならできます」と言うと決めてみるのもいいだろう。

経営幹部たちは、イノベーション手法を取り入れるための「予算も時間もない」とよく言う。しかし、まとまったお金や時間ができるまで待たなくても、イノベーションを始めることはできるのだ。時間や予算の不足をやらない口実にするのではなく、その制約を創造性に変え、最低限の時間と予算で実行できる解決策を考えてみよう。それだけで意外なほど刺激になるかもしれない。

周囲を見渡し、あなたがすでにしていること、どっちみちやらなければならないことを探してみよう。そして、新しいやり方を試す機会や、創造力に対する自信《クリエイティブ・コンフィデンス》を築く機会に変えるのだ。朝のコーヒー・タイムを利用して、バグ・リストを作ってみてはどうだろう？ 子どもと過ごす時間を利用して、自由回答式の質問を練習するのもいい。「学校は楽しかった？」と聞くのではなく、「おばあちゃんに学校で今やっていることを伝えるとしたら、何て説明する？」と聞くのだ。

外国語を毎日しゃべっていれば、だんだん上達していくのと同じで、創造力に対する自信《クリエイティブ・コンフィデンス》の考え方を日常的に実践していれば、身に付けるのはラクになる。最初は失敗続きでも、着実に前進していくわけだ。本書を通じて、私たちは前に進みはじめるのに役立つツールや戦術を紹介してきた。どのツールが自分に最適なのか、ぜひ色々と試してみてほしい。

スタート地点はあなた個人だ。最終的には自分のグループや組織に創造力に対する自信《クリエイティブ・コンフィデンス》を植えつけたいと思っているとしても、まずはあなた自身に目を向けよう。あなた自身が創造性を解き放ち、率先して模範を示せば、行動を変えろと言葉で説得するよりも、ずっと説得力があるのだ。

行動を始めるための戦略をいくつかご紹介しよう。

気楽に取り組める課題を探す

困難で気の遠くなるような課題は、クリエイティブな行動を促すよりも、むしろ妨げることが多い。だから、簡単に成功できるものから始めよう。または、巨大な課題を手に負えるくらいの塊《かたまり》に分けるのもいい。個々のステップの概略を描き、各ステップでイノベーションを起こす方法を探ろう。すばやく進歩でき、成功の可能性が十分にある課題に創造力を注ぐのがポイントだ。仕事の前の1日30分間だけで取り組める創造プロジェクトは何だろう？

色々な体験を実験する

新しい体験を探す。海外に行きパスポートに新たなスタンプを押す。別の会社の同僚に連絡を取る。自分の住む町の知らない場所を探検する。会社の次の大規模イベントで最前列に座ってみる（怖いと思うかもしれないが、実際には楽しいかも）。今まで読んだことのない新しい雑誌を手に取る。クリエイティブなウェブサイトでしばらく時間を過ごす。夜間のクラスやオンライン・クラスを受講する。職場の知らない人と一緒にランチやお茶をする。子どものような好奇心で世界と向き合い、新しいアイデアを見つけたり探したりする。

周囲に協力的な人脈を築く

文化や環境は創造力に対する自信《クリエイティブ・コンフィデンス》に大きな影響を及ぼす。だから、似た考えを持つイノベーター軍団を周囲に築こう。オンラインでも個人的にでもかまわないから、参加できるグループを見つけよう。

かつてクライアントだったステファニー・ローは、地域的なコミュニティ作りを支援するソーシャル・ネットワーキング・サイト「ミートアップ」を利用して、独自のグループを始めた（注3）。デザイン思考ワークショップを受講したあと、ワシントンDCで孤独を感じていた彼女は、地元で自分と似た考えを持つ人々が見つからなければ、カリフォルニアに引っ越すと誓った。すると、たったひとつの小さな集団でしかなかった彼女のグループは、デザイン思考の普及を目的とした1000人以上もの活気ある大集団へと成長した。20年間も企業幹部として働いてきた彼女は、自分を「筋金入りの分析家タイプ」だと思っていた。そんな彼女が今では、「うわあ、ずいぶんとクリエイティブなんですね」と言われるようになった。「うれしい反面、今でもそう聞くと変な気分です」と彼女は言う。創造力に対する自信《クリエイティブ・コンフィデンス》のおかげで、「私のコミュニティ意識や、コミュニティの中で取る行動が一変しました」と彼女は話す。

　職場でよく一緒に過ごす人々を想像してほしい。彼らはあなたの創造性を高めてくれることが多いだろうか？　それとも、なかなか常識外のアイデアを考えたがらない疑ぐり深い人物だろうか？　協力者を探しているときは（単にフィードバックを求めているときでも）、何でもネガティブにとらえる人は避け、クリエイティブな協力者を探そう。自分の創造力に対する自信《クリエイティブ・コンフィデンス》を解き放つことにも興味のある仲間や同僚がいれば、この段階では大いに助かるだろう。

オープン・イノベーション・コミュニティを探る

どこに住んでいても、オープン・イノベーション・プラットフォームに参加することならできる。たとえば、私たちがいちばんよく知るオープン・イノベーション・プラットフォーム「ＯｐｅｎＩＤＥＯ」なら、課題の発想、コンセプト、評価の段階で貢献する機会があるし、どれくらい深く関与するかも好きなように決められる（注４）。ほかの人のアイデアに称賛を送って、支持を表明するだけでもいいし（ボタンを１回クリックするだけ）、自分でコンセプトを提案することもできる。また、コメントを残したり、別の人が最初に考えたアイデアをもとにした新しいコンセプトをアップロードしたりして、ほかの人のアイデアを発展させることもできる。

どんな行動もあなた自身の創造力に対する自信《クリエイティブ・コンフィデンス》を築くのに役立つ。そして、大小を問わず、あなたがサイトに対して行なった貢献は、「デザイン指数」(Design Quotient、略してＤＱ）という形で、あなた自身の社会資本に加わる（訳注：ＤＱはＯｐｅｎＩＤＥＯへの貢献を測る指標。コメントの回数、研究やコンセプトへの貢献度に応じて、点数が増えていく）。ＤＱの目的は、あなたにしかない創造力が輝く場所を見極めたり探したりすることだ。あいまいなプロジェクトの初期の段階で創造力を発揮する人もいれば、その後の具体的な選択肢の検討や評価の段階で創造力を発揮する人もいる。オープン・イノベーションを利用すれば、仕事以外で創造力の筋肉を鍛えられる。そして、そうやって身に付けたすばらしい手法を、あとで自分自身のプロジェクトに応用することができるのだ。

学習を継続する

スキルを磨くのに、コーチやガイドが役立つこともある。あなたが参加できるデザイン思考のワークショップはないだろうか？　オンライン・リソースをチェックしてみよう（注5）。たとえば、ＩＤＥＯの「人間中心のデザイン・ツールキット」（Human-Centered Design Toolkit）は、社会的企業やＮＧＯ向けの無料イノベーション・ガイドだ。「教育者向けデザイン思考ツールキット」（Design Thinking for Educators Toolkit）は、幼稚園から高校教育に特化したデザインのプロセスや手法が詰まったツールキットだ。ｄスクールのウェブサイトにある「バーチャル集中講座」（Virtual Crash Course）では、1時間のイノベーション・ワークショップを通じて、プレゼントを贈る習慣などの体験をデザインし直す。また、同サイトには、クリエイティブな手法を集めた「ブートキャンプ・ブートレッグ」（Bootcamp Bootleg、日本語版として『デザイン思考家が知っておくべき39のメソッド』がある）と呼ばれるガイドブックが公開されており、本書で紹介したツールの一部が含まれている。

人生のデザインを始める

人生の次の1カ月間をデザイン・プロジェクトととらえよう。自分自身に対する実地調査を行なって、自分の日課の中で満たされていないニーズを探そう。あなたの行動を変えるとしたら、どのような変化が経済的に実現可能か？　技術的に実現可能なのは？　人間にとって有用性が高いのは？　どのような改善ならプロトタイピング、テスト、すばやい改良の繰り返しを行なえるか？　アイデアを出そう。行動を選ぶ際には、今すぐに実行できて、自分自身や周囲の人々の生活に喜びや意義をもたらしうるような行動を意識的に選ぶこと。制約の範囲内で取り組むには？　試行錯誤を続けよう。これを1カ月間、試してみて、うまくいっている部分とそうでない部分を振り返ろう。どうすればもっと良い影響を生み出しつづけられるだろうか？　私たちのIDEOの友人で同僚でもあるティム・ブラウンはこう記している。「今日をプロトタイプと考えよう。さあ、何を変える？」

クリエイティブな企業

大企業で創造活動に携わる人々に話をすると、真っ先に飛んでくる質問は、「どうすれば教わったツールを取り入れるよう上司を説得できるでしょう？」だ（そして、あなた自身がマネジャーだとしたら、彼らが話しているのはあなたのことだ）。日常業務、会社の習慣、なかなか首を縦に振らない上司、四半期単位の成果に対するプレッシャーなど、さまざまな制約の中でイノベーションを起こす術《すべ》を見つけなければならない。特に難しいのは、将来的な大躍進につながるクリエイティブな行動を、あなた自身やチーム・メンバーの中で実践していくことだ。私たちはこれまで、企業文化にうまく対処した例を数多く目撃してきた。そのテクニックをいくつかご紹介しよう。

既存のプロセスをベースにする

少しずつの変化の方が、急激で革命的なアプローチよりも成功率は高い。

私たちは以前、創造力《クリエイティブ・コンフィデンス》に対する自信を手に入れたある女性と話をした（注6）。彼女は自分の勤める航空宇宙関連会社に初めてイノベーション思考の手法を取り入れようとしたとき、草の根の〝反乱〟を起こした。彼女が「反抗の学舎《まなびや》」と呼んでいるワークショップを何回も開いたこともある。彼女は情熱的に取り組んだものの、彼女が提案していたような変革は、あまりにも過激で急激すぎた。そのため、彼女の上司はすぐに取り組みを中止した。

今では、彼女はやり方を変え、以前とは比べものにならないほどの成功を挙げている。彼女は、新しいプロジェクトの初期段階における実地調査、アイデア創造、プロトタイピングに、デザイン思考の手法を取り入れ、それまでのリーン生産方式を強化しようとしている。この変化のおかげで、組立ラインの新デザインから、工学解析の新しい実施方法まで、数々のプロジェクトに良い影響をもたらすことができた。「デザイン思考を、お勉強の必要な別個のものとして扱うのはやめて、日常生活の一部として扱うことにしたんです」と彼女は話す。「言ってみれば、子どもの食べ物にこっそり野菜を混ぜるようなものですよ」と彼女は付け加える。確かに革命ほどワクワクする感じはしないが、効果は上がりつつある。

同時並行する

周囲の人々にあなたのクリエイティブ・アプローチを取り入れてもらうのに四苦八苦しているなら、どんなに筋金入りの懐疑派でも、成功には反応を示すという事実を思い出そう。次に上司から仕事を与えられたら、上司の期待どおりに仕事をこなしつつ、創造的思考を用いた別の方法も試してみよう。クリエイティブで有効な解決策が見つかったら、両方を上司に提出すればいい。その際、ふたつのプロセスと結果が違うことを必ず上司に報告すること。クリエイティブな解決策は毎回成功するとはかぎらないが、何回かだけでも大当たりすれば、経営陣の心をつかめるかもしれない。それから、あなた個人の情熱も説得力の源になるだろう。何回か成功すると、きっと上司が「ずっと君のクリエイティブ・アプローチを応援していたんだよ」なんて言い出すはずだ。ここまで来れば、勝ったも同然だ。

同時並行のもうひとつの方法は、あなたのクリエイティブ・アプローチを別の人の、プロジェクトで使ってみるというものだ（もちろん、自分の仕事はきちんとこなしつつ）。別の人のプロジェクトに空き時間を捧げているのだから、誰も「何かウラがある」と非難したりはできないだろう。失敗したとしても、会社や同僚には何の損失もない。そして成功すれば、あなたは密かな英雄になるのだ。

仕事以外の活動で並外れた成果を残す

仕事以外の活動をボランティアで行なおう。それも並外れた方法で。現在ビジネスの世界で活躍しているデイヴィッドの元学生たちは、このアプローチを使って新しい組織で成功したのだという。たとえば、毎年恒例の会社のパーティや次の経営陣による社外会議の幹事をしたいと申し出る。イノベーションに関する読書会を始める。ランチタイムに専門家を招いて連続講義を開催する。並外れた体験を提供すれば、全員が注目してくれるだろう。このような目に見える活動で何回か成果を挙げれば、あなたはたちまち創造的思考のエキスパートとして有名になる。そしてやがては、日常業務や新しいプロジェクトや計画にスキルを活かしてほしいと頼まれるだろう。つまり、そういう役割に必要な〝民衆の信頼〟が手に入るわけだ。

イノベーション・ラボを作る

あなたが組織のマネジャーやリーダーなら、社内で創造力に対する自信《クリエイティブ・コンフィデンス》を育《はぐく》み、成長させる絶好の立場にいることになる。イノベーション専用のスペースを設けよう。そして、少人数のイノベーター集団を作り、日常のやり方や制約を超えて、まったく新しいイノベーションを生み出してもらおう。アップルはマッキントッシュ・チームでまさにそれを行なったし、ロッキードはスカンクワークスを立ち上げ、U－2偵察機からSR－71ブラックバードまで、常識では考えられない航空機を開発した。また、サービス至上主義を掲げる小売店「ノードストローム」には、小売店舗のフロアに設けられるイノベーション・ラボがある（注7）。ノードストロームはこのラボを使い、わずか1週間でまったく新しい製品のデザイン、テスト、プロトタイピングを一から行なった。その結果、顧客が自分にぴったりのサングラスを選べるiPadアプリが完成した。どんな会社にも、リーン・スタートアップ（訳注：起業家のエリック・リースがトヨタのリーン生産方式を参考に提唱したマネジメント手法。実用最小限の製品を作って顧客のフィードバックを求め、仮説や需要を検証し、改良を繰り返していく方法）の考え方が必要だ。そして、イノベーション・ラボならその考え方を強化できるのだ。

どれも大変そうに感じられるだろうか？　実際、そのとおりだ。しかし、みんなの感想を聞いているかぎり、効果は抜群だ。そして、仕事なのにとても楽しいという。いや、仕事だからこそなのかもしれない。これこそ創造力に対する自信《クリエイティブ・コンフィデンス》の秘めるパワーだ。もしあなたが子どものころから内に秘めている創造力を解き放つことができたら……。その創造力を活かすスキルやテクニックをいくつか身に付けられたら……。声を上げ、試してみる勇気や、失敗を恐れず創造の欲求を行動に変える勇気さえ見つけられたら……。そのときはきっと、（イギリスの脚本家のノエル・カワードの言葉を少し言い換えるなら）「仕事は楽しみ以上に楽しいこともある」と気づくかもしれない。

だから、今すぐ本書を置いてほしい。または、画面をオフにしてほしい。そして、失敗することもあると覚悟を決めて、ひとつやふたつ、実験をしてみよう。そして、新しい人生をデザインしはじめよう。

いったん創造力に対する自信《クリエイティブ・コンフィデンス》を受け入れれば、努力、練習、継続的な学習を通じて、あなたも人生やキャリアを作り直すことができるのだ。

デイヴィッド・ケリー davidkelley@ideo.com
トム・ケリー tomkelley@ideo.com

謝辞

映画が終わり、エンド・ロールが流れると、私たちはいつも、メジャー映画の制作にこれだけの人の手が加わっているのかと感心させられる。この本の制作では特殊効果の監督やスタント・ダブルの手は借りていないものの、本当にたくさんの人々の協力を得たのは事実だ。文字どおり何百人もの人々が、執筆の過程で手を貸してくれた。そこで、この数年間で特に時間と才能を捧げてくれた人々の一部をご紹介させていただく。もちろん、ここに挙げた方々以外にもお世話になったことは言うまでもない。

誰よりもまず、コリーナ・イェンに深くお礼を申し上げる。彼女は若きジャーナリストでありエンジニアでもある。２０１１年に私たちの作業に加わったときには、短期間だけ小さな仕事をお願いするつもりだったのだが、結局それから2年近く、調査、インタビュー、編集、執筆、私たち筆者の管理、プロジェクト全体の把握など、ほとんど何から何までやってもらうこととなった。そのあいだ、私たちがつい悲観的になってしまったときでも、彼女は〝どん欲な楽観主義〟を保ち、原稿の完成まで私たちをずっと正しい方向に導きつづけてくれた。彼女なしでは本書は完成しなかっただろう。

ローラ・マクルーアは、執筆が山場を迎える最終段階で作業に加わり、物語に命を吹き込み、思考を言葉に変える手助けをしてくれた。日に日に締め切りが迫ってきても、彼女はまったく動じるところを見せなかった。

私たちはビジネスの世界と学問の世界の交差点で仕事をしている。したがって、このふたつが交差する世界で、専門家から助けを得たことは認めないわけにはいかない。

IDEOでは、さまざまな人々の助けを借りた。クリス・フランクは、数々の考えを共有し、最初の数章を読み、IDEOの方法論を明確にするサポートをしてくれた。ニコル・カーンは、第7章の演習をまとめる手伝いをしてくれた。CEOのティム・ブラウンとIDEOパートナーたちは、常に私たちの活動を支えてくれた。ディエゴ・ロドリゲスは、自分から名乗り出て原稿全体を読み、全体を通じて入念なフィードバックを寄せてくれた。IDEOのゲイブ・クラインマン、コリン・レイニー、イアン・ロバーツも、レビューを担当してくれた。アシスタントのキャスリーン・ボムジーは、2年間以上にわたって私たちの前に立って面倒な作業を引き受け、私たちが本書の執筆に時間を当てられるよう、しょっちゅう代理を務めてくれた。

マーティン・ケイは、表紙をデザインしてくれた。まずは大量のプロトタイプを用意し、私たちが本書で表現しようとしているメッセージやエネルギーが伝わるものをひとつ選んだ。ボー・ベルジェロンは、自分のクライアントの仕事から一息つく間もなく、〝空き時間〟にイラストを描いてくれた。ファビアン・ハーマンは、本の中味のデザインを手伝ってくれた。アラナ・ザヴォイスキーとケイティ・クラークは、写真や画像をうまい具合に収める手助けをしてくれた。ブレンダン・ボイルは、私たちがアイデアを思いついたときのいい相談相手になってくれたし、遊び心のあるアイデアや関連する例が必要になったときにも、どんどん案を出してくれた。ホイットニー・モーティマー、デビー・スターン、そしてマーケティング・コミュニケーション・チームのみなさんは、原稿が完成するまで、そしてその先も、私たちを支えてくれた。

それから、日々デザイン思考と創造力に対する自信《クリエイティブ・コンフィデンス》を実践しているＩＤＥＯの６００名のみなさんも。彼らは物語や洞察を共有し、私たちが送った全社一斉のメールの質問にも、実に多彩な回答を寄せてくれた。特に、最後の数週間、私たちが新鮮な思考を求めているとき、作業場に立ち寄って具体的な意見を寄せてくれた、デニス・ボイル、ブライアン・メイスン、ジョナ・ヒューストン、グレイス・ファン、ＩＤＥＯ・ｏｒｇ創設者のパトリス・マーティンとジョスリン・ワイアットに感謝したい。そのほかにも、トム・ヒューム、ヨーグ・ステューデント、デイヴィッド・ヘイグッド、コー・リータ・スタッフォード、マーク・ジョーンズ、ジョー・ウィルコックス、ステイシー・チャンなど、数えきれない人々にお世話になった。

同時に、ｄスクールの仲間からも多くの手助けやサポートをいただいた。マネージング・ディレクターのサラ・スタイン・グリーンバーグとエグゼクティブ・ディレクターのジョージ・ケンベルは、本書のアイデアを提供してくれただけでなく、執筆作業のあいだ、数えきれないほどデイヴィッドの肩代わりをしてくれた。いつも私たちがアイデアを交換しているボブ・サットンは、私たちが初めてインタビューした相手であり、もっとたくさんインタビューするきっかけを作ってくれた。バーニー・ロスは設立当初からｄスクールを支え、本書に収まりきらないくらい、創造力に対する自信《クリエイティブ・コンフィデンス》に関するエピソードを教えてくれた。ペリー・クレバーンとジェレミー・アトリーは、ｄスクールの考え方を経営幹部の読者向けに置き換え、学問とビジネスの両方の世界について考える手助けをしてくれた。スコット・ドーリーは、スペースが文化に及ぼす影響に関する思想のリーダーであり、クリエイティブなグループに関する彼の考えは大いに参考になった。また、デイヴィッドが本書の執筆に時間を割《さ》けるようリーダーシップを発揮してくれた、スタンフォード・デザイン・プログラムのエグゼクティブ・ディレクターのビル・バーネットにも、深くお礼を申し上げる。ほかにも、エピソード、アイデア、インスピレーションを提供してくれた大勢のみなさんにありがとうを言いたい。

ＩＤＥＯとｄスクール以外でも、何十人もの人々が思想、言葉、行動を通じて私たちを助けてくれた。アルバート・バンデューラは、初期の重要な刺激となった。私たちがここまで来られたのは、彼の深い研究があったからこそだ。キャロル・ドゥエックは、著書や直接の会話を通じて、私たちの世界観を変えてくれた。キャサリン・フレッドマンは、いざというときに頼りになる友人だ。執筆で行き詰まりかけたとき、プロの編集者ならではのアドバイスをくれた。ＧＥのナンシー・マーティン、３Ｍのカール・ロエッター、リー・ビュローのビル・リー、旧友のジム・マンジは、レビューアとして、原稿について客観的なフィードバックを寄せてくれた。内容が物足りないと感じたときには、愛のむちをくれたことも。

それから、創造力に対する自信《クリエイティブ・コンフィデンス》を手に入れるまでの旅についてインタビューさせていただいた、100名超の人々にもお礼を言いたい。マーシー・バートン、クラウディア・コチカ、ボニー・シミーをはじめ、みなさんひとりひとりの話に刺激をもらった。体験や洞察を気前よく分け与えてくれたみなさん、どうもありがとう。

出版業界では、私たちをここまで導いてくれた著作権代理人のクリスティ・フレッチャーと、もういちど私たちを信じてくれたクラウン・ビジネスの編集者のロジャー・ショールにも深くお礼を言いたい。

また、ディミトリオス・コレヴァス医師、マイケル・J・カプラン医師、そしてスタンフォード大学病院のスタッフのみなさんに、心から感謝を申し上げる。みなさんがいたからこそ、デイヴィッドは2007年にがんとの絶望的な闘いに勝ち、本書を世に送り出すことができた。

そして何より、予想以上の時間がかかった執筆作業のあいだ、辛抱強く支えつづけてくれた私たちの妻のユミとケイシー、それから子どもたちに、お礼を言いたい。

みなさん、本当にありがとう！　みなさんの力添えで完成したこの本を、気に入ってもらえることを願って。

訳者あとがき

本書の著者のトム・ケリーは、日本人は本当にクリエイティブだ、と断言します。日本人の妻を持ち、東京大学のｉスクールでエグゼクティブ・フェローを務め、仕事で日本と数々のかかわりを持ってきた親日家であり、イノベーションの第一人者でもあるトムが言うのだから、説得力のある言葉でしょう。

トムは日本経済新聞のインタビューで、日本ほど世界じゅうからクリエイティブだと思われている国はないと語っています。実際に調べてみたところ、アドビシステムズ社が２０１２年４月にアメリカ、イギリス、ドイツ、フランス、日本の５カ国の各１０００人、合計５０００人の成人を対象に行なった調査（Adobe State of Create Study）によれば、「もっともクリエイティブだと思う国は？」という質問で、日本がアメリカを10パーセント引き離して１位を獲得しているのです。

もちろん、これは調査結果のひとつにすぎませんが、外国のランキングにありがちな、企業が独自に定めた基準で評価されたものではなく、５０００人の一般人を対象にした調査の結果であることを考えると、なんとも心強い結果だといえると思います。

ところが、同じデータを見ていると、意外な点に気づきます。世界の人々は（少なくともイメージ的に）日本をクリエイティブだと評価しているにもかかわらず、「自分自身を表わす言葉は？」という質問に対して、「クリエイティブ」という言葉を選んだ人は、日本が19パーセントで最下位なのです（1位はアメリカで52パーセント）。

もうひとつ面白いのは、「もっともクリエイティブだと思う国は？」という質問の答えを国別に見てみると、ドイツ、フランス、イギリスでは日本が1位であるのに対し、アメリカと日本ではアメリカが1位だという点です。

つまり、日本人は世界の国々からクリエイティブだと思われている一方で、自分自身をそれほどクリエイティブだとは思っていない、もっといえば自信を失っているといえるのかもしれません（もしかすると謙遜もあるのかも）。

トム・ケリーはこの結果を引き合いに出しつつ、日本人がもっと自信を持てば、創造力がさらに開花すると説きます。若い人々に創造性を発揮させる企業文化を築き、アイデアを実現できる環境さえ整えてやれば、日本はもっともっと前進できる、と。だって、もともと日本人にはちゃんと創造力が備わっているのだから。

それでは、自分には創造力があるという自信を持つためにはいったいどうすればいいのでしょうか？　誰もが自信を持って創造力を発揮できるようになるためには？　そのヒントを、イノベーションの達人であるＩＤＥＯのケリー兄弟が具体例をふんだんに挙げながら指南しているのが、本書『クリエイティブ・マインドセット』です。このような自信を、ケリー兄弟は「創造力に対する自信《クリエイティブ・コンフィデンス》」と呼んでいます。

本書は、“Creative Confidence: Unleashing the Creative Potential Within Us All”（直訳すると「創造力に対する自信：誰もが内に秘める潜在的な創造力を解き放つ」）の全訳です。トム・ケリーの著書としては『発想する会社！』『イノベーションの達人！』（いずれも早川書房刊）に続く3冊目の邦訳書ですが、ケリー兄弟にとっては初の共著となります。また、ＩＤＥＯのトップを経験した人物による著書としては、ティム・ブラウン著『デザイン思考が世界を変える』に続く邦訳書です。

ここで簡単に著者のふたりを紹介しておきますと、兄のデイヴィッドは、デザイン・ファーム「ＩＤＥＯ」の創設者として、数々のヒット商品を生み出し、人間中心のデザイン手法やイノベーション文化を組織に広める手助けを行なってきました。２０００年には本書にも登場するｄスクールの設立準備のため、ヨーロッパ部門を統括していたティム・ブラウン氏にＣＥＯの座を譲り、現在は会長としてＩＤＥＯにかかわっています。

また、弟のトムも、共同経営者として兄のデイヴィッドとともにＩＤＥＯをわずか15名のデザイナー集団から従業員６００名（２０１４年時点）を超える企業へと成長させてきました。広報やマーケティングの面でも才能を発揮しており、先述の著書の執筆に加え、イノベーションに関する講演で世界じゅうを飛び回っています。

そんなふたりが一緒に筆を取ることになったきっかけは、兄のデイヴィッドの突然のがん宣告だといいます。まえがきにもあるように、子どものころから大の仲良し兄弟だったふたりは、デイヴィッドの闘病中、時には人生について語り合い、時には何時間も無言で一緒に過ごしたそうです。そして、デイヴィッドががんとの闘いに勝ったあかつきには、兄弟一緒にふたつのことをしようと約束しました。ひとつが日本旅行、もうひとつが共同著書の執筆。デイヴィッドのがんはどうなったのか？　言うまでもないでしょう。

そんなふたりが手を取り成功へと導いてきたＩＤＥＯといえば、世界でもっともイノベーティブな企業のひとつ。有名なところではアップルの初代マウスから、身近なところでは無印良品の壁掛け式ＣＤプレイヤーまで、数々の企業の委嘱を受け、あっと驚くようなアイデア商品やサービスを世に送り出してきました。また、ＩＤＥＯのイノベーション手法を企業に広めるコンサルティング業務にも力を入れています。

近年では活動の幅も大きく拡大。玩具、医療器具、日用品、スポーツ用品、コンピューター製品などの「製品」の開発も相変わらず行なっていますが、本篇でも紹介されているとおり、近年では健康保険の申し込みをシンプルにする消費者向けのデジタル・ツールキットの開発や、ペルーの教育システムの改良など、公共分野でも積極的にイノベーションを行なっています。２０１１年には、非営利組織、社会的企業、財団と協力して途上国にイノベーションを届けることを目的とした「ＩＤＥＯ・ｏｒｇ」を設立。貧困をはじめとする世界の問題解決に取り組んでいます。

また、2010年には「OpenIDEO」というオープン・イノベーション・プラットフォームを開始。OpenIDEOは世界中の人々がアイデアを出し合ってイノベーションを行なうためのデジタル・コミュニティであり、都市の活性化から妊婦向けの超音波サービスまで、数々の成果を残してきました。参加者は4万5000人を数えます。

さらには、2011年の東日本大震災の発生を受け、東京オフィスも開設。IDEOはアジア(特に日本)での活動を重視しており、今後はメディアなどを通じて積極的に活動をアピールしていくとのことですので、展開が楽しみです。

もうひとつ、本書に登場するキーワードが「デザイン思考」です。デザイン思考とは、IDEOやdスクールで独創的なアイデアを生み出すために用いられている方法論であり、一言でいえば、製品開発や問題解決にデザイナーの思考を取り入れる人間中心のアプローチといえるでしょう。人間を観察し、人間の話を聞き、人間に共感してニーズや問題を突き止め、アイデア創造、プロトタイピング、テストを行ない、人間からフィードバックを得ながら、コンセプトを反復的に改良していく――つまり、デザイン思考の中心にはいつも「人間」がいるわけです。本書で紹介されているアイスクリーム・スクープも、デザイン思考の考え方から生まれた製品の一例です。利用者の観察を通じて、人々がアイスクリーム・スクープでアイスをすくい取ったあと、こびりついたアイスを無意識にぺろりとなめるという意外な事実に気づいたからこそ、ああいう商品が生まれたといえます。

創造性はチーム競技だという著者の言葉にもあるとおり、デザイン思考では、イノベーションを生み出す際、ひとりの専門家が自分の専門分野の知識を活かして黙々と解決策を練るという方法は取りません。むしろ、さまざまな学歴や経験を持つ人々を集めた分野横断的なチームを築き、多様な視点からアイデアを挙げ（＝発散的思考）、アイデアをポスト・イットに書き出し、ホワイトボードにぺたぺたと貼っていき、投票などを使ってアイデアを絞り込む（＝収束的思考）、というプロセスに従っています。

こうした方法論を学生たちに教えるため、デイヴィッドがスタンフォード大学内に設立した機関が、本書でもたびたび登場する「ｄスクール」です。ｄスクールはビジネス・スクール（Ｂスクール）のＢをデザインのｄに置き換えたもので、ｄが小文字になっている背景には、「design with a small d」（ｄが小文字のｄｅｓｉｇｎ）という理念があります。ＩＤＥＯの現ＣＥＯのティム・ブラウンの著書『デザイン思考が世界を変える』でも少し触れられていますが、小文字を使うことで、博物館のオブジェのような堅苦しい意味でのデザインではなく、もっと広い意味、気軽な意味でのデザインを表わそうとしているのかもしれません。

ＩＤＥＯがイノベーションを商品化したり、組織に広めたりすることに特化した「企業」だとすれば、ｄスクールはイノベーションを生み出せる人材や教育者を育てる「学術機関」といえるでしょう。ｄスクールはスタンフォード大学内でも大人気のプログラムであり、学問分野を問わず大学じゅうの学生から受講の申し込みが殺到するといいます。また、教育者や経営幹部などを対象としたワークショップも開催しているとのこと。

日本でも同じような活動は広まっており、東京大学にはイノベーションを教えるプログラム「i.スクール」があります（トム・ケリーもエグゼクティブ・フェローのひとり）。また、2012年設立の一般社団法人デザイン思考研究所は、dスクールで使われているデザイン思考の教材を数多く翻訳・公開しており、ワークショップも多数開催しています。本書の翻訳でも、同研究所の教材にはかなりお世話になりました。

……と堅苦しい説明が続いてしまいましたが、本書はそんな難しい方法論なんてまったく知らなくても、誰でも創造性を開花させることのできるヒントがたくさん詰まっています。著者は、創造性を発揮するうえでいちばん邪魔になるのは、「失敗したくない」という恐怖や、「恥をかいたらどうしよう」という不安だと言っています。創造性をテーマにした自己啓発書やビジネス書というと、とかく次々とアイデアを思いつき、何でもバリバリと実行できる人間が理想像として描かれているものも多く、今の自分とその理想像を比べ、かえって自信をなくしてしまうことも少なくありません。でも、肝心の自信を失ってしまってはそれこそ本末転倒。その点、ケリー兄弟はそういう人間の弱さも認めたうえで、恐怖や不安を乗り越える後押しをしてくれます。このあたり、とても勇気をもらえますし、ケリー兄弟の深い人間愛を感じます。創造性を発揮するのに必要なのは、創造性があることではなく、創造性を解き放つ一歩を踏み出すことなのかもしれませんね！

最後になってしまいましたが、日本語版では、内容を拡充するため、日本の読者に向けた著者のメッセージや一部写真を追加する運びとなりました。また、日本でなじみのない会社名などをわかりやすくするため、訳者の判断で、適宜説明を補わせていただきました。本書を通じて、少しでも多くの人が、創造力を解き放つ自信を手に入れてくれたら、訳者としてはこのうえない喜びです。

2014年5月、神奈川県横浜市にて

千葉敏生

注釈

序章

1 統計はWorld Health Organization, "Deafness and Hearing Loss," February 2013, http://www.who.int/mediacentre/factsheets/fs300/en より。

2 ケン・ロビンソン卿《きょう》の刺激的なＴＥＤトークは必見だ。「学校教育は創造性を殺してしまっている」（２００６年2月、http://www.ted.com/talks/lang/ja/ken_robinson_says_schools_kill_creativity.html）を参照。２０１２年11月時点では、もっとも閲覧回数の多いＴＥＤトークだった（http://blog.ted.com/2012/08/21/the-20-most-watched-ted-talks-to-date/）。

3 ＩＢＭの２０１０年5月18日のプレス・リリース（http://www-03.ibm.com/press/us/en/pressrelease/31670.wss）を参照。

4 アドビシステムズの２０１２年4月23日のプレス・リリース（http://www.adobe.com/aboutadobe/pressroom/pressreleases/201204/042312AdobeGlobalCreativityStudy.html）を参照。

5 私たちは共感や思いやりについて、ゲシェー・トゥプテン・ジンパと何度か話した。創造力に対する《クリエイティブ・コン》自信《フィデンス》や創造力の〝自然〟な状態については、彼が２０１０年9月にデイヴィッドのゲスト・ハウスに滞在しているときに話した。

6 ここで簡単に紹介しているのは、上から順にボニー・シミー、デイヴィッド・ヒューズ、ローレン・ワインスタイン、ステファニー・ロー、マーシー・バートン。5人の物語は、コリーナ・イエンとトム・ケリーによるインタビューに基づく（彼らの詳しい物語に関する注は、それぞれの章を参照）。

ジェットブルー航空の回復時間の40パーセント短縮については、Dan Heath and Chip Heath in "Team Coordination Is Key in Businesses," *Fast Company*, July/August 2010, http://www.fastcompany.com/1659112/team-coordination-key-businesses で報告されている。また、１７００人を超える人々がヒューズのチームが配布した嘆願書に署名したり、フェイスブック・グループに参加したりしたという事実については、ハーバード・ビジネス・レビューのブログ記事にて報告されている。詳しくは、Julia Kirby, "Starting a Movement, Learning to Lead," June 1, 2009, http://blogs.hbr.org/hbr/hbreditors/2009/06/starting_a_movement_learning_t.html を参照。

7 私たちの知るかぎり、管理職専門のヘッドハンティング業界でいち早くデザイン思考を取り入れた人物として、Renaissance Leadership Ltd., http://www.ren-lead.com のベン・アンダーソンがいる。

8 たとえば、ロサンゼルス郡の社会福祉局の幹部のひとり、フィル・アンセルのエピソードを参照。詳しくは、ｄスクールのブログ Design + Bureaucracy = Delight, November 13, 2012, http://dschool.stanford.edu/blog/2012/11/13/design-bureaucracy-delight を参照。

9 Albert Bandura, *Self-Efficacy: The Exercise of Control* (New York: W. H. Freeman, 1997) を参照。

第1章

1 Kate Linebaugh, "GE Feels Its Own Cuts," September 17, 2012, *Wall Street Journal*, http://online.wsj.com/article/SB10000872396390443720204578002270222435846.html を参照。

2 私たちが初めてダグ・ディーツの物語を聞いたのは、２０１１年7月にｄスクールのエグゼクティブ教育クラスで撮られたビデオでのことだ。また、ＴＥＤｘトークでは、ダグ自身がエピソードを語っている。詳しくは、Dietz, "Transforming Healthcare for Children and Their Families," April 2012, http://tedxtalks.ted.com/video/TEDxSanJoseCA-2012-Doug-Dietz-T を参照。そのほかの詳細につい

3 ては、２０１１年11月のコリーナ・イェンとトム・ケリーによるダグのインタビューに基づく。デザイン思考のプロセスを明確にする手助けをしてくれたＩＤＥＯパートナーでｄスクールコンサルティング准教授のクリス・フリンクに感謝したい。デザイン思考について詳しくは、ＩＤＥＯのＣＥＯティム・ブラウンの著書『デザイン思考が世界を変える』（千葉敏生訳、早川書房、２０１０年）を読むことをお勧めする。デザイン思考のツールや手法については、ＩＤＥＯの無料オンライン・リソースである*Human-Centered Design Toolkit* (http://www.hcdconnector.org/toolkit/en)や*Design Thinking for Educators Toolkit* (http://designthinkingforeducators.com/toolkit)を確認されたい。また、ｄスクールも、*Bootcamp Bootleg* ツールキット（http://dschool.stanford.edu/use-our-methods 内のリンクを参照）などの形式で、デザイン思考の手法を公開している。（訳注：同ツールキットの日本語版として、『デザイン思考家が知っておくべき39のメソッド』（柏野尊徳監訳、木村徳沙・梶希生・中村珠希訳、慶應義塾大学ＳＦＣデザイン思考研究会編）が公開されている）

4 トムのデビュー書では、ＩＤＥＯの初期の歴史や当時の私たちのプロセスが紹介されている。トム・ケリー＆ジョナサン・リットマン著『発想する会社！』（鈴木主税・秀岡尚子訳、早川書房、２００２年）を参照。

5 キャロル・Ｓ・ドゥエック著『「やればできる！」の研究：能力を開花させるマインドセットの力』（今西康子訳、草思社、２００８年）の17ページを参照。私たちが初めて彼女の研究に注目したのは、Marina Krakovsky, "The Effort Effect," *Stanford Magazine*, March/April 2007, http://alumni.stanford.edu/get/page/magazine/article/?article_id=32124を読んだのがきっかけだ。キャロル・ドゥエックは、著書に加え、２０１１年9月のコリーナ・イェンとトム・ケリーによるインタビューでも、詳しい話を聞かせてくれた。ドゥエックの研究には大いに考えさせられた。創造性に対する考え方から自分の子どもとの話し方まで、あらゆる面で影響を受けている。

6 ドゥエック著『「やればできる！」の研究』の30〜31ページより引用。

7 Silicon Valley Historical Associationによる1994年のスティーブ・ジョブズの印象的なインタビュー動画がhttp://www.youtube.com/watch?v=kYfNvmF0Bqwでオンライン公開されている。スティーブに関するその他の内容の一部は、彼とデイヴィッドの25年来の親交に基づく。

第2章

1 恐怖症治療のエピソードについては、2010年9月のデイヴィッドによるアルバート・バンデューラのインタビューより。詳しい内容については、ケリー・パターソン著『インフルエンサーたちの伝えて動かす技術：6つのレバレッジポイントが人と組織を大きく変える！』（千田彰・本多佳苗訳、PHP研究所、2009年）の61～64ページで改めて紹介されている実験に基づく。自己効力感や指導つきの習熟について詳しくは、Albert Bandura, *Self-Efficacy: The Exercise of Control* (New York: W. H. Freeman, 1997)を参照。

2 Christine Foster, "Confidence Man," *Stanford Magazine*, September/October 2006, http://alumni.stanford.edu/get/page/magazine/article/?article_id=33332を参照。

3 バンデューラは、Steven J. Haggbloom, "The 100 Most Eminent Psychologists of the 20th Century," *Review of General Psychology* 6, no. 2 (2002): 139–52で4位にランクインした。

4 Bandura, *Self-Efficacy*, 150を参照。

5 Bandura, *Self-Efficacy*, 53を参照。

6 Dean Keith Simonton, *Origins of Genius: Darwinian Perspectives on Creativity* (New York: Oxford University Press, 1999)を参照。天才的な創造力の持ち主に関するシモントンの研究について教えてくれた、スタンフォード大学の経営工学教授のボブ・サットンに感謝したい。

7 私たちが子どものころ、ライト兄弟はオハイオ州の歴史の授業で伝説的な人物として扱われていた。

8 彼らがメディアの注目を避けるためもあってキティホークを選んだという説については、ウィキペディアの記事http://en.wikipedia.org/wiki/Wright_brothersより（2013年2月22日にアクセス）。「ノード」チェアは2010年に完了したスチールケースとIDEOのプロジェクト。プロトタイプの詳細については、IDEOのデザイナーのヨーグ・ステューデントおよびスチールケースの教育関連ソリューション部門のゼネラル・マネジャーのショーン・コーコランの話に基づく。2013年4月に電子メールと会話を交わした。2013年春の時点でノードチェアを使用している教育機関の数については、スチールケースの発表による。ノードプロジェクトについて詳しくは、http://www.ideo.com/work/node-chairを参照。

9 ぜひみなさんも、dスクールのウェブサイトhttps://dschool.stanford.edu/groups/designresources/wiki/ed894/The_GiftGiving_Project.htmlの指示に従って、90分間のプレゼント体験プロジェクトを自身で試してみてほしい。プレゼント体験プロジェクトは、物理的な製品ではなく体験にデザイン・サイクルを活かす方法を見事に示している。

10 日々の通勤体験（特にカルトレインを使ったパロアルトとサンフランシスコ間の通勤）の見直しは、dスクールでは人気のプロジェクトだ。学生たちは、プラットフォーム上で待つ、電車に乗る、到着駅で電車を降りたときに道を探す、車内で人々に話しかける、乗車を楽しむ、食事を取るといったカスタマー・ジャーニー全体に着目している。

11 IDEOのパートナーでdスクールのコンサルティング准教授のディエゴ・ロドリゲスとボブ・サットンは、dスクールで初めて「Creating Infectious Action」（伝染する行動を生み出す）クラスを教えたあと、この表現を使うようになった。ボブは自身のブログWork Mattersで、「私たちは、前向きに失敗しなさい、早めに失敗しなさい、たくさん失敗しなさいと説いていた。そのほかにも色々と面白い言葉を使って、失敗にはいい面があると教えていた。だから、学生たちがわれわれの指導を受けたにもかかわらず、ヒップホップ・コンサートの宣伝に大失敗すると、私たちはもっとも誠実な行動とは何かに気づいた。大失敗がどれだけ最悪なものなのかを話し、学習の機会へと変えることなのだ」と記している。詳しくは、"Failure Sucks but Instructs," October 29, 2007, http://bobsutton.typepad.com/my_weblog/2007/10/failure-sucks-b.htmlを参照。ディエゴは自身のブログで、21個あるイノベーション原則の14番目にこの言葉を選んだ。"14: Failure sucks, but instructs," May 20, 2009, http://metacool.com/?p=324を参照。

12 このクリス・フリンクのセリフは、dスクールの内部文書より。これはdスクールの未来について考える見解提起文の一部だ。

13 ジョン・"キャス"・キャシディはこの10～20年間、IDEOを頻繁に訪れており、他者の創造力《クリエイティブ・》に対する自信《コンフィデンス》を育てる方法にかけては、ずっとロール・モデル的な存在だ。John Cassidy and B. C. Rimbeaux, *Juggling for the Complete Klutz* (Palo Alto, CA: Klutz, 2007), 4を参照。また、Cass and Brendan Boyle, *The Klutz Book of Invention* もぜひ読んでほしい。見事とはいえ面白おかしい製品のアイデアが詰まっている。

14 このコラムの執筆に協力してくれたdスクール講師のキャロライン・オコナーとマネージング・ディレクターのサラ・スタイン・グリーンバーグにお礼を言いたい。この内容のもとになった考えは、ふたりが私たちの論文*Harvard Business Review*, "Reclaim Your Creative Confidence," December 2012, 116-17に寄稿してくれた同じようなコラムに初めて掲載された。

15 ジェイン・マクゴニガル著『幸せな未来は「ゲーム」が創る』(藤本徹・藤井清美訳、早川書房、2011年)を参照。創造力《クリエイティブ・》に対する自信《コンフィデンス》にもっとも関連のある第4章「楽しい失敗とより高い成功への期待」では、ゲームの文脈で失敗がどうとらえ直されているかを説明している。どん欲な楽観主義(urgent optimism)の定義は、2010年2月のジェイン初の印象的なTEDトーク「ゲームで築くより良い世界」(http://www.ted.com/talks/jane_mcgonigal_gaming_can_make_a_better_world.html)に基づく。その他の詳細は、2012年11月のジェインとトムの2回の会話より。

16 これはディエゴ・ロドリゲスが自身のブログで説明しているイノベーション原則のひとつ。"It's not the years, it's the mileage," August 12, 2009, http://metacool.com/?p=297を参照。

17 ランディ・コミサーは2004年4月にスタンフォード大学で記録された講義で、建設的な失敗について話している。Stanford Technology Ventures Program Entrepreneurship Corner, http://ecorner.stanford.edu/authorMaterialInfo.html?mid=996にてオンライン公開されている。リスクと失敗に関するランディの考えについて詳しくは、ランディ・コミサー著『ランディ・コミサー：あるバーチャルCEOからの手紙』（石川学訳、ダイヤモンド社、2001年）を参照。

18 HackFWDはIDEOが2010年にラース・ヒンリクスのために遂行したプロジェクトだ。http://www.ideo.com/work/hackfwdを参照。ギーク・アグリーメントはHackFWDのウェブサイトhttp://hackfwd.com/experienceより入手可能。

19 資金提供されたプロジェクトの数については、Alexander Eule, "Forever in Blue Jeans," *Barron's*, February 23, 2013, http://online.barrons.com/article/SB50001424052748704103204578314212712289502.htmlで報告されている。

20 ベッセマー社の「アンチポートフォリオ」について教えてくれたクリス・フリンクに感謝する。全リストはhttp://www.bvp.com/portfolio/antiportfolioを参照。

21 デイヴィッド・コーワンは2013年に第61位に選ばれた。http://www.forbes.com/midas/listを参照。

22 FailCon（失敗会議）は2009年にサンフランシスコで始まった年1回の会議であり、現在では国際的なイベントも開催している。http://thefailcon.comを参照。

23 ティナ・シーリグ著『20歳のときに知っておきたかったこと：スタンフォード集中講義』（高遠裕子訳、阪急コミュニケーションズ、2010年）の88ページより引用。

24 ブレネー・ブラウン著『本当の勇気は「弱さ」を認めること』（門脇陽子訳、サンマーク出版、20

１３年）の２０３ページ。

25 ひとつ目のセリフはケン・ロビンソン卿《きょう》のＴＥＤトーク「学校教育は創造性を殺してしまっている」より。ふたつ目のセリフについては、ケン・ロビンソン＆ルー・アロニカ著『才能を引き出すエレメントの法則』（秋岡史訳、祥伝社、２００９年）の第1章を参照。

26 この話はデイヴィッドとトムが２０１０年12月にケン・ロビンソン卿から聞いたもの。ロビンソン＆アロニカ著『才能を引き出すエレメントの法則』の33～34ページでも同じ話について記している。Liverpool Institute for Performing Arts の歴史について詳しくは、http://www.lipa.ac.uk/content/AboutUs/HistoryHeritage.aspx を参照（２０１１年1月11日にアクセス）。

27 ブレネー・ブラウン著『「ネガティブな感情《こころ》」の魔法：「悩み」や「不安」を希望に変える10の方法』（本田健訳、三笠書房、２０１３年）の１８０～１８６ページ。研究の方法論やインタビュー人数については原著１２９ページに記載（訳注／邦訳では割愛）。引用はブラウン著『本当の勇気は「弱さ」を認めること』の75ページより。

28 立ち直る力の研究については、ブラウン著『「ネガティブな感情《こころ》」の魔法』の１２９～１５１ページにまとめられている。

29 ダン・ローム著『描いて売り込め！　超ビジュアルシンキング』（小川敏子訳、講談社、２００９年）を参照。「赤ペン」と「黄色ペン」タイプの人々については、42ページで説明されている。一部の詳細については、２０１２年1月のダンとトムの会話より。また、Napkin Academy, http://www.napkinacademy.com も参照。

30 イラストを描いてくれたダン・ロームに感謝する。説明は、ロームのNapkin Academy, http://www.napkinacademy.com/how-to-draw-people にあるレッスン「How to Draw People」（人間の描き方）に基づく。

第3章

1 このエピソードについては、２０１１年10月のコリーナ・イェンとトムによるラフール・パニッカーのインタビューに基づく。特に明記されていないかぎり、このエピソード全体のラフールのセリフは、このときのインタビューに基づく。一部の詳細については、２０１３年2月のジェーン・チェンとデイヴィッドの会話より。製品の価格の詳細については、エンブレイスのウェブサイト http://www.embraceglobal.orgより。

2 統計はWorld Health Organization, "Preterm Birth," November 2012, http://www.who.int/mediacentre/factsheets/fs363/en/index.htmlより。

3 Sean Dooley, "Embrace Infant Warmer Could Save Thousands," *ABC News*, December 17, 2010, http://abcnews.go.com/Health/embrace-infant-warmer-save-thousands/story?id=12366774を参照。

4 このエピソードとセリフは、コーリー・フォードがｄスクールのために制作したエンブレイスのチーム・メンバーのインタビュー動画より。http://vimeo.com/11283910にてオンライン公開されている。

5 エンブレイスの共同創設者のラズミグ・ホヴァジミアンは取締役として残った。

6 Dooley, "Embrace Infant Warmer"を参照。

7 "Be the Change: The Tiniest Survivors," December 17, 2010, http://abcnews.go.com/2020/video/change-tiniest-survivors-12428134?&clipId=12428134&playlistId=12428134を参照。

8 Jane Chen, "Should Your Business Be Nonprofit or For-Profit?" *HBR Blog Network*, February 1, 2013, http://blogs.hbr.org/cs/2013/02/should_your_business_be_nonpro.htmlを参照。救われた赤ん坊の人数や会社の状況に関するその他の統計も、この記事に基づく。

9 ２０１１年11月のコリーナ・イェンとトム・ケリーによるロバート・スタンバーグのインタビューより。特徴のリストは、Sternberg, "The WICS Approach to Leadership: Stories of Leadership and

the Structure and Processes That Support Them," *Leadership Quarterly* 19, no. 3 (2008): 360-71より。彼のセリフは、Sternberg, "Creativity as a Decision," *American Psychologist*, May 2002, 376より。最初にスタンバーグの研究について知らせてくれたボブ・サットンに感謝したい。

10　２０１２年９月のコリーナ・イェンによるジル・レヴィンソンのインタビューより。ジルのピンタレストのページ http://pinterest.com/jml736もチェックしてみてほしい。

11　この例は、ｄスクールでエグゼクティブ教育クラスを数多く指導してきたＩＤＥＯデザイナーのケリー・オコナーの話に基づく。

12　このコラムに協力してくれたＩＤＥＯのエクスペリエンス・チームのリーダー、アラン・ラトリフに感謝する。彼はサンタクルーズのとあるトイレの落書きをヒントに、ＩＤＥＯのサンフランシスコ・オフィスに共同黒板を設けるアイデアを思いついた。

13　ティム・マナースは１９９８年に遊び半分でこの日刊オンライン・マガジンを書きはじめたのだが、それ以来ずっと続けている。トムはセス・ゴーディン編集による33人の共同著書『常識破りの組織に変える33人の否常識』（宝利桃子訳、きこ書房、２００８年）の共同執筆中にティムと知り合って以来、彼のCool News of the Dayをずっと愛読している。http://www.reveries.comを参照。

14　Gautam Naik, "A Hospital Races to Learn Lessons of Ferrari Pit Stop," *Wall Street Journal*, November 14, 2006, http://online.wsj.com/article/SB116346916169622261.htmlを参照。

15　スティーブン・コヴィー著『完訳７つの習慣：人格主義の回復』（フランクリン・コヴィー・ジャパン訳、キングベアー出版、２０１３年）の３１０〜３１４ページを参照。

16　John Tierney, "Discovering the Virtues of a Wandering Mind," *New York Times*, June 28, 2010, D1を参照。

17　Robert H. McKim, *Experiences in Visual Thinking* (Pacific Grove, CA: Brooks/Cole, 1980), 38を参照。デイヴィッドが若いころに影響を受けたもう１つの創造性関連の本といえば、ドン・ゴバーグ＆ジ

ム・バグナル著『固定観念を打ち破ればどんな問題でも解決できる』（稲垣行一郎訳、産業能率大学出版部、１９７９年）だ。

18　トムの司会で行なわれたAIGA Business and Design Conference 2008で、グラント・マクラッケンが「Who Owns Culture in the Corporation?」（企業の文化は誰のものなのか？）と題するトークの中で発したのがこのセリフである。詳しくは、http://www.aiga.org/resources/content/5/3/2/3/documents/aiga_gain08_mccracken.pdfを参照。

19　このエピソードは、ＩＤＥＯのシカゴ・オフィスの代表を務めるマーク・ジョーンズの話に基づく。２０１２年３月のコリーナ・イェンとデイヴィッド・ケリーによるマーク・ジョーンズのインタビューより。このプロジェクトについて詳しくは、http://www.ideo.com/work/virtual-wallet-interactive-banking-experienceを参照。

20　Nicola Trevett, “The Big Broken Bank Rebuild,” *Guardian*, March 12, 2010, http://www.guardian.co.uk/service-design/bank-rebuildを参照。

21　ＰＮＣのウェブサイトに公開されている２０１３年のファクト・シートより。https://www.pnc.com/webapp/sec/NCProductsAndService.do?siteArea=/pnccorp/PNC/Home/About+PNC/Media+Room/PNC+Fact+Sheetsを参照。

22　この数字は、経済調査会社Moebs Servicesの調査に基づく。“A Further Look at Overdraft Fees,” *New York Times*, February 27, 2012, http://www.nytimes.com/2012/02/27/opinion/a-further-look-at-overdraft-fees.htmlを参照。Federal Deposit Insurance Corporationの２００８年の調査によれば、若い成人の口座所有者の50パーセント近くが当座貸越手数料を科《か》せられており、手数料を科せられる率はこの年齢層がもっとも高かった。“FDIC Study of Bank Overdraft Programs,” November 2008, http://www.fdic.gov/bank/analytical/overdraft/FDIC138_Report_Final_v508.pdfを参照。

23　Burt Helm, “PNC Lures Gen Y with Its ‚Virtual Wallet′ Account,” *Businessweek*, November 25,

2008, http://www.businessweek.com/stories/2008-11-25/pnc-lures-gen-y-with-its-virtual-wallet-accountを参照。

24 Frederick S. Leichter, "How Fidelity Used Design Thinking to Perfect Its Website," *HBR Blog Network*, May 9, 2011, http://blogs.hbr.org/cs/2011/05/how_fidelity_used_design_think.htmlより。

25 ハイブリッド型の洞察については、ＩＤＥＯのデザイン調査担当者のジュリエット・メルトンが、２０１２年10月のコリーナ・イェンとトムによるインタビューで語ったもの。詳しくは、Johannes Seemann, "Hybrid Insights: Where the Quantitative Meets the Qualitative," *Rotman* magazine, Fall 2012, 56-61を参照。

26 このエピソードは、ＩＤＥＯシニア・リードのブライアン・メイスンが２０１３年2月にトムに語ったもの。チリスのプロジェクトについて詳しくは、http://www.ideo.com/work/kitchen-gadgetsを参照。

27 このエピソードと詳細は、プロジェクトの実地調査中にＩＤＥＯが撮影したデザイン調査ビデオの内容に基づく。

28 リトルミスマッチの詳細は、創設者のジョナ・ストーがトムに送った電子メールや社内プレゼンテーションの内容に基づく。挿入されている写真はイメージ画像。

29 ２０１２年4月のコリーナ・イェンとトム・ケリーによるアマンダ・サマンのインタビューより。

30 コー・リータ・スタッフォードは、インタビューやデザイン調査を専門とする大学つきの専門家。彼女は２０１２年2月21日の電子メールでこのコツをトムに教えてくれた。

31 ＩＤＥＯの*Human-Centered Design Toolkit* (http://www.hcdconnect.org/toolkit/en)を参照。（訳注：日本語版として、『イノベーションを起こすための3ステップ・ツールキット』（柏野尊徳監訳、重富渚・梶希生・中村珠希・木村徳沙・足立敬訳、一般社団法人デザイン思考研究所編）が公開されている）

32 この枠組みのとらえ直しの例は、シスコシステムズとＩＤＥＯの共同プロジェクトの最中に、ＣＥＯ

のジョン・チェンバースがＩＤＥＯチームに教えてくれた。

33 このGyrus Diego Powered Dissector Systemに関するエピソードの詳細は、この製品の開発プロジェクト・チームを率いたＩＤＥＯパートナーのアンドルー・バローズに確認してもらった。プロジェクトについて詳しくは、http://www.ideo.com/work/diego-powered-dissector-systemを参照。

34 William G. Bowen, Martin Kurzweil, and Eugene Tobin, *Equity and Excellence in American Higher Education* (Charlottesville: University of Virginia Press, 2005), 91より。デイヴィッド・ブルックス著『人生の科学』（夏目大訳、早川書房、２０１２年）の巻末注に出典が挙げられている。

35 このRipple Effect（波及効果）プロジェクトの詳細は、開発プロジェクト・チームを率いたＩＤＥＯのサリー・マドセンに確認してもらった。プロジェクトについて詳しくは、http://www.ideo.com/work/ripple-effect-access-to-safe-drinking-waterを参照。

36 ２０１３年2月のトム・ケリーによるジョセリン・ワイヤットとパトリス・マーティンのインタビューより。プロジェクトについて詳しくは、https://www.ideo.org/projects/breaking-the-cycle-of-intergenerational-poverty/completedを参照。

37 Keith Ferrazzi, *Who's Got Your Back: The Breakthrough Program to Build Deep, Trusting Relationships That Create Success—And Won't Let You Fail* (New York: Crown Business, 2009), 60-62を参照。

38 この話は私たちが子どものころ、オハイオ州の歴史の授業でしつこいくらいに聞かされた。さらに詳しい話が知りたい方は、グッドイヤーのウェブサイトwww.goodyear.com/corporate/history/history_story.htmlを参照。

第4章

1 アクシャイとアンキットのエピソードやセリフは、主に２０１１年10月のコリーナ・イェンとトム・ケリーによるインタビューに基づく。ただし、２０１３年5月のコリーナとアクシャイの会話に基づき、いくつか内容を追加した。

2 ジョンのプロトタイプに関するエピソードや詳細は、彼が自身のブログ“Where's the Next Bus? I'll Tell You.” April 2011, http://johnkeefe.net/wheres-the-next-bus-ill-tell-you に投稿した記事より。

3 ｄスクールの２０１２年のファクト・シート http://dschoolstanford.edu/wp-content/uploads/2010/09/dschool-fact-sheet-2012.pdf を参照。

4 当時企画中だった番組は、「The Takeaway」という番組名で２００８年に放送開始された。その授業とは、ｄスクールのクリエイティブ・ディレクターのスコット・ドーリーが教える「Media+Design」というクラス。学生たちの作ったプロトタイプは、ＷＮＹＣの「The Brian Lehrer Show」という番組内で放送された。

5 バグ・リストについては、トム著『発想する会社！』の36～38ページでより詳しく説明されている。

6 ジェフリー・フェファー＆ロバート・Ｉ・サットン著『実行力不全：なぜ知識を行動に活かせないのか』（長谷川喜一郎監訳、菅田絢子訳、ランダムハウス講談社、２００５年）を参照。

7 コダックが見逃した機会に関する私たちの物語は、１９９７年4月にコダック本社を訪れたところから始まった。それ以来、私たちはコダックの浮き沈みを注意深く追ってきた。コダックの最盛期の市場シェアの値は、製品カテゴリーによって異なる。一例として、Andrew Martin, “Negative Exposure for Kodak,” *New York Times*, October 20, 2011, http://www.nytimes.com/2011/10/21/business/kodaks-bet-on-its-printers-fails-to-quell-the-doubters.html を参照。

8 ｄスクールのサマー・カレッジの学生の多くが、バーニーのゲームについて話してくれた。バーニーから行動する勇気をもらった人々のエピソードは、サマー・カレッジを担当するdスクールのコミュニティ・ディレクターのシャーロット・バージェス＝オバーンが2012年1月5日の電子メールで報告してくれた。

9 アン・ラモット著『ひとつずつ、ひとつずつ：書くことで人は癒される』（森尚子訳、パンローリング、2013年）の61ページより引用。創作活動全般に関するアドバイスを求めている方も、この本全体を読むことをお勧めする。

10 陶芸のエピソードについては、デイヴィッド・ベイルズ&テッド・オーランド著『アーティストのためのハンドブック：制作につきまとう不安との付き合い方』（野崎武夫訳、フィルムアート社、2011年）の61〜62ページで紹介されている。この本はすらすらと読めるうえ、芸術家以外の人にとってもタメになる。

11 スティーヴン・プレスフィールド著『やりとげる力』（宇佐和通訳、筑摩書房、2008年）を参照。引用は冒頭の「もうひとつの人生」のセクションより。私たちは友人のベン・アンダーソンに『やりとげる力』を貸してもらった。数年がかりの執筆ともなれば大きな「レジスタンス」（抵抗）を伴うので、彼の概念はとても役に立った。

12 2011年8月のデイヴィッド・ケリーとコリーナ・イェンによるジェレミー・アトリーのインタビューより。ジェレミーはdスクールのエグゼクティブ教育ディレクターとして、数々のセッションを率いてきた。

13 タクシーのエピソードは、2007年11月にブエノスアイレスで開かれたHSM ExpoManagementイベントの舞台裏で、トムがフランシス・フォード・コッポラと交わした会話に基づく。その低予算の映画というのは『コッポラの胡蝶の夢』だ。映画や自力での資金調達に関するコッポラの考えについて詳しくは、Vanity Fair の記事 http://www.vanityfair.com/culture/features/2007/12/coppola200712を参照。

14 制限つきの投票と活動の〝リズム〟は、ＩＤＥＯのふたつの常套《じょうとう》手段だ。これは２０１３年2月のインタビューで、トムがＩＤＥＯパートナーのデニス・ボイルと話し合った内容に基づく。

15 ＩＤＥＯなどでのプロトタイピングについて詳しくは、トムの著書を参照。たとえば、前掲の『発想する会社！』の第6章や、トム・ケリー＆ジョナサン・リットマン著『イノベーションの達人！』（鈴木主税・秀岡尚子訳、早川書房、２００２年）の第2章が参考になる。

16 エリックはＩＤＥＯの特別研究員であり、彼の著書は起業家精神を持つ人々にとって大いに参考になる。エリック・リース著『リーン・スタートアップ：ムダのない起業プロセスでイノベーションを生み出す』（井口耕二訳、日経ＢＰ社、２０１２年）を参照。

17 この話は、アダム・スケイツが２０１１年12月にトムに語ったもの。アダムとコー・リータが制作したオリジナルの動画は、http://youtu.be/-SOeMA3DUEsを参照。

18 ボイルの法則とその創造者であるデニス・ボイルについては、トムが『発想する会社！』の１１９ページで初めて記した。この名称は、恐縮ながら、より有名な方の「ボイルの法則」から取ったものだ。おそらく、物理学の授業で聞いたことがあるだろう。そちらの「ボイルの法則」は、アイルランドの物理学者、ロバート・ボイルによるものだ。

19 私たちは、未来像を描いたり要点をすばやく伝えたりするのに、動画が打ってつけだと心から信じている。紹介されているヒントをまとめたのは、この手法の名人であるＩＤＥＯパートナーのブレンダン・ボイルとトーイ・ラボだ。

20 ウォルグリーンプロジェクトやフォーム・コアのプロトタイプに関するエピソードは、２０１２年3月にコリーナ・イェンとデイヴィッドが行なったプロジェクト・リーダーのマーク・ジョーンズのインタビューに基づく。また、２０１２年5月にも、マークとコリーナ・イェンは確認の会話を交わした。一部の詳細は、ＩＤＥＯのウェブサイトhttp://www.ideo.com/work/community-pharmacyに記載されているプロジェクトの説明に基づく。

21　この結果と、新しい形態を取り入れた店舗数のデータは、２０１３年5月7日にウォルグリーンが電子メールで報告してくれた。

22　ウォルグリーンは、ファスト・カンパニー誌のもっとも革新的な医療会社のリストに２０１２年と２０１３年にランクインした（２０１０年も）。

23　ストーリーボードについて詳しくは、「教育者向けデザイン思考ツールキット」（Design Thinking for Educators Toolkit）（http://designthinkingforeducators.com/toolkit）も参照。

24　このヒントは、ＩＤＥＯパートナーのピーター・コクランより。彼によれば、この手法によって自分のアイデアを表現するのが怖くなくなるという。「ストーリーボードでは答えきれていないとわかっている追加の質問をすることで、あまり間抜けな印象を与えずにすむのです」とのこと。

25　"Long-Haul Travel Experience for Air New Zealand," IDEO website, http://www.ideo.com/work/long-haul-travel-experienceを参照。

26　Divina Paredes, "Flight Path to CEO," CIO, April 10, 2008, http://cio.co.nz/cio.nsf/spot/flight-path-to-ceoを参照。

27　Geoffrey Thomas, "Reinventing Comfort," Air Transport World, February 1, 2010, http://atwonline.com/operations-maintenance/article/reinventing-comfort-0309を参照。

28　「リリースして学ぶ」という方法について初めて聞いたのは、２０１１年7月にコリーナ・イェンとトム・ケリーが行なったＩＤＥＯデザイン・ディレクターのトム・ヒュームのインタビューでのことだ。ジンガやキンドルのレンタルの例を教えてくれた彼に感謝したい。

29　キックスターターに関する統計は、キックスターターのウェブサイトhttp://www.kickstarter.com/help/statsより。

30　ジンガの「ゲットー・テスト」の手法について詳しくは、２００９年10月にスタンフォード大学で録音されたジンガ創設者のマーク・ピンカスの講演を参照。Stanford Technology Ventures Program

Entrepreneurship Corner, http://ecorner.stanford.edu/authorMaterialInfo.html?mid=2277にてオンライン公開されている。

31 Audrey Waters, "New Kindle Lending Club Matches E-Book Borrowers and Lenders," *ReadWrite*, January 15, 2011, http://readwrite.com/2011/01/15/new_kindle_lending_club_matches_e-book_borrowers_aを参照。

32 Tom Hulme, "Launch Your Next Idea Before It's Ready," *HBR Blog Network* [video], August 28, 2012, http://blogs.hbr.org/video/2012/08/launch-your-next-idea-before-i.htmlを参照。

33 2011年9月のコリーナ・イェンによるデイヴィッド・ヒューズのインタビューに基づく。詳細はJulia Kirby, "Starting a Movement, Learning to Lead," *HBR Blog Network*, June 1, 2009, http://blogs.hbr.org/hbr/hbreditors/2009/06/starting_a_movement_learning_t.htmlより。このエピソードを初めて私たちに教えてくれたのは、ディエゴ・ロドリゲスとともに「Creating Infectious Action」（伝染する行動を生み出す）クラスを始めたボブ・サットンだ。歩行者天国プロジェクトに参加したデイヴィッドのチームメイトは、アムリタ・マハレ、ジェームズ・トンプソン、スヴェトラ・アレクサンドロフだ。

34 このエピソードは、リーダーシップ・コミュニティの開発中（1994年）にジム・ハケットと交わした会話や、その後の数年間で実際にスペースを目撃してきた経験に基づく。一部の詳細については、2013年3月に電子メールでジムに確認してもらった。

35 アクシャイ・コタリとコリーナ・イェンが2013年5月に交わした会話より。

第5章

1 Derek Thompson, "The 10 Things Economics Can Tell Us About Happiness," *Atlantic*, May 31,

2012, http://www.theatlantic.com/business/archive/2012/05/the-10-things-economics-can-tell-us-about-happiness/257947を参照。

2　２０１１年11月のコリーナ・イェンとトム・ケリーによるロバート・スタンバーグのインタビューより。

3　２０１１年８月のコリーナ・イェンとデイヴィッド・ケリーによるジェレミー・アトリーのインタビューより。

4　Amy Wrzesniewski et al. "Jobs, Careers, and Callings: People's Relations to Their Work," *Journal of Research in Personality*, 31, no. 1 (1997): 21-33を参照。私たちが最初に彼女の研究を知ったのは、ジョナサン・ハイト著『しあわせ仮説』（藤澤隆史・藤澤玲子訳、新曜社、２０１１年）の３１８〜３２１ページでのこと。

5　１９９１年にジェーン・フルトン・スーリと交わした会話より（２０１２年12月にジェーンに詳細を確認）。

6　２０１１年10月のトム・ケリーによるエリック・モガのインタビューより。

7　２０１１年８月のコリーナ・イェンによるスコット・ウッディのインタビューより。自身のローンチパッドのクラスの卒業生のことを教えてくれたdスクールのエグゼクティブ教育ディレクターのペリー・クレバーンに感謝する。

8　クリエイティブ・ジムはdスクールのシャーロット・バージェス＝オバーン、グレース・ホーソン、スコット・ドーリーが設立し、指導に当たっている。

9　ジム・コリンズ著『ビジョナリーカンパニー②：飛躍の法則』（山岡洋一訳、日経ＢＰ社、２００１年）の１５０〜１５４ページを参照。彼はまず３つの円を「針鼠《はりねずみ》の概念」として紹介し、針鼠の概念を偉大な企業の条件に当てはめている。

10　ミハイ・チクセントミハイの著書を読むことを強くお勧めする。一例を挙げれば、*Creativity: Flow*

and the Psychology of Discovery and Invention (New York: Harper Perennial, 1997)など。

11 ＩＤＥＯのアンディ・スウィトキーはＩＤＥＯを代表するチーズ愛好家だ。エリサ・フェネンボックはジュエリー・デザイナーであり、現在はGoogleに在籍。

12 トムは『イノベーションの達人！』の１３０〜１３４ページで、初めてロン・ヴォルペについて記した。エピソードの詳細については、２０１１年３月に電子メールでロンに確認を取った。

13 ２０１２年５月のコリーナ・イェンとトムによるモニカ・ヘレスのインタビューより。トムは「Developing Growth Leaders」（成長のリーダーを育てる）クラスの午前のセッションで、モニカと再会した。

14 ２０１１年９月のコリーナ・イェンによるローレン・ワインスタインのインタビューより。

15 ２０１１年８月のコリーナ・イェンによるマーシー・バートンのインタビューより。このあたりの話は、スチールケースのウェブサイト「100 Minds」（１００人の頭脳）に掲載されたデイヴィッドの記事（http://100.steelcase.com/mind/david-kelley/#page-content-minds）にも登場した。

第6章

1 私たちが初めてこのエピソードについて聞いたのは、カリフォルニア州サンフランシスコで開かれたMX 2011カンファレンスでカーレン・ハンソンが行なった講演でのことだ。“Intuit's Reinvention from the Inside,” March 2011, http://archive.mxconference.com/2011/videos/kaaren-hanson-video を参照。さらに詳しい話は、２０１２年５月にデイヴィッドとトムがインテュイットのカーレン・ハンソンとスザンヌ・ペリカンと交わした会話に基づく（スザンヌは現在、カタリストたちのリーダーを務めている）。

2 Erica Naone, “Intuit's Big Refresh,” *Technology Review Business Report*, April 14, 2011, 26–27を参

照。

3 『ハーバード・ビジネス・レビュー』２０１２年4月号のロジャー・Ｌ・マーティンの論文『イノベーション・カタリスト』の88〜97ページを参照。

4 ２０１１年11月のコリーナ・イェンとトム・ケリーによるマウロ・ポルチーニのインタビューより。

5 ２０１１年11月のコリーナ・イェンとトム・ケリーによるクラウディア・コチカのインタビューより。

6 ２０１１年8月のコリーナ・イェンとデイヴィッド・ケリーによるジェレミー・アトリーのインタビューより。

7 この話は、２０１３年2月にＩＤＥＯデザイナーのジョナ・ヒューストンがコリーナ・イェンとトムに教えてくれた内容に基づく。

8 ポスト・イットのウェブサイトhttp://www.post-it.com/wps/portal/3M/en_US/Post_It/Global/Aboutを参照。

9 ボニー・シミーは２０１１年3月のｄスクールのExecutive Education Bootcampクラスでこの話をしている。http://vimeo.com/23341617を参照。その他の詳細や回復に関する統計については、Dan Heath and Chip Heath, "Team Coordination Is Key in Businesses," *Fast Company*, July/August 2010, http://www.fastcompany.com/1659112/team-coordination-key-businessesおよびRobert Sutton, "A Great Boss is Confident, But Not Really Sure," *HBR Blog Network*, July 15, 2010, http://blogs.hbr.org/sutton/2010/07/a_great_boss_is_confident_but.htmlを参照。

10 これは当時のＣＥＯのデイヴィッド・ニールマンが危機の終結時に見積もった数字。Grace Wong, "JetBlue fiasco: $30M price tag," *CNNMoney.com*, February 20, 2007, http://money.cnn.com/2007/02/20/news/companies/jet_blueにて報道されている。

11 ＯｐｅｎＩＤＥＯは、ロンドンを拠点とするＩＤＥＯデザイナーのトム・ヒューム、ネイサン・ウォーターハウス、ハイエン・チャンによって設立された。詳しくは、http://www.openideo.com/

を参照。ユーザー数はウェブサイト上の報告に基づく（日に日に増加している）。国の数はグーグル・アナリスティクスのデータに基づく。

12 このリストの作成に協力してくれたdスクールのピーター・ルービンとジュリアン・ゴロツキーに感謝したい。このリストは、ジュリアンとピーターがdスクールチームで用いている「Ten Principles of Great Teams」（優秀なチームの10原則）をもとにしている。

13 『イノベーションの達人！』の216〜237ページを参照。職場環境について詳しくは、『発想する会社！』の136〜166ページも参照。

14 2012年5月のコリーナ・イェンとトム・ケリーによるヨーグ・ステューデントのインタビューより。

15 スコット・ドーリー&スコット・ウィットフト著『メイク・スペース：スタンフォード大学dスクールが実践する創造性を最大化する「場」のつくり方』を参照。著者たちはdスクールのスペースに関する物語を年代順に記録し、その過程で得た洞察や手法をまとめている。この本には、キャスター付きホワイトボード用のZラックの作り方から、積み重ねられる万能フォーム・ブロックの購入場所まで、実践的なヒントがたくさん詰まっている。

16 トムの子どもたちは学校でジム・ウィルテンスのプログラムを体験した。その後、トムは6週間の親子向け特別夜間プログラムで、彼の教材をじかに学んだ。ジムのプログラムについて詳しくは、彼のウェブサイトhttp://www.jimwiltens.comを参照。

17 キャシー・ブラック著『成功する女性の教科書：世界最大の雑誌社社長が「妹たち」に教える仕事術』（鹿田昌美訳、早川書房、2008年）の106ページを参照。

18 「どうすれば〜できるか？」（How might we...）という表現の歴史に興味がおありなら、Warren Berger, "The Secret Phrase Top Innovators Use," *HBR Blog Network*, September 17, 2012, http://blogs.hbr.org/cs/2012/09/the_secret_phrase_top_innovato.htmlを確認してほしい。

19 『ハーバード・ビジネス・レビュー』2010年12月号のリズ・ワイズマン&グレッグ・マキューンの論文「組織の知力を引き出すリーダーの条件」（52～62ページ）を参照。「チームの影響力を増幅させるには」のリストは、この論文で紹介されている増幅型リーダーの5類型に基づく。また、Liz Wiseman and Greg McKeown, *Multipliers: How the Best Leaders Make Everyone Smarter* (New York: Harper Collins, 2010)もオススメ。

20 ウォーレン・ベニス&パトリシア・ウォード・ビーダーマン著『「天才組織」をつくる：グレート・グループを創造する15の原則』（佐々木直彦・佐々木純子訳、日本能率協会マネジメントセンター、1998年）を参照。グレート・グループについての説明は273～303ページ。ウォーレン・ベニスに関する内容の一部は、Mandalay Entertainment Groupの会長兼CEOのピーター・グーバー主催による1日がかりのセッションの最中に知ったものだ。このイベントには16人の講演者が集まったが、トムは幸運にもウォーレンの隣に座ったのだ。

21 2011年11月のコリーナ・イェンとトム・ケリーによるクラウディア・コチカのインタビューより。

22 "Claudia Kotchka: The Mash-Up Artist," *Businessweek*, June 18, 2006, http://www.businessweek.com/stories/2006-06-18/claudia-kotchka-the-mash-up-artistを参照。

23 Jennifer Reingold, "The Interpreter," *Fast Company*, June 2005, http://www.fastcompany.com/53060/interpreterを参照。

24 Lydia Dishman, "P&G Expands Experience to Make More Innovative Experts," *Fast Company*, February 2013, http://www.fastcompany.com/3004314/pg-expands-experience-make-more-innovative-expertsを参照。

25 P&Gのプレス・リリース"Procter & Gamble Announces Organizational Changes," May 21, 2008, http://news.pg.com/press-release/pg-corporate-announcements/procter-gamble-announces-organizational-changes-4を参照。

26 シドニー・ポラック監督『スケッチ・オブ・フランク・ゲーリー』（ワイズポリシー、２００６年）を参照。

第7章

1 Rolf Faste, *Mind Mapping*, 1997, http://www.fastefoundation.org/publications/mind_mapping.pdf を参照。

2 トムは『イノベーションの達人！』の26ページでアイデアの財布について話している。彼いわく、アイデアの財布とは「見習うべき革新的なコンセプトと解決の必要な問題点の双方が含まれている」リストである。

3 このツールについて詳しくは、ｄスクールの *Bootcamp Bootleg*, http://dschool.stanford.edu/wp-content/uploads/2011/03/BootcampBootleg2010v2SLIM.pdf（日本語版は『デザイン思考家が知っておくべき39のメソッド』）を参照。

4 ＩＤＥＯのカラ・ハリントンと私たちの同僚のダグ・ソロモンは、２０１１年5月、ノーベル受賞者たちの参加するセッションで、このツールの特別版「スピード・ミーティング」を用いた。

5 このツールやその利用秘話について教えてくれたジェレミー・アトリー、ペリー・クレバーン、ｄスクール講師のキャスリン・セゴヴィアに感謝したい。２０１３年1月31日に電子メールにて連絡を取った。

6 「教育者向けデザイン思考ツールキット」（Design Thinking for Educators Toolkit, http://designthinkingforeducators.com/toolkit/）の77ページを参照。

7 ウォレット・プロジェクトのファシリテーション・ガイドは、ｄスクールのウェブサイトhttps://dschool.stanford.edu/groups/designresources/wiki/4dbb2/The_Wallet_Project.htmlより入手可。

第8章

1 "Bill Moggridge: 1943–2012," Cooper-Hewitt, National Design Museum website, http://www.cooperhewitt.org/remembering-bill/life-work を参照。ビルは創造力に対する自信《クリエイティブ・コンフィデンス》を持って生涯を生き抜き、いつもその輝きで周囲の人々みんなを暖めた。

2 このセクションについて考えるきっかけを与えてくれたペリー・クレバーンとクリス・フリンクにお礼を言いたい。２０１２年４月のデイヴィッドとの会話より。

3 ２０１１年10月のコリーナ・イェンとトム・ケリーによるステファニー・ローのインタビューに基づく。ミートアップのステファニーのグループ「Design Thinking DC (DT: DC)」に関する詳細の一部は、グループのウェブサイトhttp://designthinkingdc.com より。

4 デザイン思考についてより詳しく学び、力を持つコミュニティに参加し、創造力に対する自信《クリエイティブ・コンフィデンス》を身に付けはじめたいなら、ぜひＯｐｅｎＩＤＥＯに登録することをお勧めする。詳しくはhttp://www.openideo.com まで。

5 *Human-Centered Design Toolkit*: http://www.hcdconnect.org, *Design Thinking for Educators toolkit*: http://designthinkingforeducators.com, *Virtual Crash Course*: http://dschool.stanford.edu/dgift, *Bootcamp* Bootleg: http://dschool.stanford.edu/use-our-methods を参照。

6 このエピソードは、２０１１年9月のコリーナ・イェンによるインタビューに基づく。

7 Eric Ries, "A Startup Inside a Fortune 500 Company? The Nordstrom Innovation Lab," *Huffington Post*, November 4, 2011, http://www.huffingtonpost.com/eric-ries/a-startup-inside-a-fortun_b_1068449.html を参照。

写真とイラストのクレジット

序章

p.15：Chapter illustration ©Alyana Cazalet

第１章

p.29：Chapter illustration ©Alyana Cazalet
p.35：Photo courtesy of Children's Hospital of Pittsburgh of UPMC
p.37：Illustration by Beau Bergeron イラストをもとに作図
p.52：Photo courtesy of d.school

第２章

p.61：Chapter illustration ©Alyana Cazalet
p.69：Photo courtesy of Steelcase
p.94：Illustration by Dan Roam
p.96：Illustration by Dan Roam

第３章

p.101：Chapter illustration ©Alyana Cazalet
p.105：Photo courtesy of Embrace
p.133：Photo courtesy of IDEO
p.136：Photo courtesy of IDEO/Nicolas Zurcher

第４章

p.157：Chapter illustration ©Alyana Cazalet
p.163：Photo courtesy of Anirudh Rao
p.188：Photo courtesy of IDEO/Nicolas Zurcher
p.189：Photo courtesy of IDEO/Nicolas Zurcher
p.195：Photo courtesy of Walgreen Co.
p.198：Illustration by Beau Bergeron

第５章

p.209：Chapter illustration ©Alyana Cazalet
p.210：Diagram courtesy of IDEO

第6章

p.241：Chapter illustration ©Alyana Cazalet

p.267：Photo courtesy of IDEO/Nicolas Zurcher

第7章

p.289：Chapter illustration ©Alyana Cazalet

p.294：Mindmap courtesy of IDEO 日本版作成 北砂ヒツジ

p.302：Illustration by Beau Bergeron

p.303：Illustration by Beau Bergeron

p.307：Illustration by Beau Bergeron

p.321：Illustration by Beau Bergeron イラストをもとに作図

第8章

p.333：Chapter illustration ©Alyana Cazalet

■著者プロフィール

デイヴィッド・ケリー David Kelley

世界的なイノベーションとデザインのコンサルティング会社である「IDEO」の創設者。アップルの初代マウスをはじめ、数々のヒット商品を生み出し、人間中心のデザイン手法やイノベーション文化を組織に広める後押しを行う。スタンフォード大学教授で、「デザイン思考」の実践を学ぶスタンフォード大学内のプログラム「d スクール」を創設。誰もが内に秘めている潜在的な創造力を開花させる手助けをライフワークとしている。こうしたデザイン分野での教育の貢献によって、サー・ミシャ・ブラック賞など多くの賞を受賞している。

トム・ケリー Tom Kelley

共同経営者として兄のデイヴィッドとともに、IDEO をわずか 15 人のデザイナー集団から従業員 600 人の会社へと成長させる。広報やマーケティングの面でリーダーシップを発揮し、ベストセラーとなった『発想する会社！』『イノベーションの達人！』を上梓。イノベーション文化を築き、組織の潜在的な創造力を引き出す方法について世界 30 カ国以上で講演する。UC バークレーのハース・ビジネススクールと東京大学の「i スクール」でエグゼクティブ・フェローを務める。

■訳者プロフィール

千葉敏生（ちば・としお）

翻訳家。1979 年神奈川県生まれ。早稲田大学理工学部数理科学科卒。訳書に、『デザイン思考が世界を変える』『スイッチ！』『ソーシャル・ビジネス革命』『MIT メディアラボ 魔法のイノベーションパワー』（以上、早川書房）、『クリエイティブの授業』（実務教育出版）、『投資とお金の大事なことはモノポリーに学べ！』（日本実業出版社）、『リーン・アントレプレナー』（翔泳社）などがある。

クリエイティブ・マインドセット

想像力・好奇心・勇気が目覚める驚異の思考法

2014年6月24日　初版第1刷発行
2018年3月26日　初版第7刷発行

著　者　トム・ケリー、デイヴィッド・ケリー
訳　者　千葉敏生
発行者　村上広樹
発　行　日経BP社
発　売　日経BPマーケティング
〒105-8308　東京都港区虎ノ門4-3-12
装幀　水戸部 功
DTP　アーティザンカンパニー株式会社
印刷・製本　中央精版印刷株式会社

ISBN978-4-8222-5025-6　Printed in Japan

本書籍に関するお問い合わせ、ご連絡は下記にて承ります。
http://nkbp.jp/booksQA